JN412365

개정판

한복 짓는 시간

남녀 한복부터 미니어처 한복까지

한복 짓는 시간

남녀 한복부터 미니어처 한복까지

초　판 1쇄 발행 2016년 7월 29일
개정판 2쇄 발행 2020년 2월 10일

지은이 이정수
펴낸이 채종준
기획 · 편집 조가연
디자인 홍은표
마케팅 문선영

펴낸곳 한국학술정보(주)
주소 경기도 파주시 회동길 230(문발동)
전화 031 908 3181(대표)
팩스 031 908 3189
홈페이지 http://ebook.kstudy.com
E-mail 출판사업부 publish@kstudy.com
등록 제일산-115호 2000. 6. 19)

ISBN 978-89-268-8885-8 13630

책에 대한 더 나은 생각, 끊임없는 고민, 독자를 생각하는 마음으로 보다 좋은 책을 만들어갑니다.

개정판

한복 짓는 시간

남녀 한복부터 미니어처 한복까지

이정수 지음

이담 Books

글머리에

대학생 시절, 제게 한복 강의 시간은 늘 가슴이 설레고 기다려지는 시간이었습니다. 교수님 말씀을 하나라도 놓칠까 염려스러워 항상 맨 앞자리에 앉아 경청하며, 작품 설명 시간에는 제 작품이 선택되길 기다렸지요.
교수님과 상담을 하게 된 어느 날, 교수님께서는 제게 "한복을 좋아하고 소질도 있으니 공부를 더 해보는 것이 어떻겠니?"라고 물으시며 용기를 주셨고, 조금의 망설임도 없이 교수님처럼 되고 싶다는 희망을 안게 되었습니다.
그때부터 더욱더 다양한 한복을 배우기 위해 방학이면 한복 학원을 다녔고, 석사과정 공부를 할 때는 한복 업체에서 일하며 경력을 키워갔습니다. 일과 공부를 병행하는 것은 어려운 일이었지만 노력한 결과, 비록 시간 강사지만 교수의 꿈을 이루게 되었고, 학생들을 가르치는 동안 저를 보며 꿈을 키워가는 학생들이 있음에 늘 보람과 기쁨을 느낍니다.

한복을 지으며 얻는 소소한 기쁨을 나누고자 이 책을 만들었습니다. 먼저 패턴, 마름질, 봉제, 부분 바느질 등 쉬운 작업 과정을 순서로 초보자들도 쉽게 이해할 수 있도록 정리했습니다. 여자 한복은 남자 한복에 비해 섬세한 부분이 많고 종류도 다양하기 때문에 목차 순서를 뒤로 배열하였으며 만들기 쉬운 아이템을 먼저 제시하였습니다.
마름질과 봉제의 스텝 사진은 구체관절인형 치수에 맞게 제작하여 마지막 장에서는 미니어처 한복 치수를 제시하고 인형 착상 사진을 포함하였습니다. 또한 도식화는 표현의 한계가 있기 때문에 본뜨기, 마름질, 박음질 과정을 사진으로 찍어 자세히 설명하였고, 연봉단추 만들기, 금박 찍기 등 섬세한 부분도 이해하기 쉽도록 표현하였습니다. 초보자들이 책을 보며 쉽게 따라 할 수 있도록 구체적인 설명을 위해 최대한 많은 사진과 그림을 수록하였습니다.
끝으로 이 책을 출간할 수 있게 노움을 준 이담북스에 감사의 마음을 전합니다.

이정수

목차

한복 제작의 기초

필요 용구

-------- 제도 용구 --------

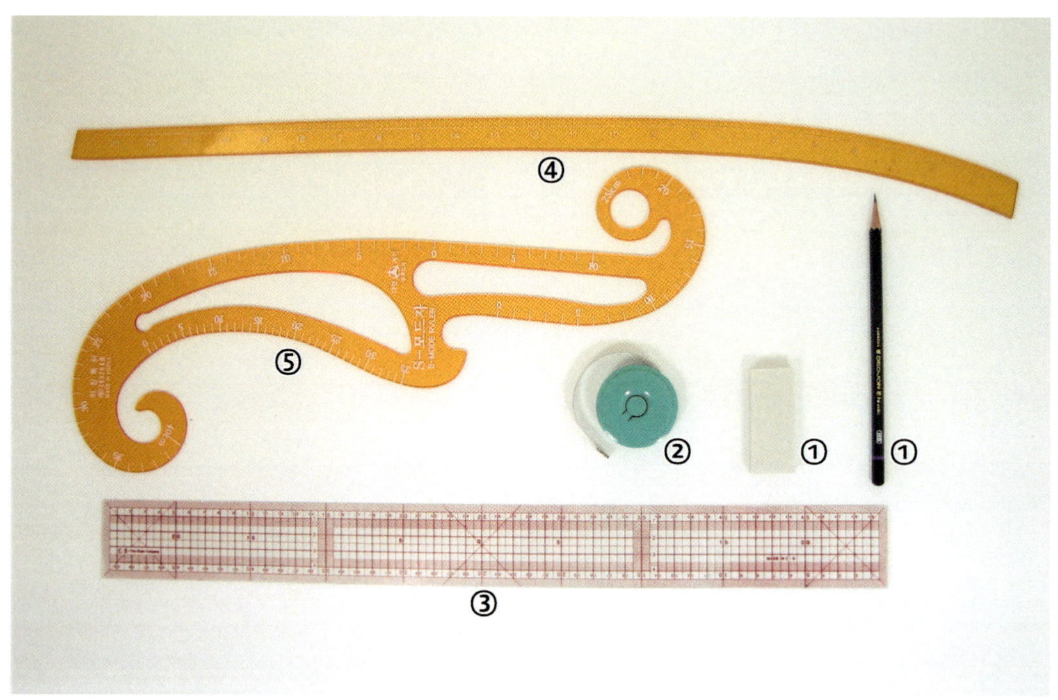

① 연필, 지우개: 연필은 HB를 사용하는 것이 좋으며, 지우개는 깨끗이 지워지는 것을 선택한다.

② 줄자: 인체의 치수를 재거나 곡선의 길이를 잴 때 사용한다.

③ 그레이딩 자: 직선 길이를 긋고 재는 데 사용하며 50cm, 60cm 두 가지가 있으므로 길이를 정확하게 확인하고 사용한다.

④ 곡자: 도련, 배래, 깃 등 자연스러운 곡선을 만들 때 사용한다.

⑤ S모드 자: 한복에서 당의의 곡선과 색동저고리의 진동을 그릴 때 사용한다.

그 외 제도할 때 사용하는 종이는 너무 얇지 않은 것을 선택해 준비한다.

-------- 마름질 용구 --------

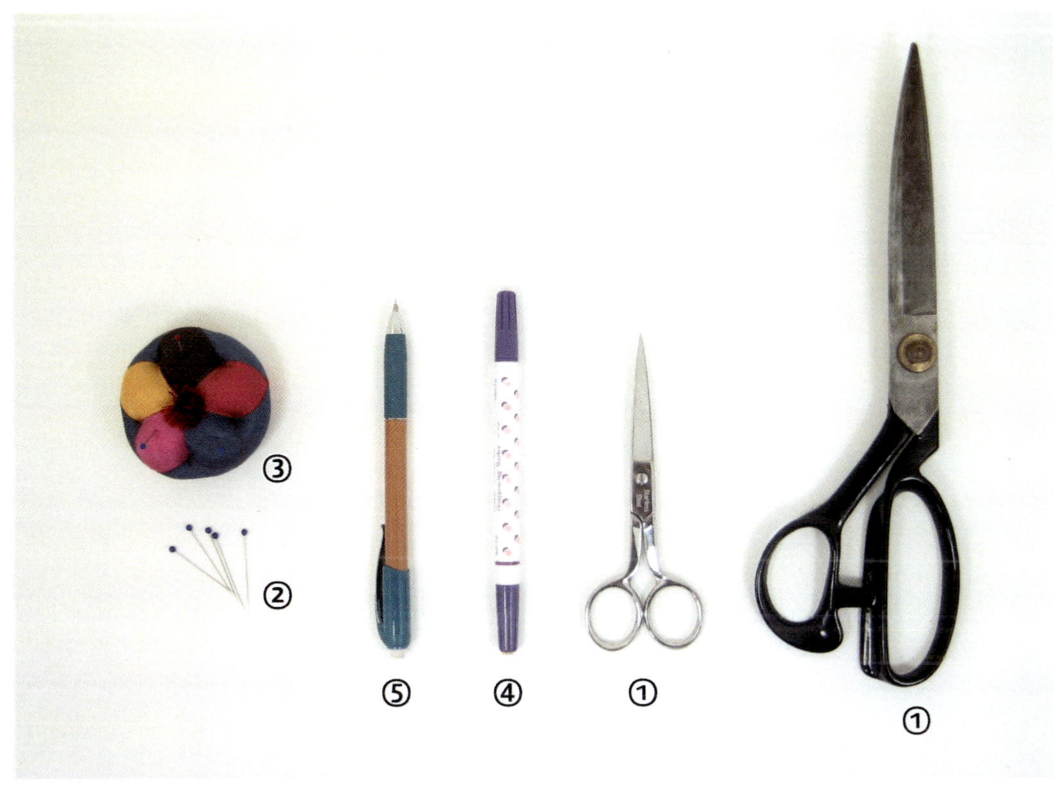

① 재단가위, 종이가위: 옷감을 자르는 가위와 종이를 자르는 가위를 구별해서 사용한다. 재단가위는 마름질을 할 때 시침핀과 함께 잘라 이가 나가거나 떨어뜨리지 않도록 주의하고, 가끔 재봉틀 기름을 묻혀 닦아준다.

② 시침핀: 옷감에 본을 고정시키거나 두 장의 옷감이 밀리지 않도록 고정하는 데 사용한다. 핀의 굵기가 가는 실크핀을 사용하도록 한다.

③ 핀쿠션: 바늘이나 핀을 꽂을 때 사용하며 솜을 넣어 만든다. 쌀겨나 머리카락을 넣고 만들면 바늘이 녹스는 것을 방지할 수 있다.

④ 기화펜: 완성선을 그릴 때 사용하며 공기 중에 하루가 지나면 날아가고 다리미 열이 가해지면 더욱 짙어진다.

⑤ 초크펜: 옷감에 완성선을 표시하는 데 사용하며 선이 가늘게 그려지므로 바느질선을 정확하게 표시할 수 있다.

-------- 바느질 용구 --------

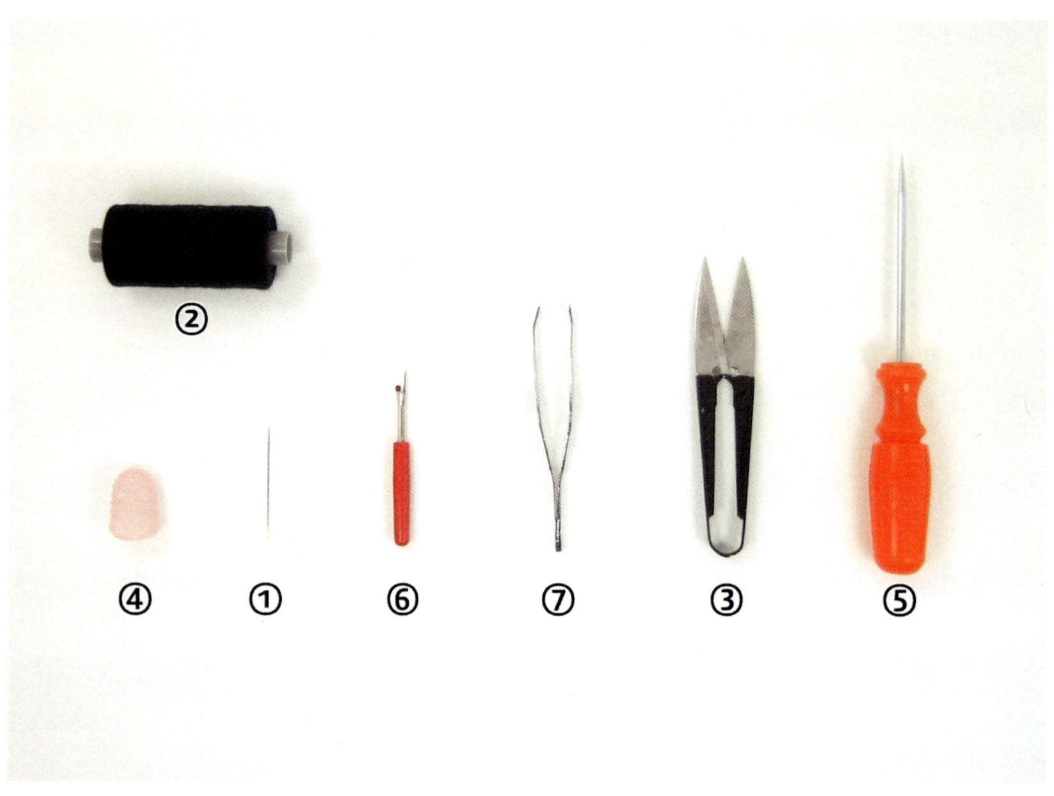

① 바늘: 바늘에는 손바늘, 재봉틀 바늘 등이 있다. 바늘의 굵기는 호수로 나타내며, 손바늘은 호수가 클수록 가늘고 재봉틀 바늘은 호수가 클수록 굵어진다. 옷감에 적합한 굵기의 바늘을 사용해야 하고, 바늘 끝이 가늘고 날카로워야 옷감이 상하지 않는다.

② 실: 실은 면사, 견사, 폴리에스터사 등 다양한 종류가 있다. 옷감에 따라 실의 종류와 굵기를 맞추어 사용한다.

③ 쪽가위: 실을 자르거나 잔손질을 할 때 사용한다.

④ 골무: 바늘이 힘들게 들어가는 옷감을 바느질할 때 바늘귀를 밀어 넣는 데에 사용한다.

⑤ 송곳: 모난 부분을 밀어 넣거나 치마 주름을 잡을 때 사용한다.

⑥ 실뜯개: 바느질한 곳을 뜯을 때 사용하며, 옷감이 상하지 않도록 조심해야 한다.

⑦ 족집게: 시침한 실을 뽑아낼 때 사용한다.

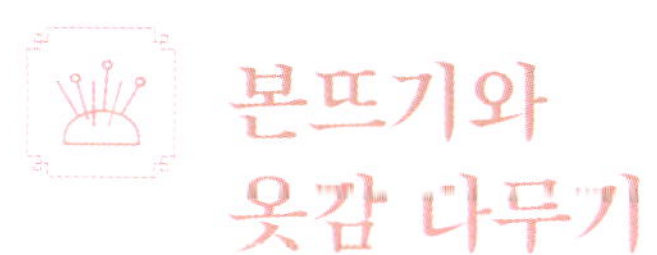

본뜨기와 옷감 다루기

본뜨기

기호	의미	기호	의미
	기초선, 안내선		등분
	완성선		같은 치수
	골		바이어스
	안단선		주름
	직각		주름 방향
	옷감이 결(식서)		선의 교차

-------- 옷감 다루기 --------

옷감을 정리하는 과정은 옷을 만들었을 때 완성도를 좌우하는 중요한 과정이므로 마름질을 하기 전에 옷감을 먼저 손질하도록 한다.

1) 식서 정리하기

옷감의 위사와 경사가 직각으로 교차되도록 바로잡아야 한다. 옷감의 가장자리 식서 부분은 본 옷감보다 조밀하게 짜여 있기 때문에 오그라져 있는 경우가 많으므로 가위집을 주거나 잘라주어 편안하게 바로잡도록 한다.

2) 다림질하기

옷감을 접어두었을 때 접힌 선이나 구김 등이 있으므로 옷감의 안쪽에서 섬유의 적정 온도에 맞추어 다림질하여 잘 펴서 사용한다.

3) 옷감의 안팎 구별하기

옷감은 노방과 같이 안팎을 구별하지 않아도 되는 경우도 있지만 대부분 안팎의 구별을 제대로 해야 한다. 대개는 식서에 글씨가 바로 보이거나, 식서의 구멍이 들어간 쪽이 겉이다. 또한 글씨가 바로 보이는 면이 겉이고, 겉과 안이 뚜렷이 나타나지 않는 경우 기호에 따라 선택할 수 있다.

바느질

-------- 기초 바느질 --------

바느질 기법은 공그르기, 시침, 어슷시침, 박음질, 감침질, 홈질, 반박음질, 세 땀 상침, 새발뜨기 등을 기본으로 하여 옷감의 종류와 위치에 맞게 사용한다.

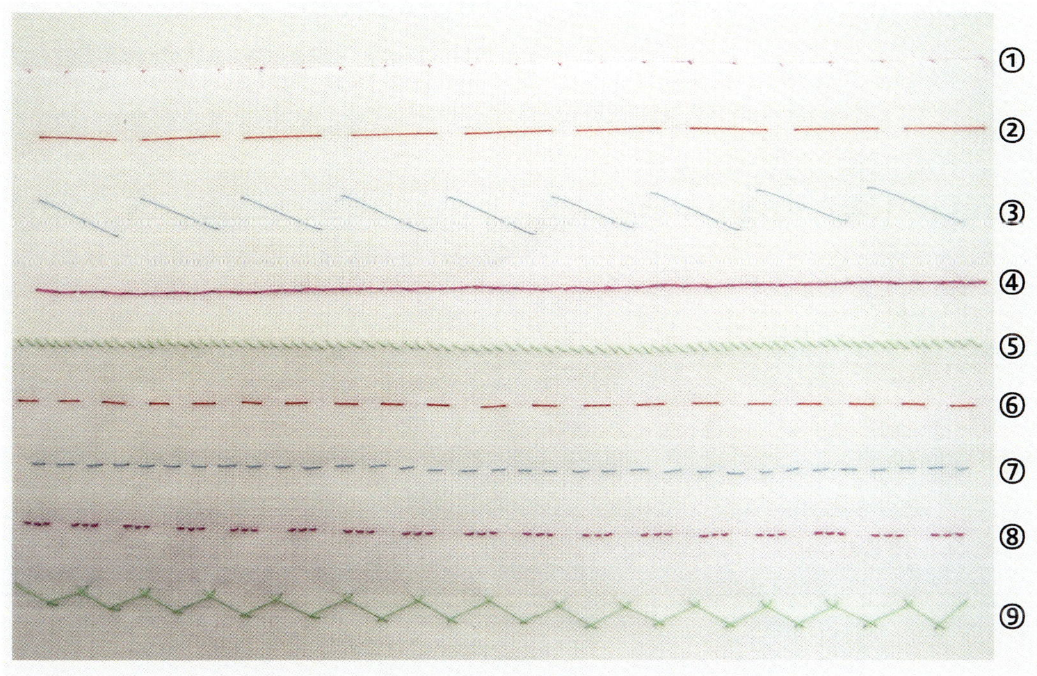

① 공그르기: 단을 정리하거나 도련을 꿰맬 때 많이 사용하며, 실이 겉으로 나오지 않게 속으로 뜨는 바느질 방법이다. 홑치마의 단, 바지의 안감을 바느질할 때 사용된다.

② 시침: 굵은 홈질과 같은 시침은 옷감이 두 겹 이상 겹쳤을 때 밀리지 않게 사용하는 방법으로 바늘땀의 길이는 2~3cm로 하고 간격은 0.5~1cm로 한다.

③ 어슷시침: 실을 비스듬히 사선으로 시침하는 방법으로 고정시키는 힘이 강해 겉감에 심감을 고정시킬 때 주로 사용한다.

④ 박음질: 솔기를 튼튼히 바느질하기 위해서 사용하는 방법으로 앞으로만 나가는 홈질과 달리 바늘땀을 뜬 만큼 되돌아 뜨는 방법이다. 재봉틀 바느질과 가장 유사한 방법으로 '온당침'이라고도 한다.

⑤ 감침질: 조각보나 규방공예에 많이 사용하는 바느질법으로 옷감의 시접을 마주 대고 양쪽에서 한 올씩 마주 떠가는 방법이다. 바늘땀의 간격은 0.1cm, 깊이는 0.1cm로 바느질하는 것이 실이 사선 모양으로 나와서 예쁘게 된다.

⑥ 홈질: 홈질은 가장 기본이 되는 손바느질법으로 바늘땀이 앞뒤 같은 모양으로 나타난다. 땀의 간격과 넓이에 따라 일반 홈질과 고운 홈질이 있으며, 누비옷을 누빌 때 사용되는 바느질법이다.

⑦ 반박음질: 박음질과 같이 뒤로 돌아 뜨지만 반만 되돌아 뜨는 방식으로 '반당침'이라고도 한다. 겉에서 보았을 때 홈질과 같아 보이고 홈질보다는 튼튼하다. 모시, 베, 무명에 사용하는 바느질법이다.

⑧ 세 땀 상침: 한 번 박은 바느질선 위를 박음질하는 방법이다. 상침한 바느질선이 볼록하게 살아야 더욱 예쁘므로 지누사를 사용하며, 수를 놓듯이 바늘을 수직으로 꽂아 내리고 밑에서도 수직으로 올려야 한다. 주로 귀주머니나 보자기의 귀, 깃 가장자리, 끝동, 어린이 옷, 방석에 사용하며 바늘땀의 수에 따라 두 땀 상침, 세 땀 상침으로 나뉜다.

⑨ 새발뜨기: 주로 두꺼운 옷감의 단이나 시접 처리에 사용된다. 모든 바느질법의 방향은 오른쪽에서 왼쪽으로 진행되는데, 새발뜨기는 왼쪽에서 오른쪽으로 바느질한다. 주로 서양복에 사용되는 기법이나 한복에서 안깃을 손바느질할 때 사용된다.

-------- 솔기의 종류 --------

옷의 시접이나 솔기 처리 방법은 옷의 완성도를 좌우하는 중요한 부분으로 같이 박음질되는 부분의 솔기 넓이는 같은 치수를 두어야 한다.

1) 가름솔: 홈질이나 박음질을 한 후에 솔기를 갈라놓는 것이다. 시접은 올이 풀리지 않도록 핑킹 가위질, 풀칠하기, 바이어스 천으로 싸기 등으로 처리한 후 솔기를 박기도 한다. 주로 저고리의 진동이나 두꺼운 감의 솔기에 사용한다.

2) 뉜솔: 솔기를 박아서 한쪽으로 꺾어 눕히는 것으로 한복 바느질에서 가장 많이 쓰이는 솔기 처리 방법이다. 겉감과 안감을 바느질하고 겉감 방향으로 0.2cm 넘겨 다림질하는 방법으로 반드시 뉜솔 처리를 해야 안감이 흘러나오지 않는다.

3) 쌈솔: 한쪽의 시접은 약 1cm로 넓게, 다른 한쪽은 약 0.5cm로 두고 겉에서 완성선을 박음질하고 넓은 시접으로 좁은 시접을 싸서 접은 선 끝에서 0.1cm 들어와 눌러 박는다. 조끼허리 치마의 어깨, 전복에서 무를 달 때 사용하는 방법이다.

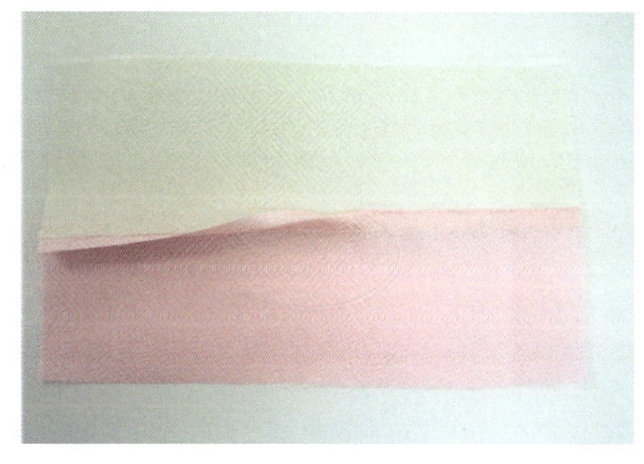

4) 통솔: 통솔은 튼튼하게 꿰매어야 하는 솔기에 사용되는 방법이다. 시접을 1cm로 두었을 때 끝에서 0.3~0.4cm를 박음질하고 솔기를 싸주기 위해 시접을 0.6~0.7cm로 두고 한 번 더 박는다. 남아 전복의 어깨솔기에 사용한다.

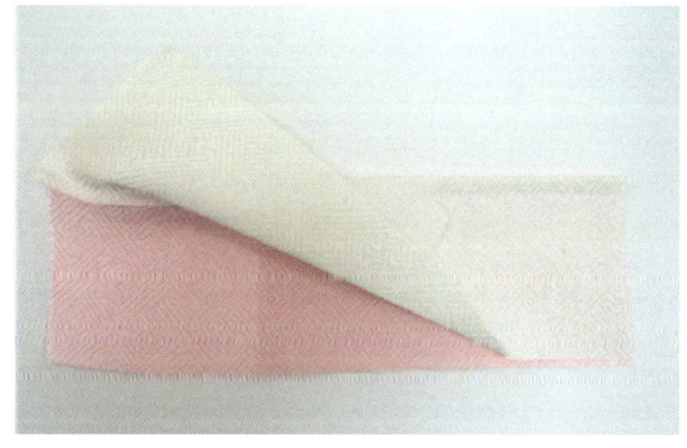

5) 곱솔: 시접이 풀리기 쉬운 얇은 옷감에 주로 사용하는 솔기 처리 방법으로 모시, 노방 등에 가장 많이 사용된다. 보통 솔기를 세 번 박음질하고 가늘게 솔기 처리를 하는 것이 좋으며, 솔기를 자를 때 잘 드는 가위를 사용하여 올을 곧고 가늘게 베어야 한다.

01 시접을 1cm로 박음질한다.

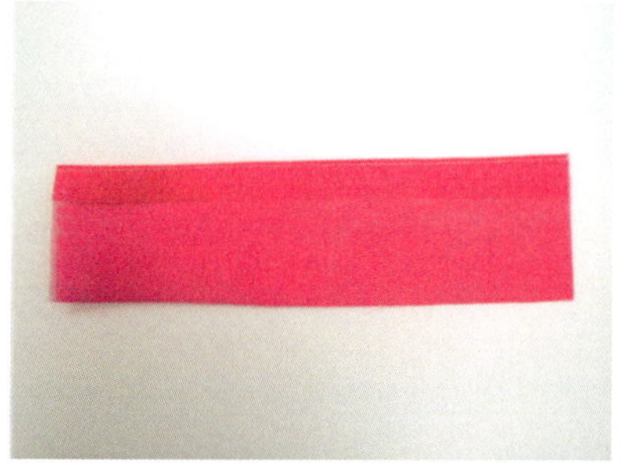

02 박음질한 선을 접고 0.2cm 간격을 두고 두 번째 박음질을 한다.

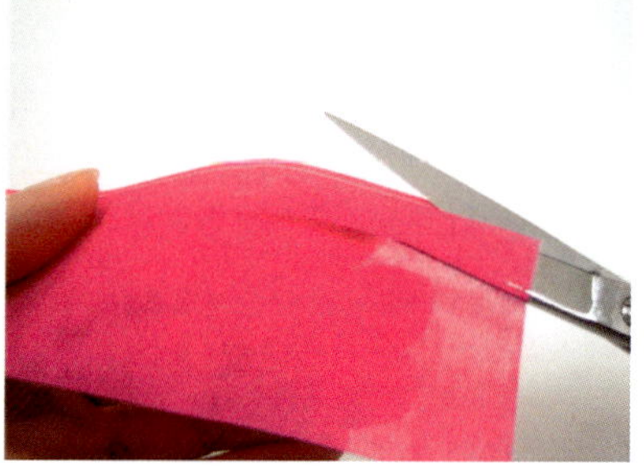

03 시접을 바짝 자른다.

04 접은 후 가운데에 세 번째 박음질을 한다.

05 펼친 모습

-------- 솔기 처리 --------

한복 바느질을 할 때 기본적인 솔기 처리 방법에는 몇 가지 원칙이 있으므로 꼭 기억해 두는 것이 좋다.

- 앞과 뒤를 잇는 솔기는 시접을 뒤쪽으로 꺾는다.
- 어슨 올(사선)과 곧은 올(직선)을 잇는 솔기는 '곧은 올' 쪽으로 꺾는다.
- 좌우를 잇는 솔기는 시접을 큰 쪽으로 꺾는다.
- 아래위를 잇는 솔기는 시접을 위로 꺾는다.
- 겉감과 안감과의 솔기는 시접을 겉감으로 꺾는다(바짓부리는 예외).

남자 한복 짓기

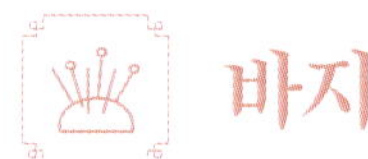

바지

남자 바지는 앞뒤의 솔기가 대칭을 이루고 있으며 큰사폭이 오른쪽으로 오도록 입어야 한다.

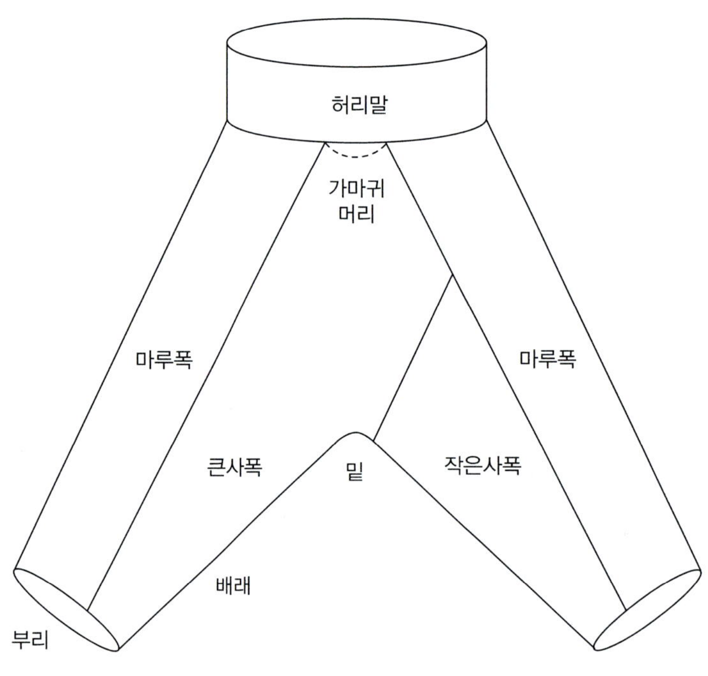

남자 바지의 구조와 명칭

본뜨기

바지 본뜨기에 필요한 치수는 바지 길이, 엉덩이 둘레이다.

1) 바지 필요 치수

한복은 평면 구성이며, 본뜨기에 필요한 기본 치수를 정확히 재고 이 치수를 기본으로 다른 치수를 산출하거나 표준 치수를 참고하여 만들면 편안하게 잘 맞는다. 특히 어린이 한복은 성인과 같이 특수체형의 경우가 적기 때문에 표준 치수를 참고해도 무방하다.

- 바지 길이: 옆 허리선에서 발바닥까지 수직으로 잰다.
- 엉덩이 둘레: 엉덩이의 가장 튀어나온 둘레를 수평으로 잰다.

2) 바지 참고 치수

남아 바지 참고 치수(단위: cm)

연령 \ 부위	바지 길이	엉덩이 둘레	허리 너비
돌	45	45	10
3~4세	50~56	50~54	11
5~6세	58~64	54~60	12
7~8세	65~72	61~70	13

바지는 허리띠와 대님을 매어주는 것이 전통적인 방법이지만 어린이에게는 불편할 수 있으므로 허리에는 고무 밴드를 넣어주고 대님은 매듭단추를 만들어 달아주는 것이 편리하다.

남자 바지 참고 치수(단위: cm)

부위 \ 키	165	170	175	180
엉덩이 둘레	90	95	100	105
바지 길이	105	110	115	120
허리 너비	15	15	16	16
부리(H/4+3)	25.5	26.5	28	29.5
허리띠(너비×길이)	6×150			
대님(너비×길이)	3×85			

성인의 체형은 변수가 많으므로 착용자의 엉덩이 둘레와 바지 길이를 계측해서 제도하는 것이 정확하다. 성인 한복 바지에는 반드시 허리띠와 대님을 만들도록 한다.

3) 바지 본뜨기

✂ 옷감 소요량
110cm 폭: 마루폭 길이×2+시접
55cm 폭: 마루폭 길이×4+시접

(1) 남아 바지 본뜨기
바지의 기본선을 그린다. 괄호 안의 수치는 3세 남아 바지 길이와 엉덩이 둘레를 참고로 산출된 치수이므로 2~3세 바지를 만드는 경우 참고하면 된다.

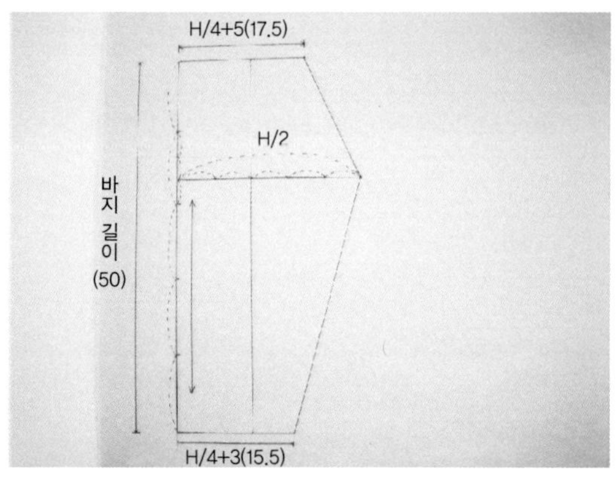

01 바지 길이, 허리, 바짓부리의 기본선을 그리고 사진과 같이 등분선을 긋는다.

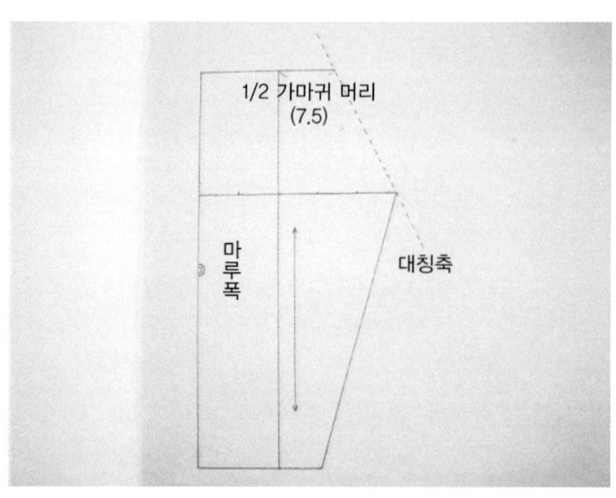

02 마루폭은 골선(바느질선이 없음)이 되어야 하는 중요한 부분이므로 표시를 하고 대칭축이 되는 점선을 그린다.

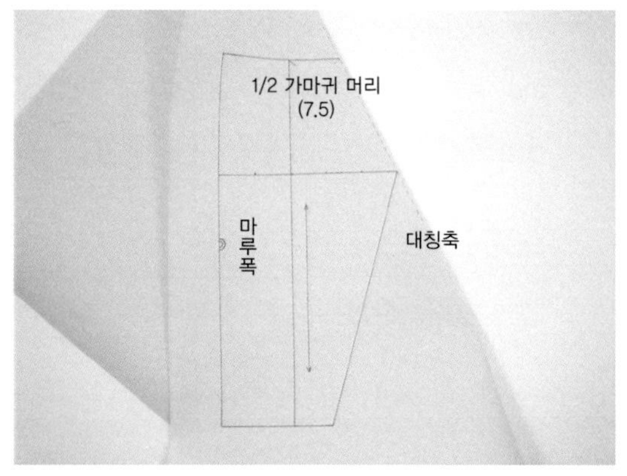

03 대칭축을 기준으로 제도지를 뒤로 접는다.

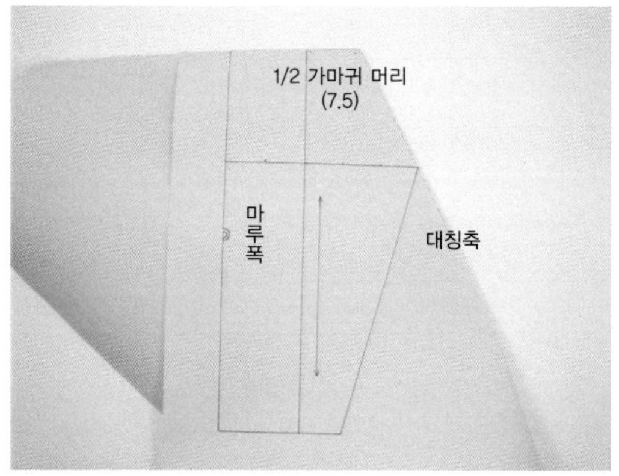

04 1/2 가마귀 머리선을 접어준다.

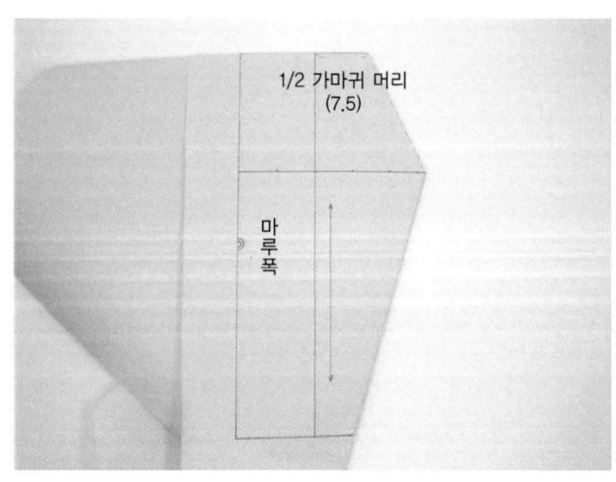

05 배래선을 접어준다.

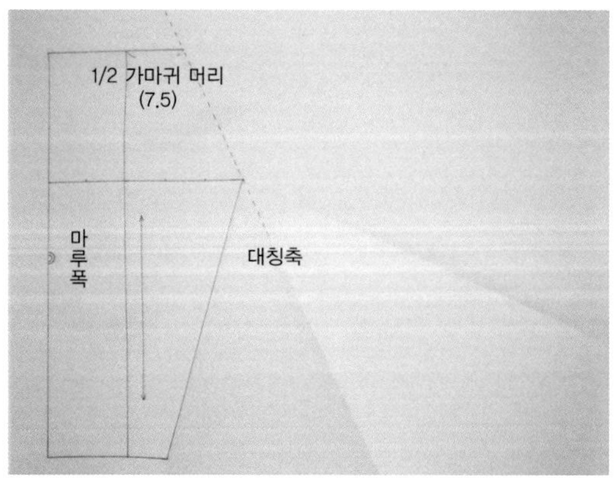

06 제도지를 펴면 반대쪽에 접힌 선이 나온다.

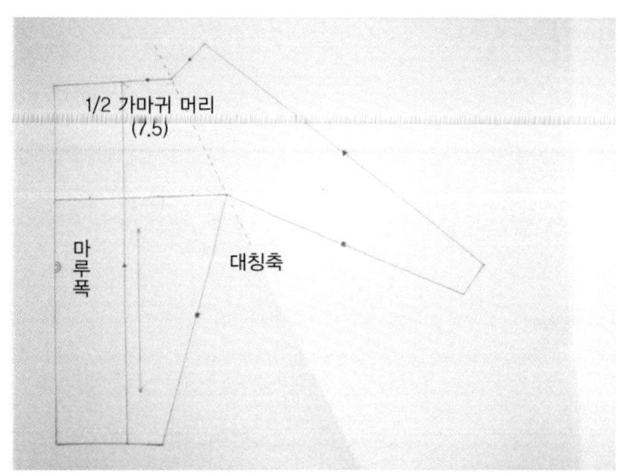

07 반대쪽에 같은 수치의 1/2 가마귀 머리와 바지 길이, 배래선을 그린다.

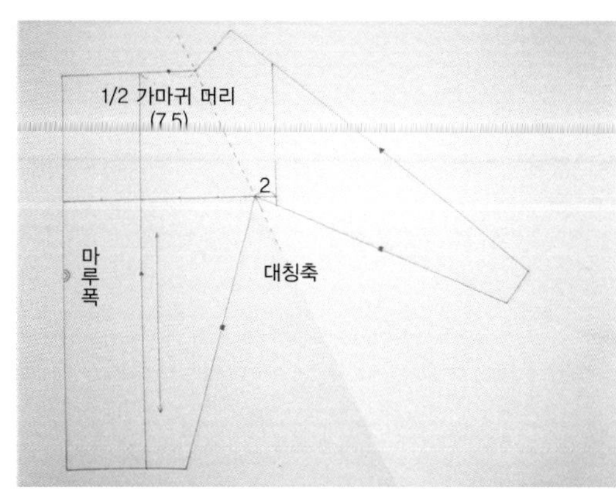

08 대칭축이 되는 선에서 오른쪽으로 2cm 나아가 수직선을 그어 큰사폭과 작은사폭의 솔기선을 긋는다.

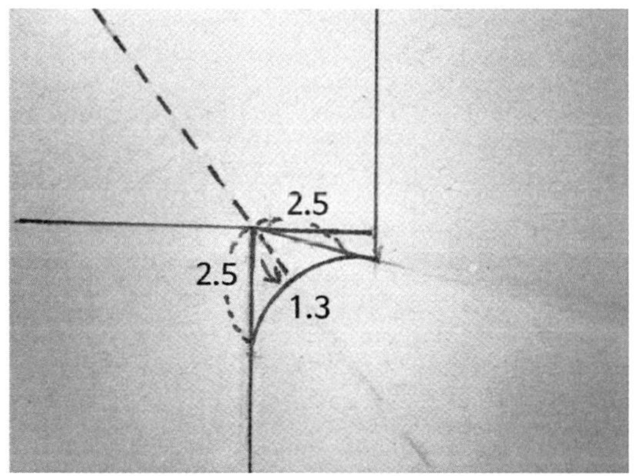

09 대칭축에서 1.3cm 내린 점과 양쪽의 배래에서 2.5cm 내린 점을 곡선으로 그린다.

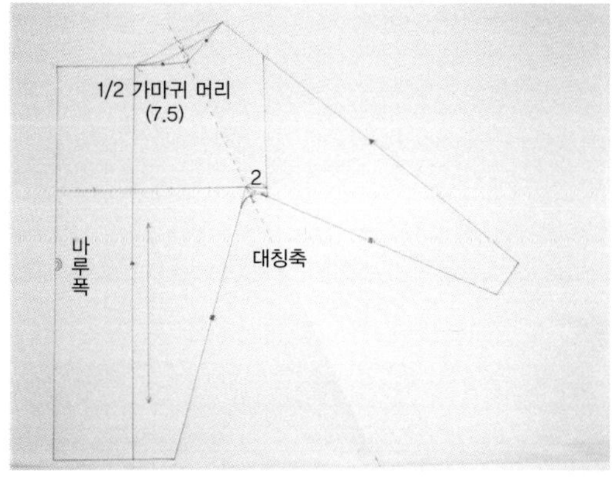

10 큰사폭과 작은사폭 바지의 허리선을 긋고 이등분하여 완성 곡선을 그린다.

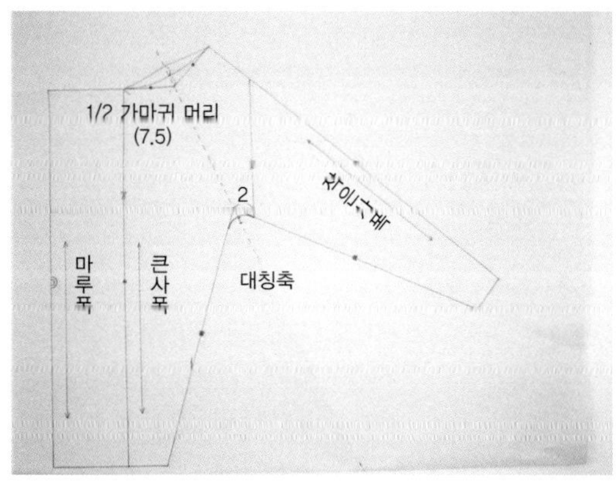

11 마루폭, 큰사폭, 작은사폭의 식서를 길게 표시하고 가위 표시선을 잘라준다. 식서 표시를 할 때는 반드시 자를 대고 세로선과 평행하고 길게 긋는다.

(2) 남자 바지 본뜨기

성인 남자의 치수를 남아 바지의 패턴에 적용하면 너무 커지는 경향이 있으므로 H/2 허리에서 3cm 왼쪽으로 이동한 선을 대칭축으로 하고 마루폭 선을 그린다.

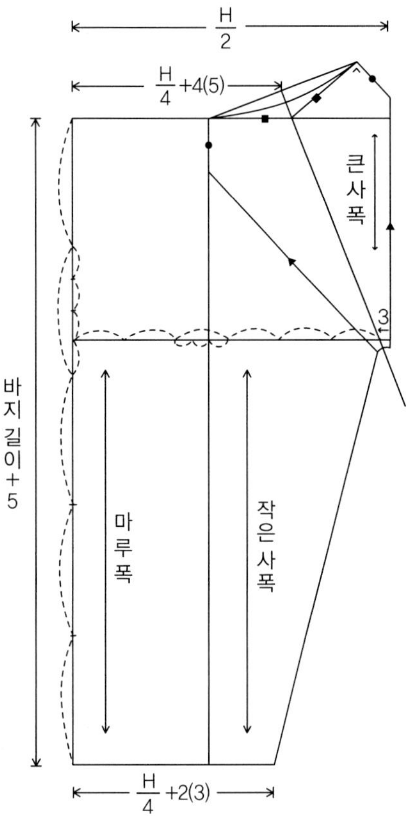

-------- 마름질 --------

옷감을 자르는 것을 마름질이라고 한다. 마름질을 할 때에는 옷감 폭의 가장자리(식서)와 평행하게 옷본을 배치하고 큰 조각부터 마름질한다. 바지는 마루폭이 골선이 되어 가장 큰 조각이 되므로 마루폭, 큰사폭, 작은사폭 순으로 마름질한다. 바지를 만들기 위해서는 겉감 마루폭 두 장, 큰사폭 두 장, 작은사폭 두 장, 허리 한 장이 필요하며 안감도 똑같이 마름질한다.

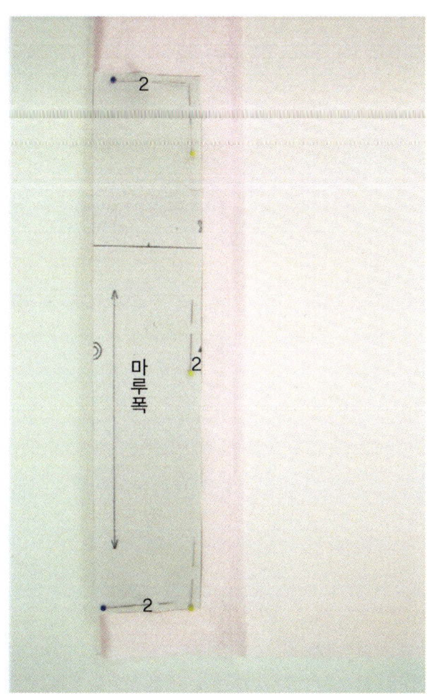

01 옷감의 접힌 부분을 잘 다리고 겉과 안을 구분하여 겉감의 겉이 마주 보도록 접어놓고 마루폭 본을 올려놓는다. 이때 옷감의 식서와 본의 식서 표시가 평행하도록 배치한다.

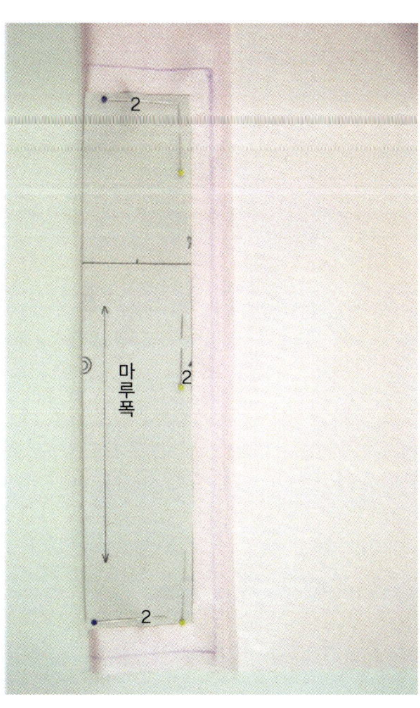

02 기화펜을 사용하여 시접 2cm를 표시한다.

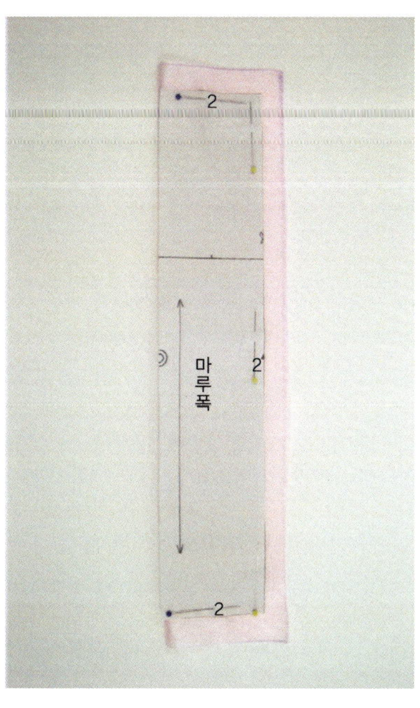

03 재단가위를 사용하여 시접 표시선을 자른다. 같은 방식으로 마루폭을 한 장 더 마름질한다.

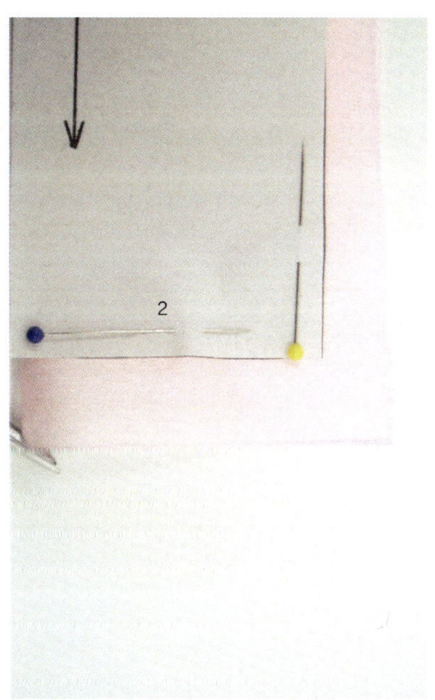

04 마루폭의 골선 위아래 부분에 작은 꼭지각을 주어 중심 표시를 한다.

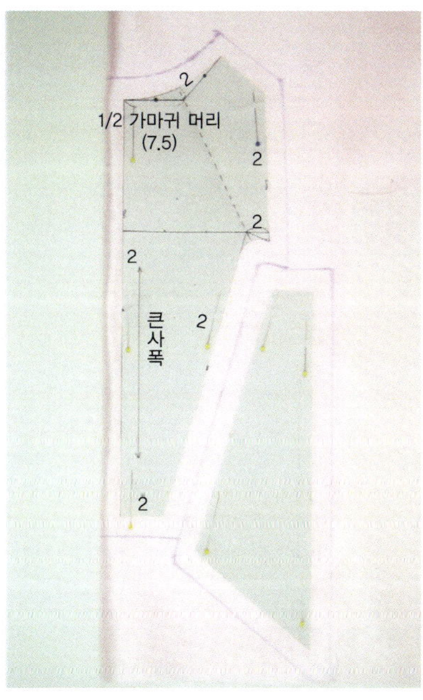

05 길감이 마주 보도록 접어놓은 후 큰사폭 본을 놓고 작은사폭 본은 뒤집어놓아야 올 방향이 바르게 된다. 시접은 모두 2cm를 두고 마름질한다.

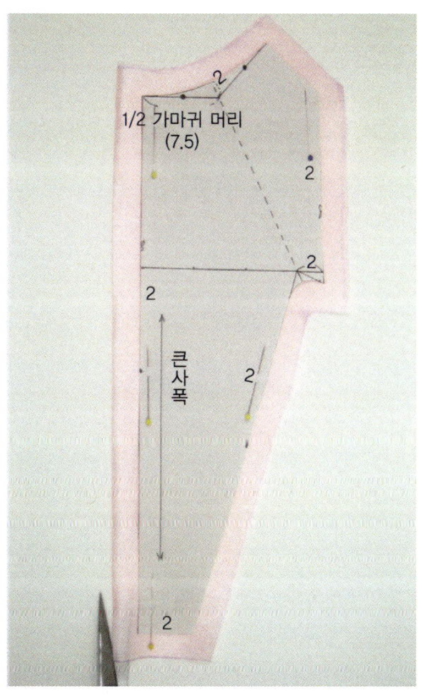

06 두 장의 큰사폭을 잘라준다.

07 허리는 직선이므로 제도를 하지 않고 {(마루폭 너비 +1/2 가마귀 머리+마루폭 너비)×2(뒷부분)}+양쪽 시접 3cm(각 1.5cm)를 두고 마름질한다. 허리 너비는 남아 바지 참고 치수에서 연령에 맞는 너비에 양쪽 시접 3cm(각 1.5cm)를 둔다. 3세 남아의 경우에는 길이 73cm, 허리 너비 14cm로 마름질한다. 이때 허리 길이가 식서 방향이 되도록 한다.

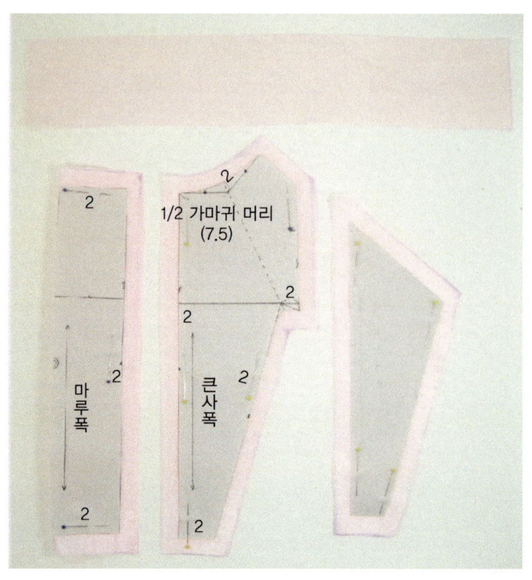

08 안감도 동일한 방식으로 마름질한다.

-------- 완성선 그리기 --------

겉감의 안쪽에 완성선을 그리고, 안감도 동일한 방식으로 안쪽에 그린다.

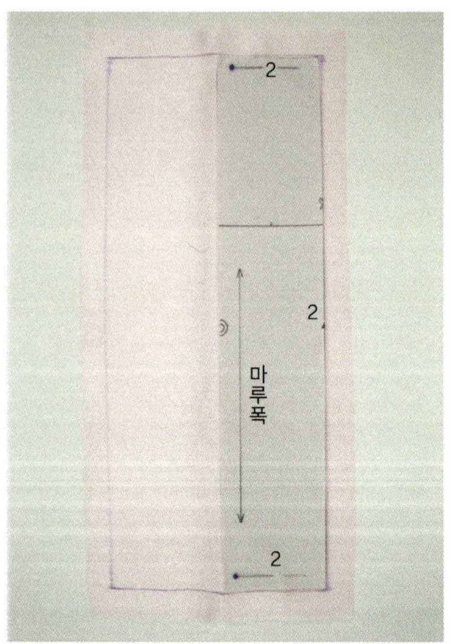

01 마루폭의 본에 표시된 골선을 꼭지각 중심에 맞추어 완성선을 그리고 반대쪽은 본을 뒤집어서 그린다.

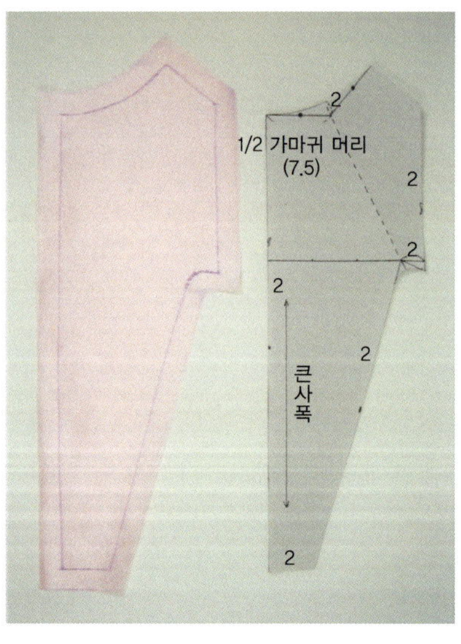

02 큰사폭은 마름질할 때 두 장을 함께 하였으므로 핀으로 두 장을 고정한 상태에서 앞장은 본을 그대로 대고 완성선을 그린다.

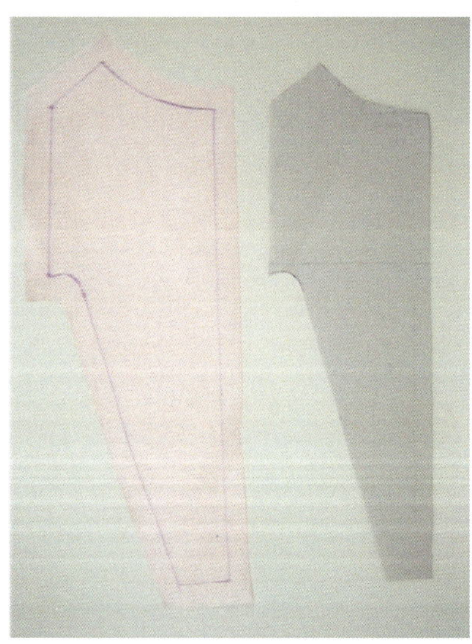

03 뒷장의 큰사폭은 본을 뒤집어서 완성선을 그린다.

04 겉감의 안쪽에 본을 대고 그리게 되므로 사진과 같이 대칭으로 나와야 한다.

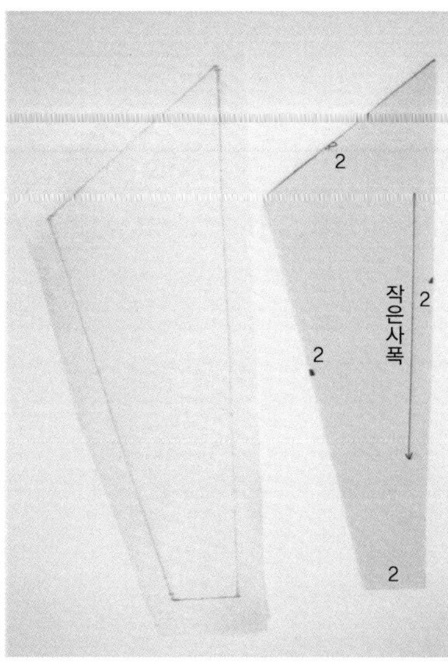

05 작은사폭도 마름질할 때 두 장을 함께 하였으므로 핀으로 두 장을 고정한 상태에서 앞장은 본을 그대로 대고 완성선을 그린다.

06 뒷장의 작은사폭은 본을 뒤집어서 완성선을 그린다.

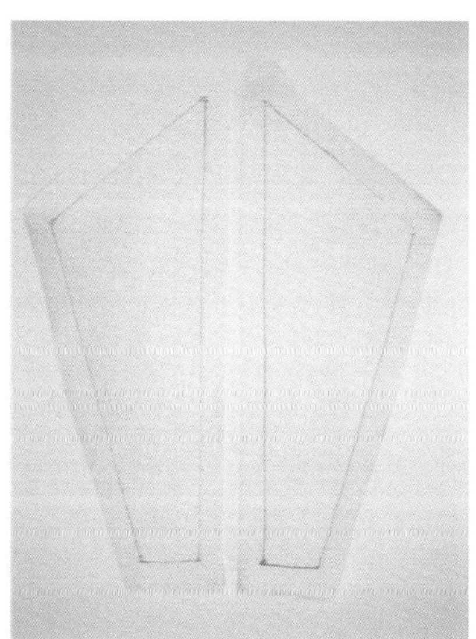

07 겉감의 안쪽에 본을 대고 그리게 되므로 사진과 같이 대칭으로 나와야 한다. 안감도 같은 방식으로 완성선을 그린다.

-------- 박음질 --------

완성선을 그린 후 박음질을 한다. 한복은 박음질을 하고 반드시 다림질하는 과정을 거쳐야 완성도 높은 작품을 만들 수 있다. 좌우를 잇는 솔기는 시접을 큰 쪽으로 꺾는 점을 참고한다.

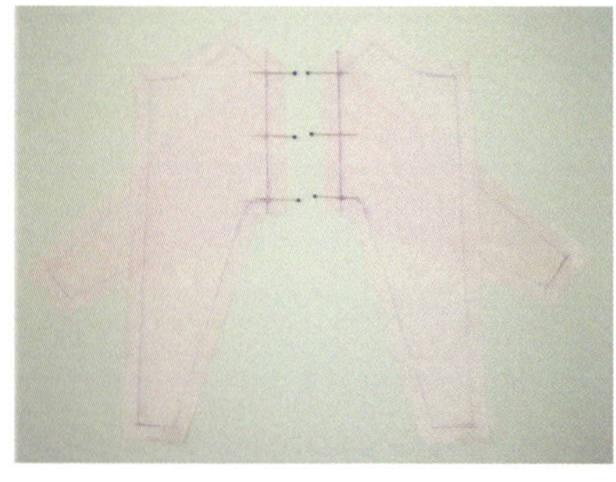

01 큰사폭과 작은사폭의 솔기를 먼저 박음질한다. 사진과 같이 큰사폭의 안이 위로 오게 두고 뒤에 작은사폭의 겉이 오도록 배치한다. 반드시 큰사폭의 겉과 작은사폭의 겉을 맞대고 핀을 꽂는다.

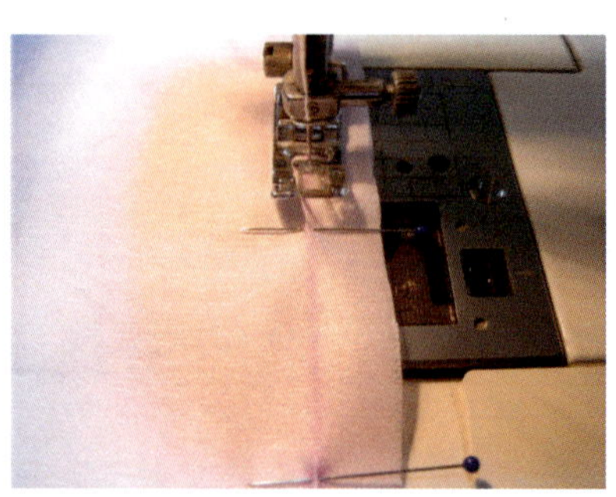

02 사진과 같은 방향으로 옷감이 왼쪽으로 가도록 두고 시접에서 시작해서 시접 끝까지 박음질한다. 박음질할 때 작은사폭이 늘어나지 않도록 주의한다.

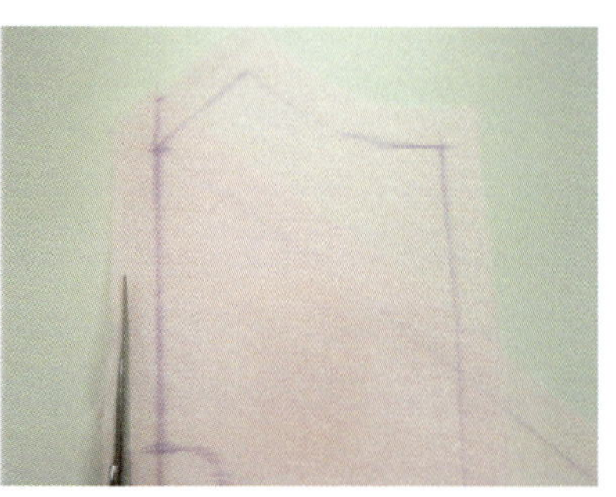

03 박음질한 후 시접을 1.5cm 남기고 자른다.

04 시접을 큰사폭 방향으로 접고 다림질한다.

05 큰사폭과 작은사폭을 펼치고 겉에서 한 번 다려준다. 솔기 방향이 사진과 같이 대칭으로 나와야 한다.

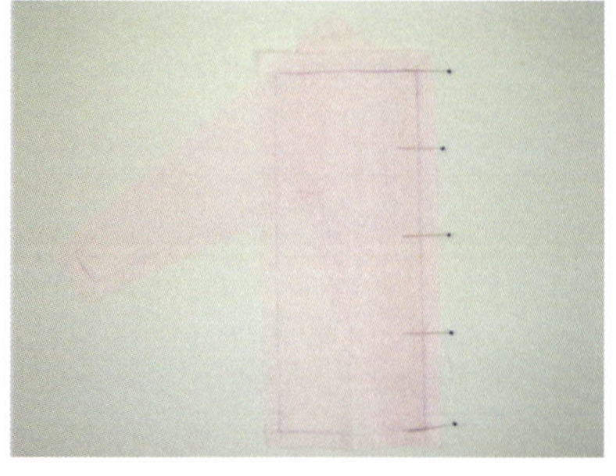

06 마루폭에 핀을 꽂고 시접까지 박음질한다. 앞의 사진 중 어느 쪽에 마루폭을 달아도 무방하다.

07 시접을 1.5cm 남기고 마루폭 방향으로 다린다.

08 마루폭을 펴고 겉에서 다려준다.

09 반대쪽 큰사폭과 작은사폭 솔기 쪽에 마루폭을 달아준다.

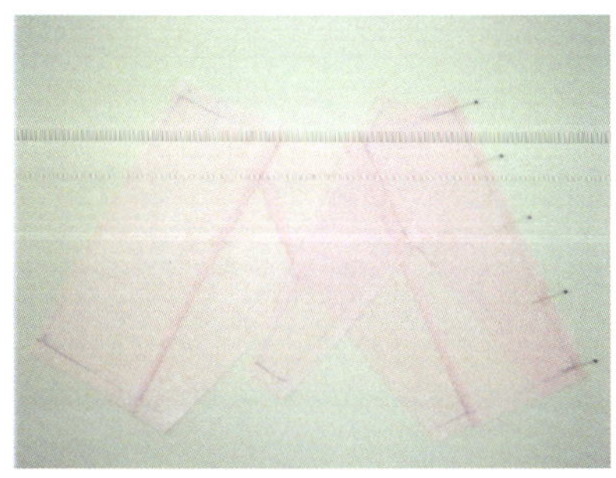

10 다른 하나의 큰사폭과 작은사폭의 겉을 맞대고 핀을 꽂는다.

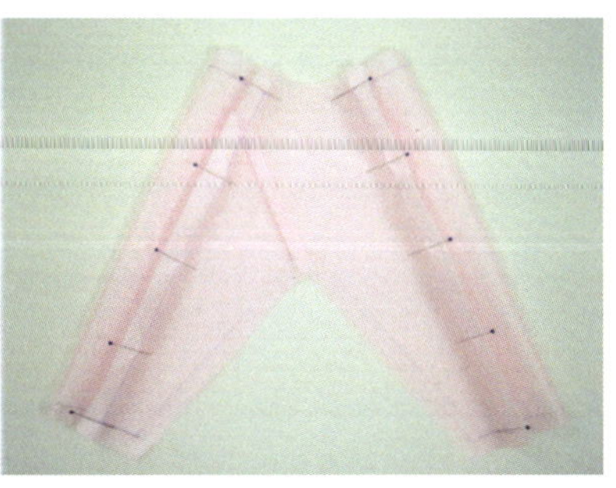

11 반대편 마루폭과 사폭 솔기도 끌어당겨 핀을 꽂고 박음질한다.

12 시접은 1.5cm 남긴 후 정리하고, 마루폭 방향으로 다림질한다. 이때 큰사폭과 작은사폭을 이은 솔기가 앞뒤로 같은 방향으로 나와야 한다.

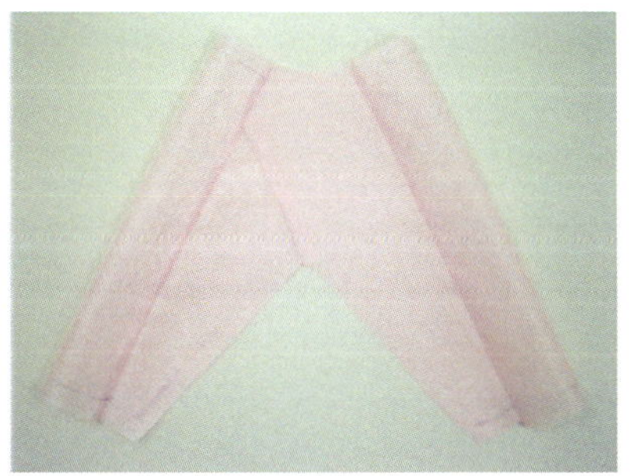

13 겉으로 뒤집어서 다시 한 번 다림질한다.

14 안감도 겉감과 같은 방식으로 박음질한다.

15 겉감은 사진 위와 같이 안이 겉으로 나오도록 뒤집고 안감은 사진 아래와 같이 솔기가 나오지 않게 겉이 되도록 한다. 이때 겉감과 안감의 사폭 솔기가 같은 방향으로 오도록 한다.

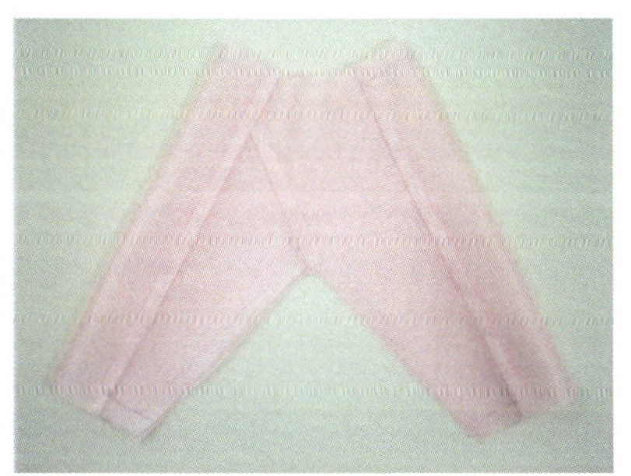

16 겉감 안으로 안감을 집어넣는다.

17 겉감과 안감을 옆으로 돌려 바짓부리에 핀을 꽂고 박음질한다. 이때 마루폭의 솔기를 맞추고 시접 끝까지 박아준다.

18 시접은 안감 방향으로 다림질한다(겉감과 안감을 이은 솔기는 대부분 겉감으로 넘기지만 바짓부리는 예외).

19 안감을 빼내고 솔기가 안감 방향으로 가도록 다시 한 번 다림질한다.

20 겉이 나오도록 뒤집어서 안감으로 넘긴 솔기를 0.5cm 넓이로 눌러 박아준다.

21 솔기가 겉으로 나오도록 뒤집고 안감의 큰사폭과 작은사폭 솔기가 사진과 같이 되도록 바닥에 놓는다.

22 안감 위에 겉감을 올려놓는다. 이렇게 해야 바지를 완성했을 때 배래의 솔기가 뒤로 간다. 이때 큰사폭과 작은사폭의 솔기 네 겹이 같은 방향으로 되어야 한다.

23 큰사폭과 작은사폭의 솔기 네 겹에 핀을 꽂고 바짓부리의 겉과 안을 잘 맞추어 핀을 꽂아둔다.

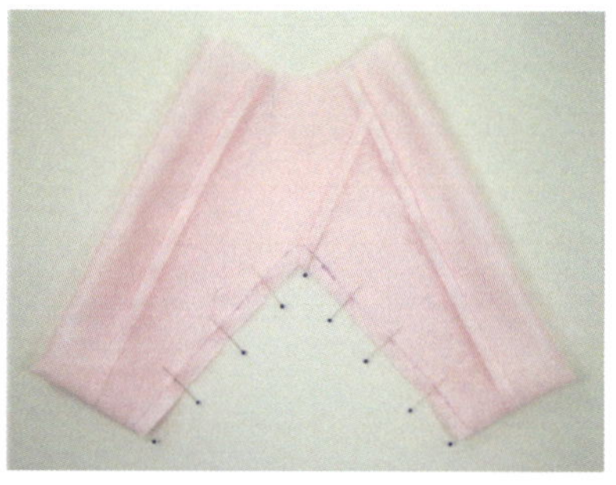

24 완성선을 다시 그린 후 네 겹의 배래에 핀을 꽂아준다.

25 완성선을 따라 박음질을 하고 밑부분에 다섯 개의 가위집을 준다. 양쪽 부리는 반드시 되돌아 박기를 한다.

26 배래 시접을 겉감 쪽으로 접어 다린다.

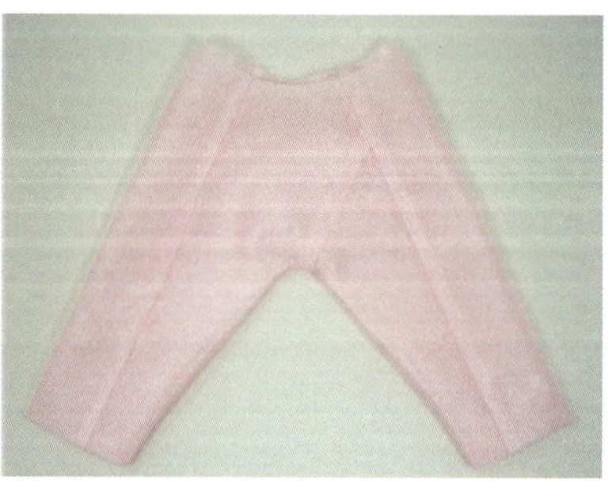

27 겉감으로 뒤집는다.

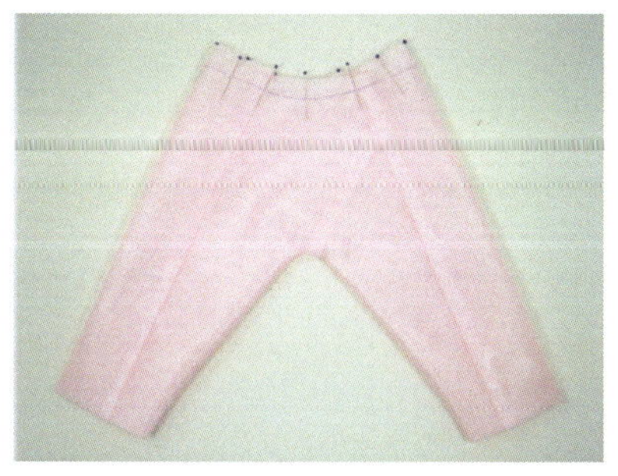

28 허리의 완성선을 다시 그린 후 겉감과 안감 허리둘레의 마루폭 솔기를 맞추고 핀을 꽂는다.

29 겉감과 안감 허리를 연결하는 박음질을 한다.

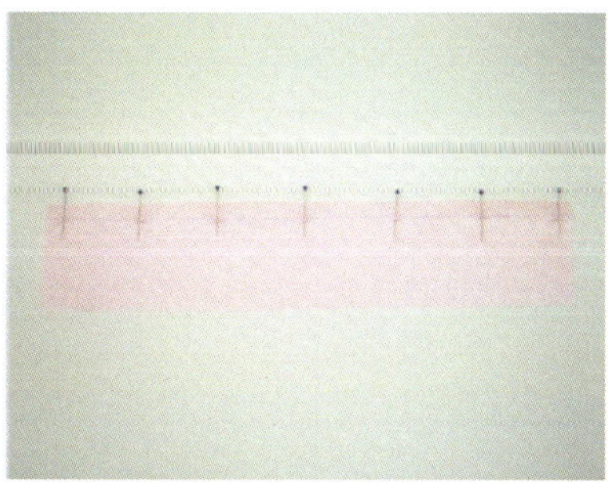

30 허리의 겉감과 안감의 겉을 마주 대고 시접을 1.5cm 두고 박음질한다.

31 시접을 안감 방향으로 접고 0.5cm 넓이로 눌러 박음질한다.

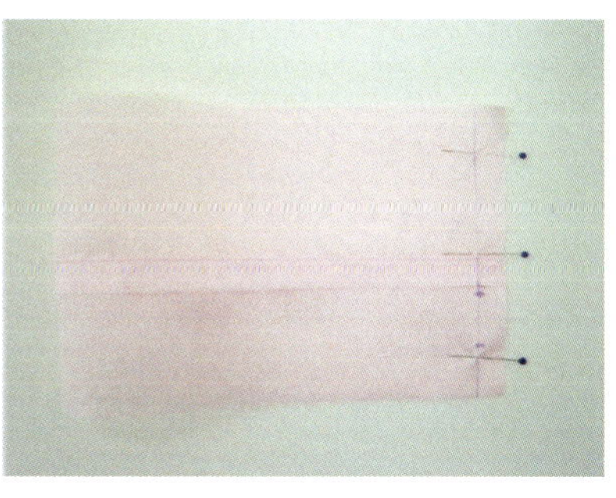

32 허리둘레에 맞추어 접고 안감에 고무 밴드를 넣을 창구멍을 표시하고 핀을 꽂는다.

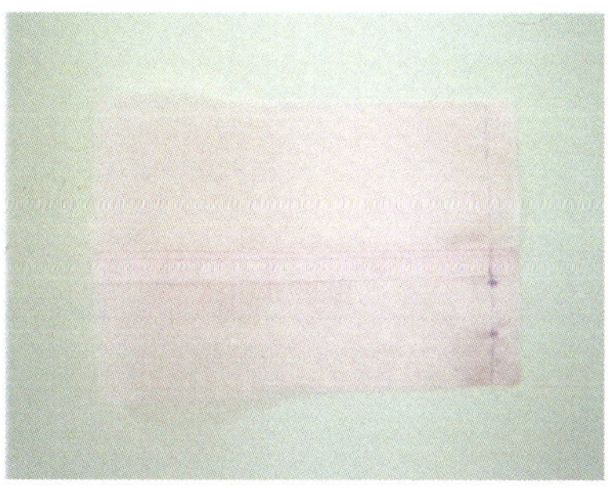

33 창구멍의 양쪽은 되돌아 박기를 하고 박음질한다.

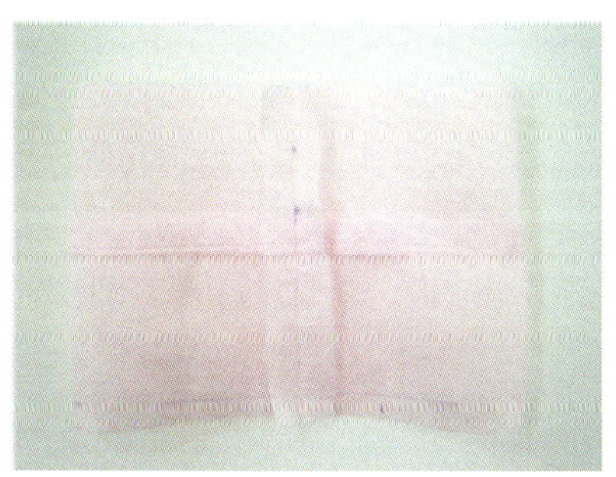

34 박은 솔기를 가름솔로 다리고 겉감에 허리 너비의 완성선을 그린다.

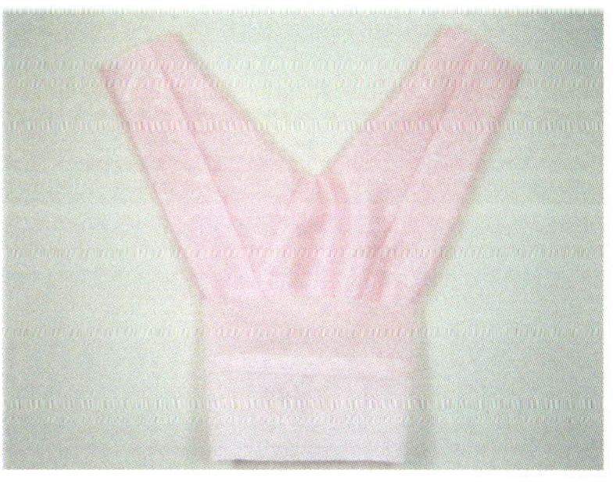

35 허리를 이은 솔기가 뒤로 가도록 하고 허리 안감을 아래로 두고 허리 안에 바지를 넣는다.

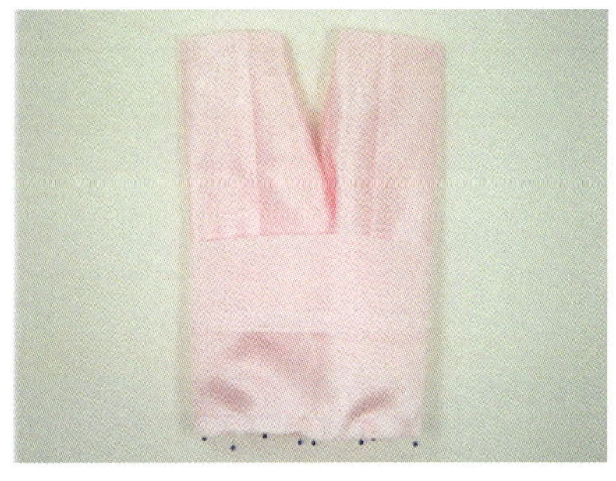

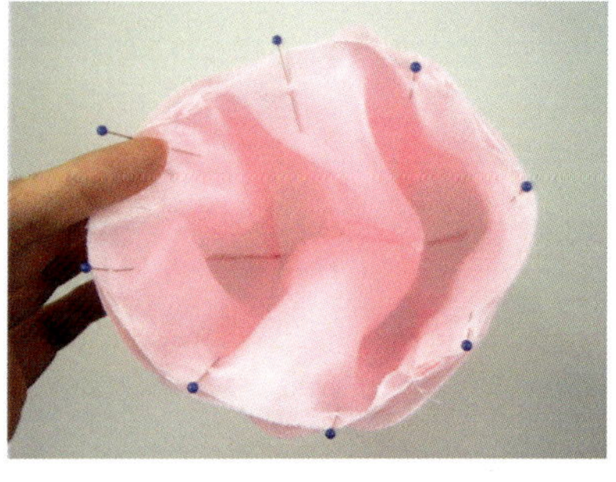

36 겉감과 안감을 둘러 박은 박음질 아래선과 허리 겉감의 완성선을 맞추어 바지 안쪽에 핀을 꽂는다.

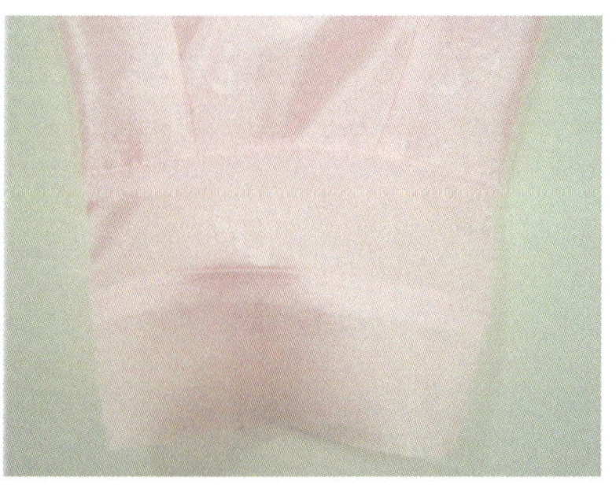

37 핀 꽂은 선을 박음질하고 시접은 허리 쪽으로 가도록 한다.

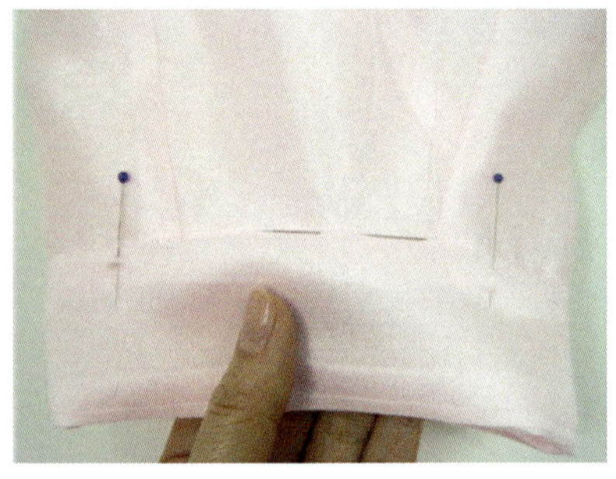

38 바지 안감이 겉으로 나오도록 뒤집고 허리 안감을 안으로 접고 핀으로 고정한 후 공구르기를 한다.

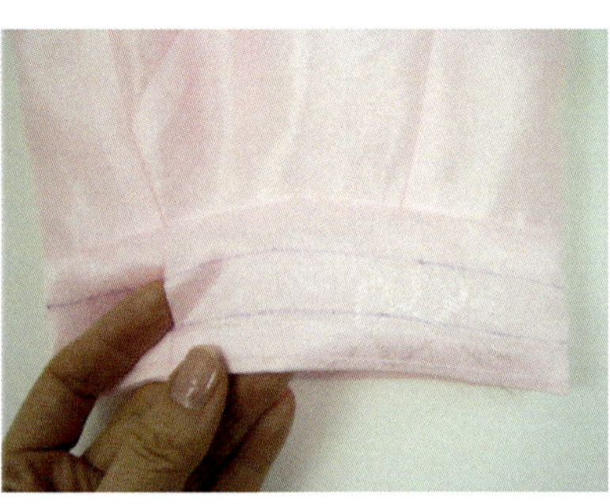

39 허리 안감의 창구멍에 고무 밴드 넓이(2.5cm)에 1cm의 여유를 더 주어 고무 밴드가 들어갈 수 있는 두 줄 선을 그린다.

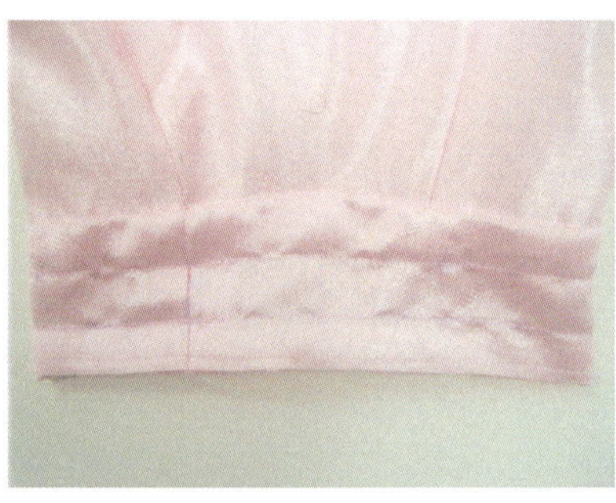

40 고무 밴드가 들어갈 표시선을 박음질한다.

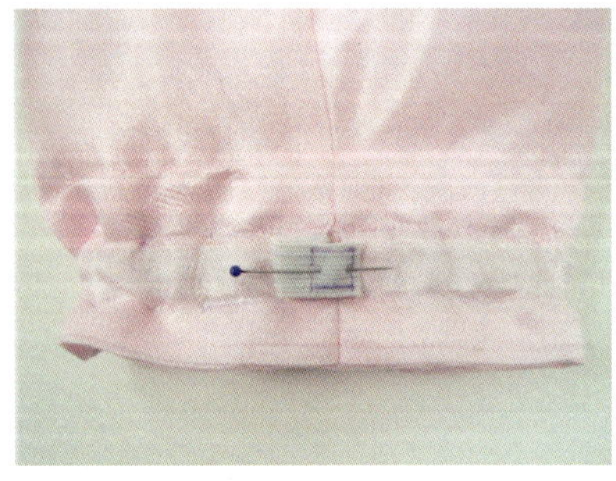

41 고무 밴드를 45cm 길이로 잘라 옷핀을 꽂은 후 창구멍에 넣고 끝을 겹쳐 네모 모양으로 박음질한다.

42 고무 밴드를 넣고 창구멍을 공그르기로 막아준다.

연봉단추 끈목 만들기

01 바이어스 너비가 3cm가 되도록 정바이어스를 그린다.

02 바이어스 두 장을 자른다.

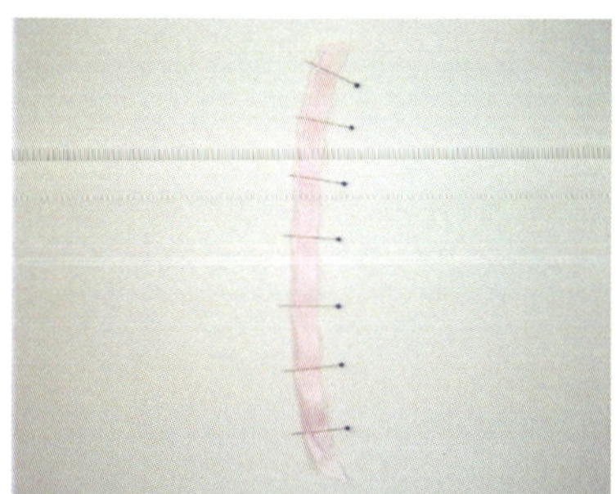

03 바이어스 길이의 겉끼리 마주 대고 핀을 꽂은 후 넓이 0.3cm의 선을 긋는다. 끝부분은 바늘을 넣어 뒤집기 편하도록 넓게 그린다. **옷감이 두꺼운 경우 더 넓게 박음질한다.**

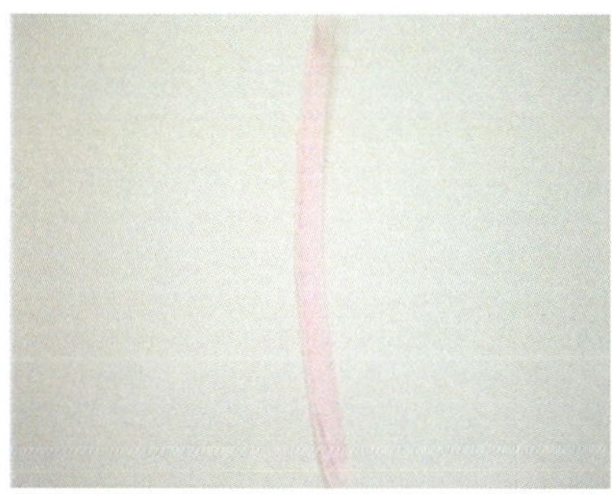

04 연봉단추 끈목 박음질을 할 때 재봉 땀수를 작게 한다. **뒤집을 때 힘을 받을 수 있어야 하기 때문이다.**

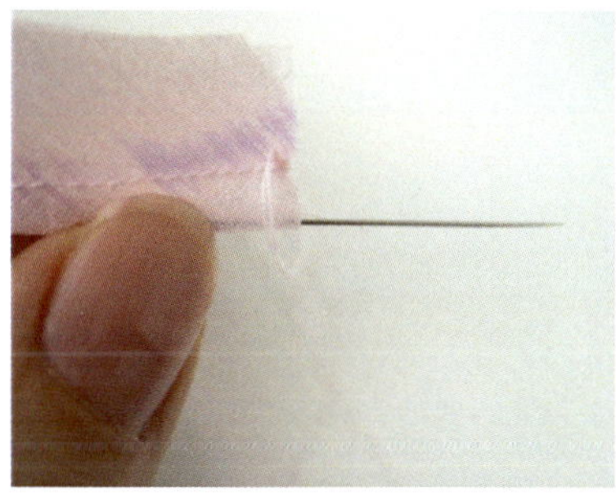

05 바늘에 실 두 줄을 꿰어 반으로 접어 네 줄을 만든 후 넓게 박힌 끝부분을 두 번 떠주고 바늘귀를 안으로 집어넣는다.

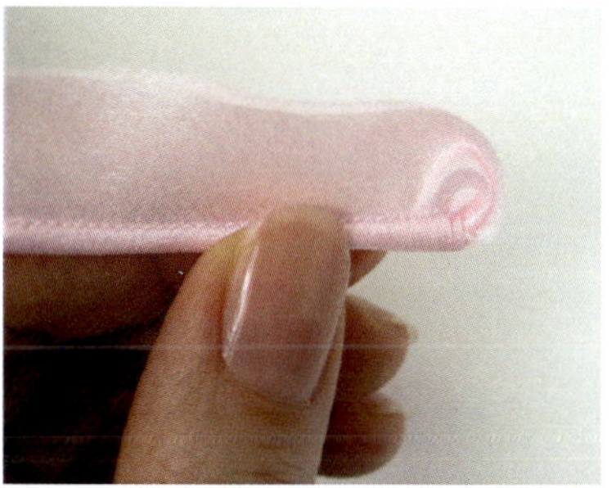

06 시접이 안으로 들어가도록 실을 천천히 당겨서 뒤집는다.

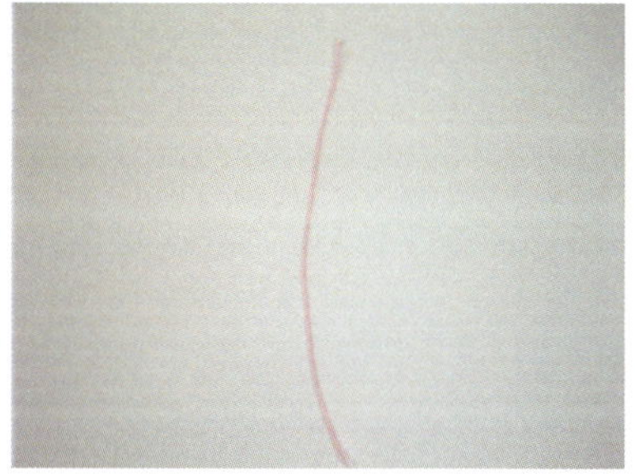

07 끈목을 만들어둔다.

연봉단추 만들기

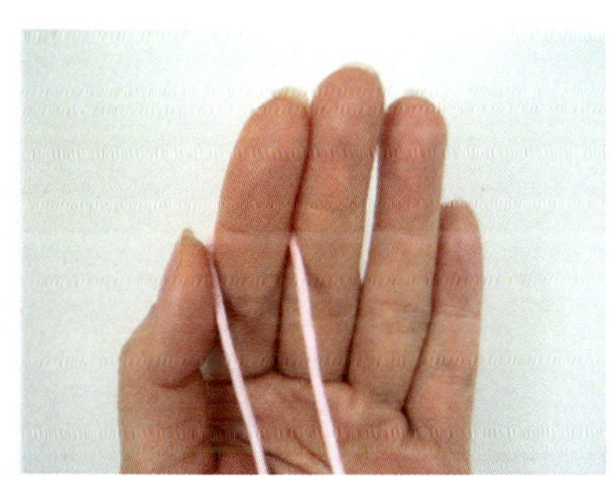

01 끈목의 중심을 왼손의 집게손가락에 걸어준다.

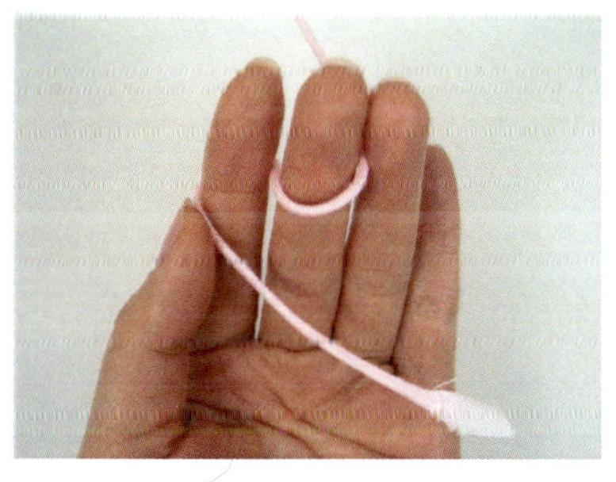

02 두 끈목 중 오른쪽 끈목을 왼손 가운뎃손가락 뒤로 돌린다.

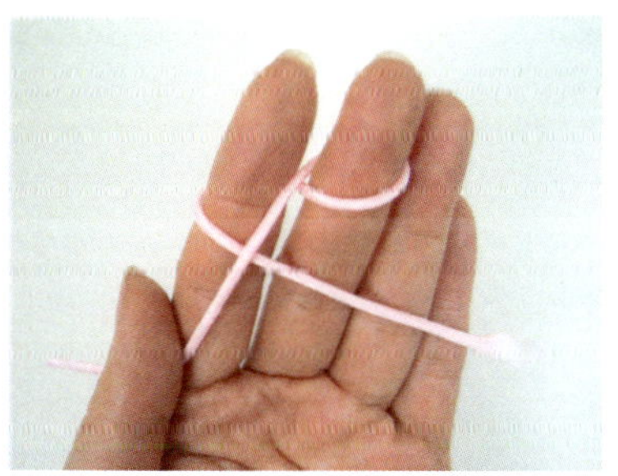

03 끈목이 집게손가락과 가운뎃손가락 사이로 나오게 한 후 집게손가락에 걸쳐 있는 다른 끈목 위에 놓고 엄지손가락으로 잡는다.

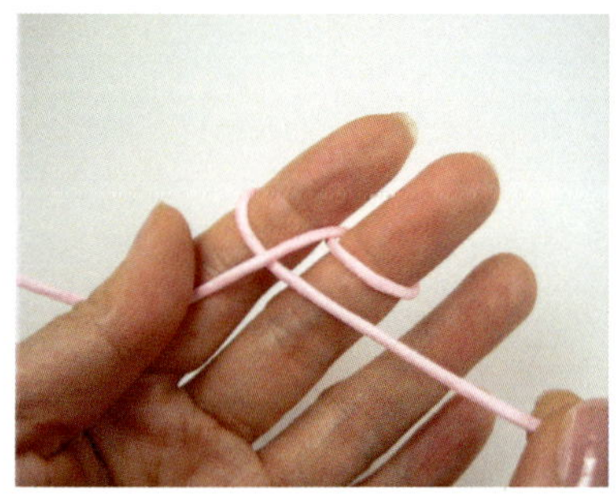

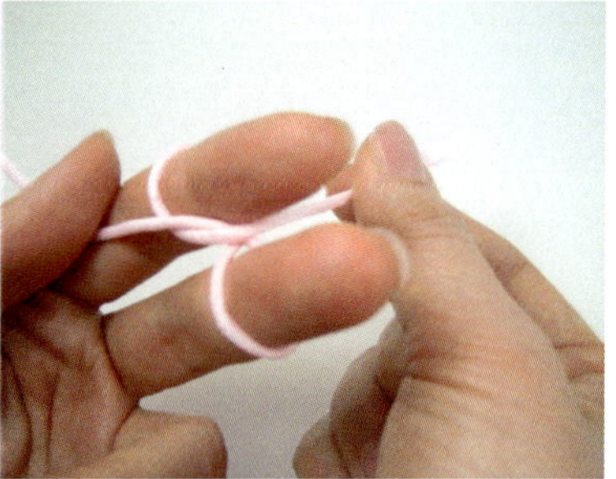

04 집게손가락 왼쪽에 있던 끈목을 집게손가락과 가운뎃손가락 사이로 돌린다.

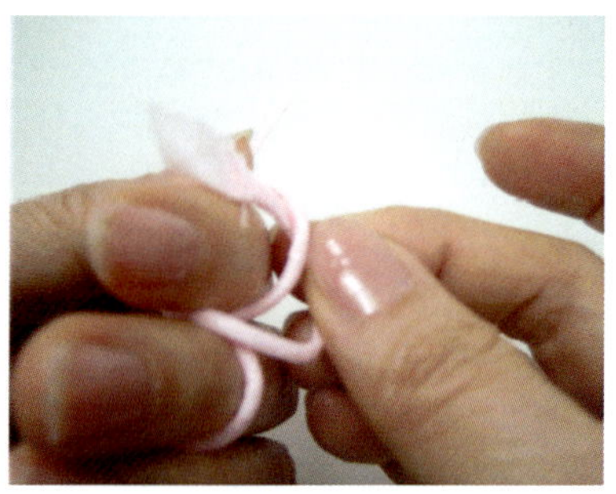

05 집게손가락에 만들어진 고의 아래에서 위로 끈목을 통과시킨다.

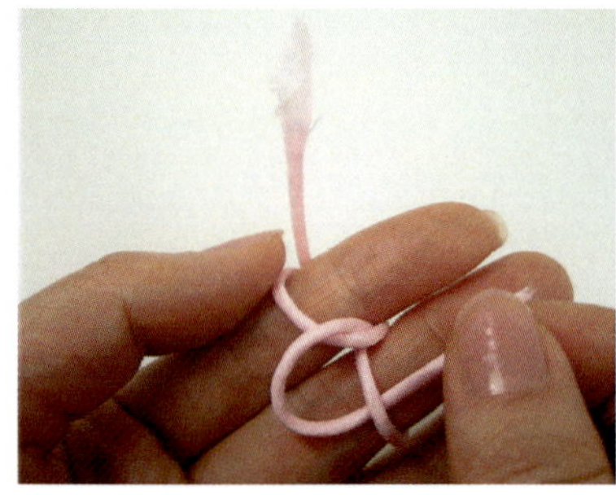

06 손바닥의 다른 끈목은 가운뎃손가락 원 아래에서 위로 통과 시킨다.

07 손에서 빼낸다.

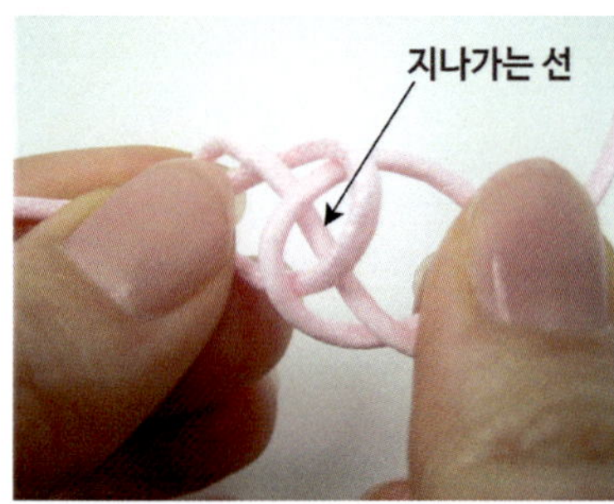

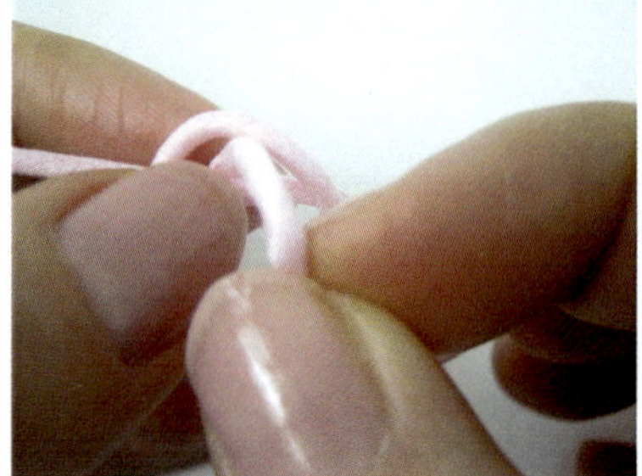

08 두 원을 양손에 잡고 가운데로 모으면 지나가는 선이 생기는데, 그 선을 오른손으로 잡고 왼손 엄지손가락으로 끈목을 누르면서 바짝 잡아당겨 올린다. 이 선이 중심선이 된다. **연봉매듭을 만드는 단계에서 중요한 과정이다.**

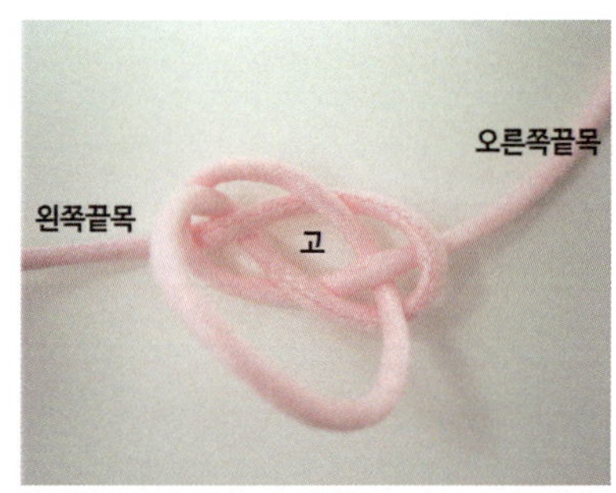

09 사진과 같이 날개 모양이 나와야 한다.

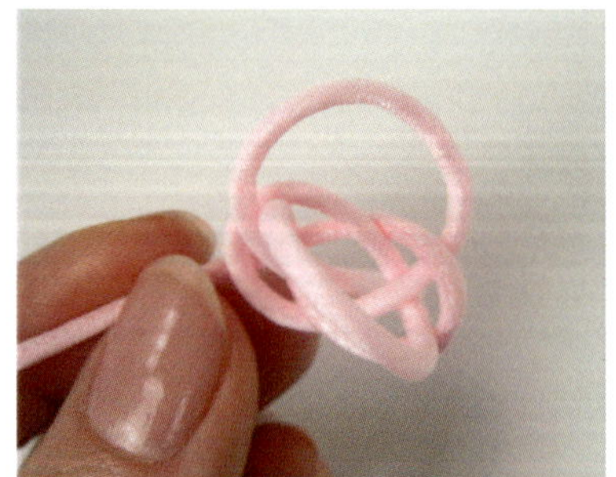

10 오른쪽 끈목을 시계 반대 방향으로 돌려 중심선을 지나 가운데 고 안으로 넣어준다.

11 왼쪽 끈목도 마찬가지로 시계 반대 방향으로 돌려 중심선을 지나 가운데 고 안으로 넣어준다.

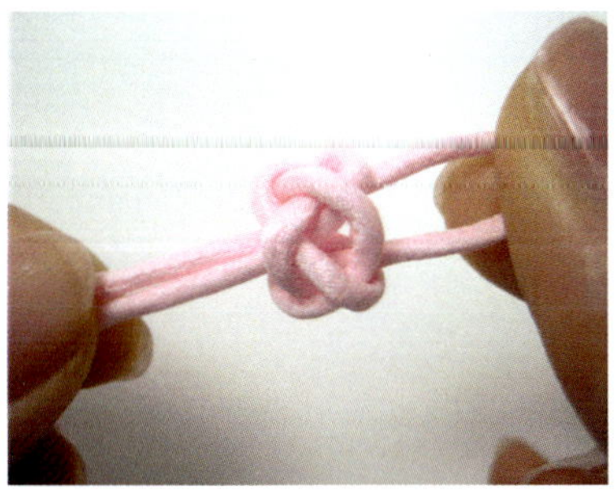

12 위의 중심선과 고 아래로 들어간 끈목 두 개를 잡고 잘 당겨준다.

13 연봉매듭 완성 모습

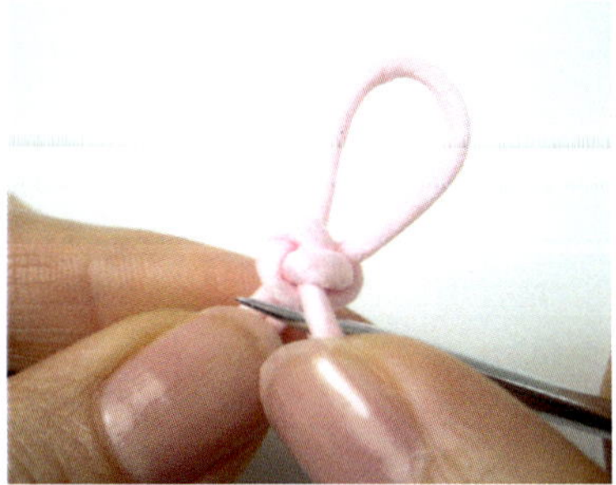

14 중심선을 줄일 때 끊어진 부분을 시작으로 당기면서 줄여주면 된다. 이때 송곳을 이용한다.

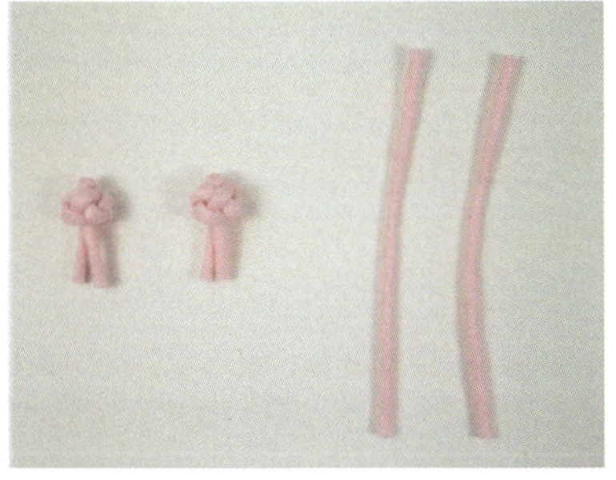

15 연봉매듭 아래는 1.5cm를 남기고 고리는 7cm 길이로 두 쌍을 준비한다.

43 겉감이 겉으로 보이도록 뒤집고 사진과 같이 큰사폭이 오른쪽으로 오도록 한다.

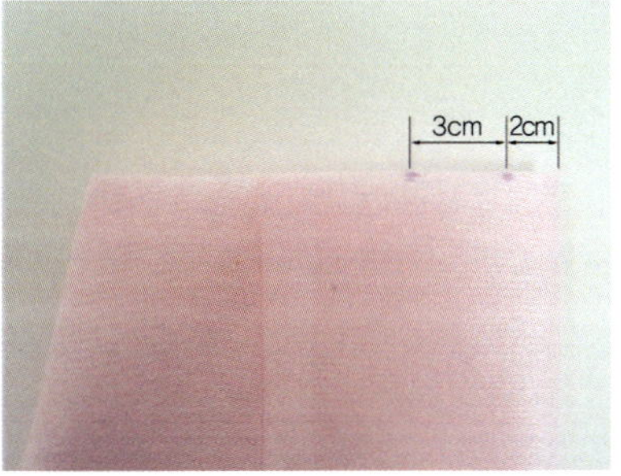

44 바짓부리의 마루폭 골선 에서 2cm와 3cm의 점을 표시한다. 뒤에도 같이 표시해준다.

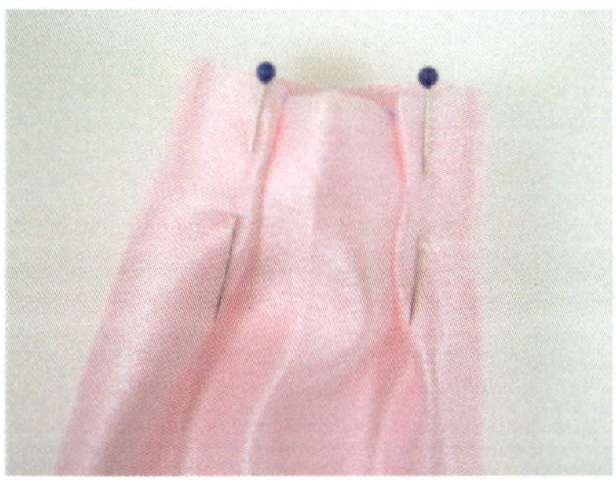

45 옆으로 돌려 양쪽의 3cm 표시선을 접어준다.

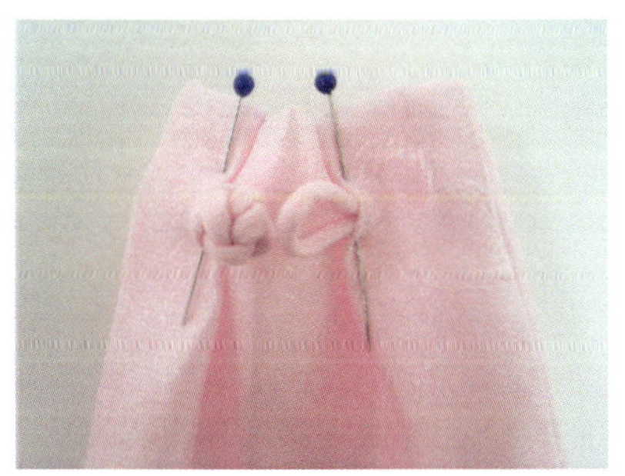

46 접어준 사이로 앞에 연봉단추를 뒤에 고리를 넣고 박음질한다.

47 매듭단추와 고리를 넣어 접힌 부분을 박음질하여 고정한다.

48 바지 완성 모습

저고리

남자 저고리는 여자 저고리보다 동아래가 길고 곡선이 완만하며 섶코를 맵시 있게 빼내는 과정이 없으므로 바느질이 수월하다. 여자 민저고리와 같이 한 가지 색이며, 길, 소매, 섶, 깃, 고름, 동정으로 구성된다.

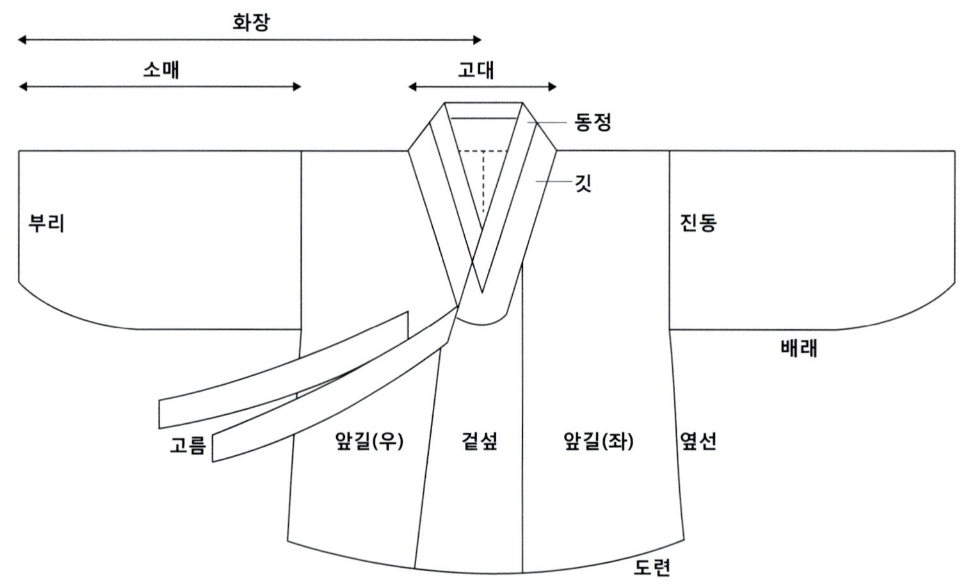

남자 저고리의 구조와 명칭

본뜨기

남아 저고리 본뜨기에 필요한 치수는 가슴둘레, 화장, 저고리 길이이다.

1) 저고리 필요 치수

- 가슴둘레: 겨드랑이점을 중심으로 수평으로 돌려 잰다.
- 화장: 뒤 목점에서 어깨 끝점을 지나 손목점까지 잰다.
- 저고리 길이: 뒤 목뼈에서 등길이까지 재고 여유분을 준다.

2) 저고리 참고 치수

남이 저고리 참고 치수(단위: cm)

부위 / 연령	가슴둘레	저고리 길이	화장	진동 (B/4+1.5)	고대/2 (B/10)	겉깃 길이 (진동+1)	겉섶		안섶		깃 너비	고름 너비	고름 길이	
							위(깃 너비+1)	아래(깃 너비+2)	위(깃 너비−1.5)	아래 (깃 너비)			긴 고름	짧은 고름
돌	52	30	36	14.5	5.5	15.5	5	6	2.5	4	4	4	35	30
3~4세	56	33	37~42	15.5	5.5~5.6	16.5	5.3	6.3	2.8	4.3	4.3	4	40	35
5~6세	58	36	43~48	16	5.8~6.4	17	5.6	6.6	3.1	4.6	4.6	4.5	45	40
7~8세	64	39	49~52	17.5	6.5~7.2	18.5	6	7	3.5	5	5	5	48	43

남자 저고리 참고 치수(단위: cm)

<table>
<tr><th colspan="2">가슴둘레 / 부위</th><th>90</th><th>95</th><th>100</th><th>105</th></tr>
<tr><td colspan="2">뒤품/2</td><td colspan="4">B/4+4</td></tr>
<tr><td rowspan="2">길이</td><td>뒷길이</td><td colspan="4">등길이+10~15</td></tr>
<tr><td>앞길이</td><td colspan="4">뒷길이+2</td></tr>
<tr><td colspan="2">화장</td><td colspan="4">뒤 목점에서 손목뼈까지</td></tr>
<tr><td colspan="2">진동</td><td colspan="2">B/4+5</td><td colspan="2">B/4+4</td></tr>
<tr><td colspan="2">고대/2</td><td colspan="2">B/10</td><td colspan="2">B/10−0.5</td></tr>
<tr><td colspan="2">깃 너비</td><td>7.2</td><td>7.5</td><td>7.7</td><td>8</td></tr>
<tr><td colspan="2">겉깃 길이</td><td colspan="4">진동+1</td></tr>
<tr><td colspan="2">깃 길이</td><td colspan="4">겉깃 길이+고대+안깃 길이(겉깃 길이+깃 너비+2)</td></tr>
<tr><td rowspan="2">겉섶</td><td>위</td><td colspan="4">깃 너비+1</td></tr>
<tr><td>아래</td><td colspan="4">깃 너비+3</td></tr>
<tr><td rowspan="2">안섶</td><td>위</td><td colspan="4">깃 너비−3</td></tr>
<tr><td>아래</td><td colspan="4">깃 너비</td></tr>
<tr><td colspan="2">고름 너비</td><td colspan="4">깃 너비−1</td></tr>
<tr><td colspan="2">긴 고름</td><td colspan="4">80</td></tr>
<tr><td colspan="2">짧은 고름</td><td colspan="4">70</td></tr>
<tr><td colspan="2">수구</td><td colspan="4">진동×3.5/5</td></tr>
</table>

3) 저고리 본뜨기

저고리는 뒷길과 소매의 좌우가 동일하기 때문에 패턴을 뒤집어서 사용하므로 한 장씩만 본을 뜬다. 앞길은 좌우가 다른 비대칭이므로 두 장의 본이 필요하며 깃도 본을 뜨도록 한다. 고름은 고름 너비와 고름 길이 치수로 마름질이 가능하므로 본을 뜨지 않아도 된다.

✂ 옷감 소요량

110cm 폭: 저고리 길이×2+소매 너비×2+시접

55cm 폭: 저고리 길이×4+소매 너비×4+시접

(1) 남아 저고리 본뜨기

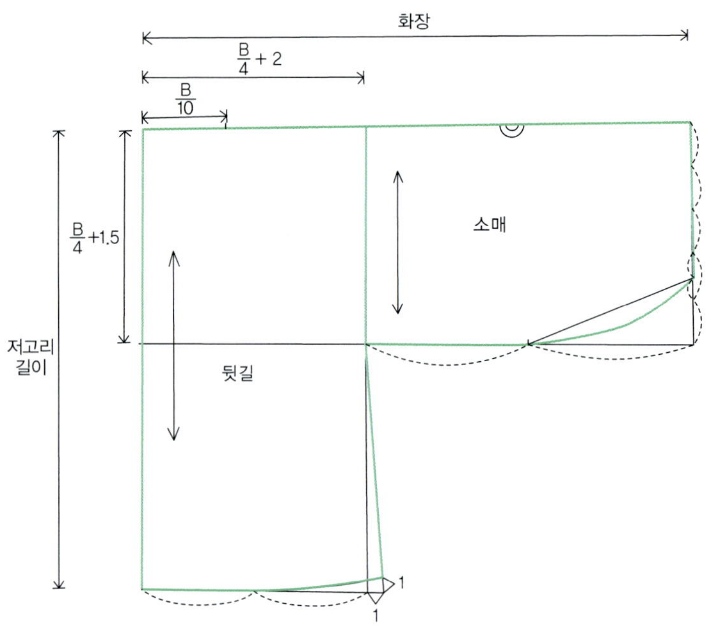

화장
B/4 + 2
B/10
B/4 +1.5
저고리 길이
소매
뒷길
1
1

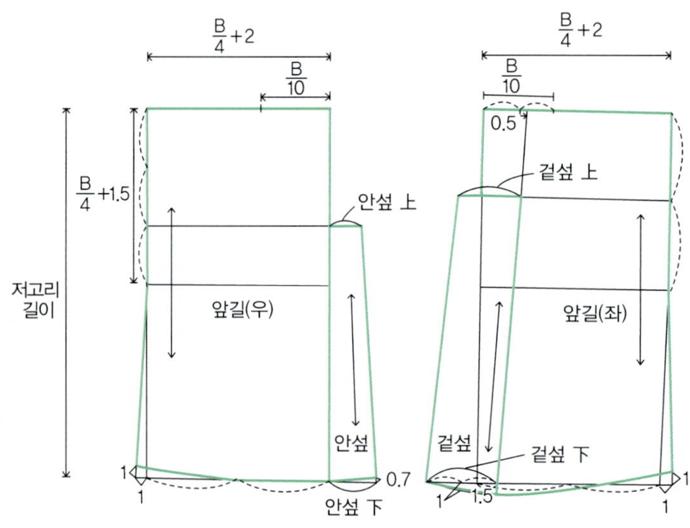

B/4 +2
B/10
B/4 +1.5
저고리 길이
안섶 上
앞길(우)
안섶
1
1
0.7
안섶 下
B/4 +2
B/10
0.5
겉섶 上
앞길(좌)
겉섶
겉섶 下
1
1.5
1
1

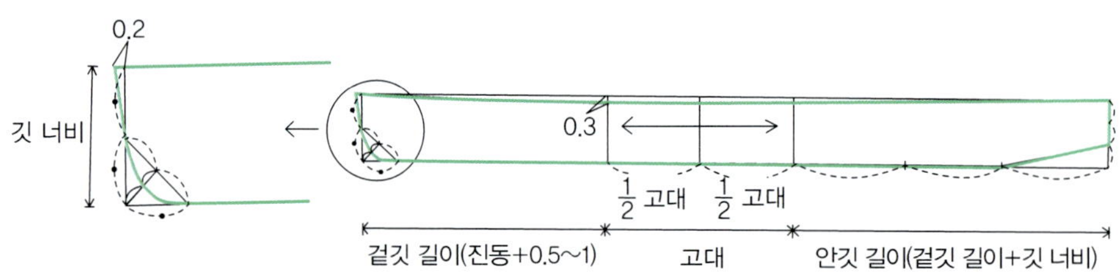

0.2
깃 너비
0.3
1/2 고대
1/2 고대
겉깃 길이(진동+0.5~1)
고대
안깃 길이(겉깃 길이+깃 너비)

(2) 남자 저고리 본뜨기

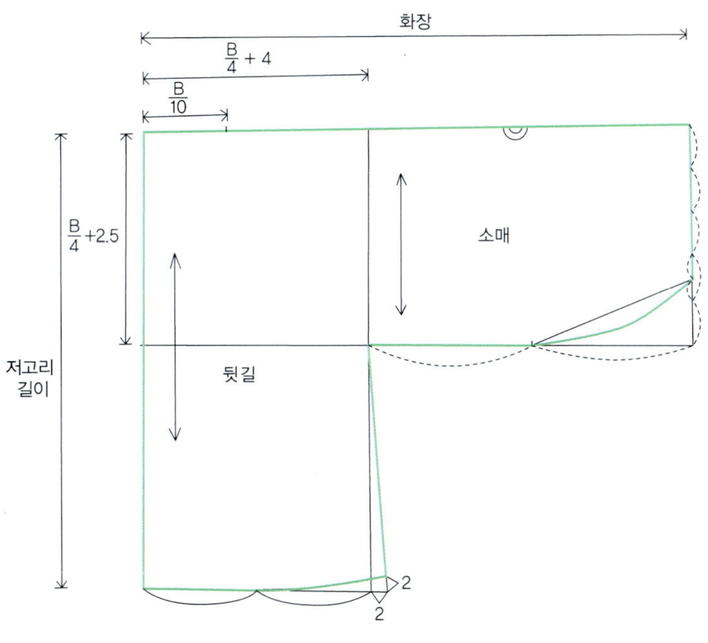

화장
B/4 + 4
B/10
B/4+2.5
소매
저고리 길이
뒷길
2
2

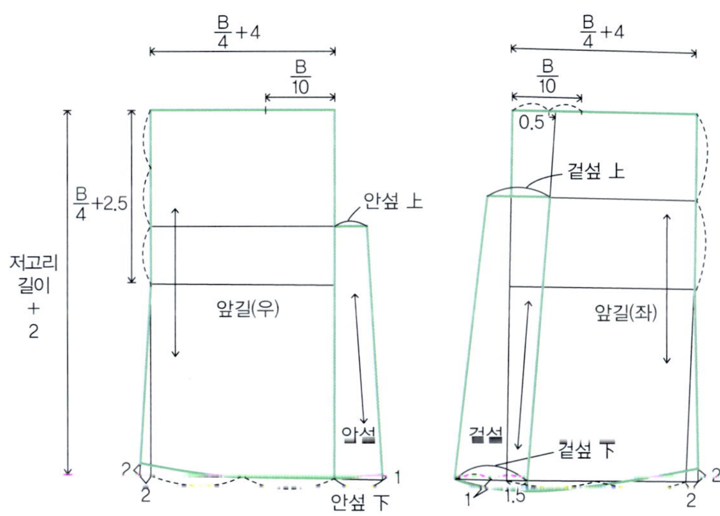

B/4+4
B/10
B/4+2.5
저고리 길이 + 2
안섶 上
앞길(우)
안섶
2
2
1
안섶 下
B/4+4
B/10
0.5
겉섶 上
앞길(좌)
겉섶
겉섶 下
1
1.5
2
2

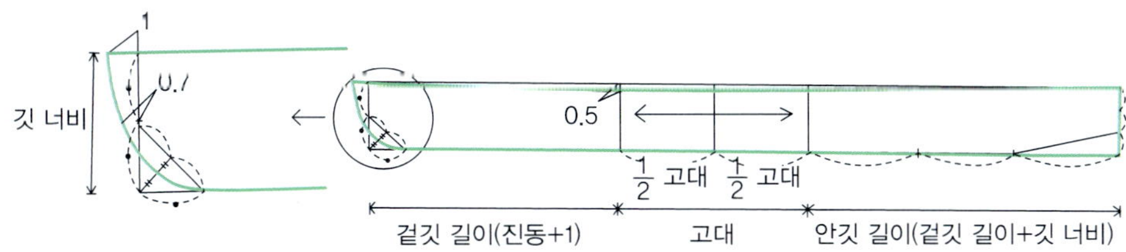

1
0.7
깃 너비
0.5
1/2 고대
1/2 고대
겉깃 길이(진동+1)
고대
안깃 길이(겉깃 길이+깃 너비)

-------- 마름질 --------

어린이 저고리는 옥색, 미색, 연분홍색, 흰색을 주로 사용하며, 옷감은 문양이 작은 사계절용을 사용한다. 안감은 겉감보다 얇고 부드러운 것이 좋으며, 겉감의 색상에 맞는 것으로 선택한다. 시접 분량은 남아는 1.5cm, 성인 남자는 2cm를 둔다.

1) 겉감 마름질

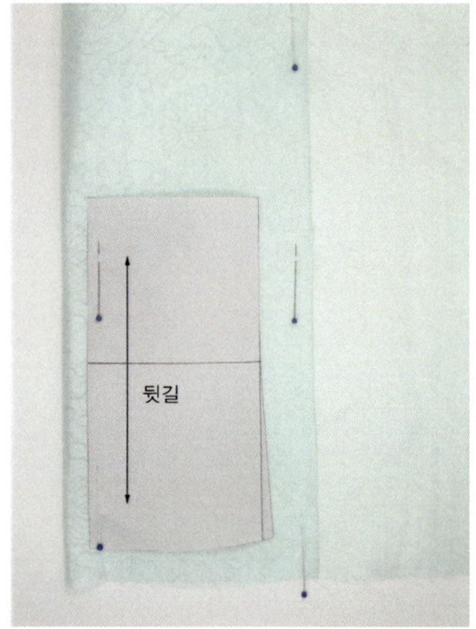

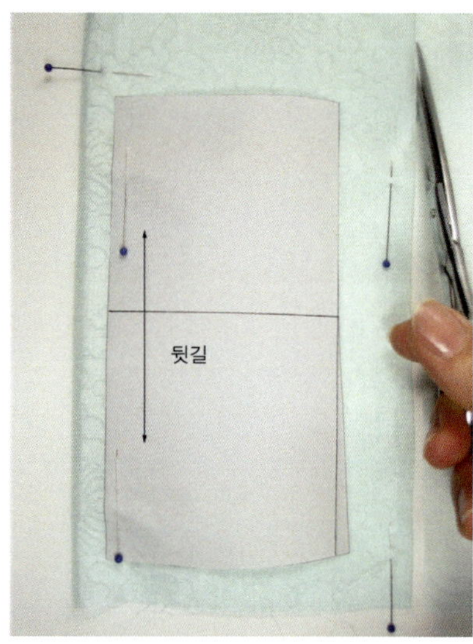

01 겉감의 겉끼리 접고 식서와 평행하도록 뒷길 본을 올려놓는다. 등솔, 뒷길 도련, 동아래에 시접을 둔다.

02 어깨솔에 시접을 두고 핀을 꽂아 핀이 꽂힌 부분까지 마름질한다.

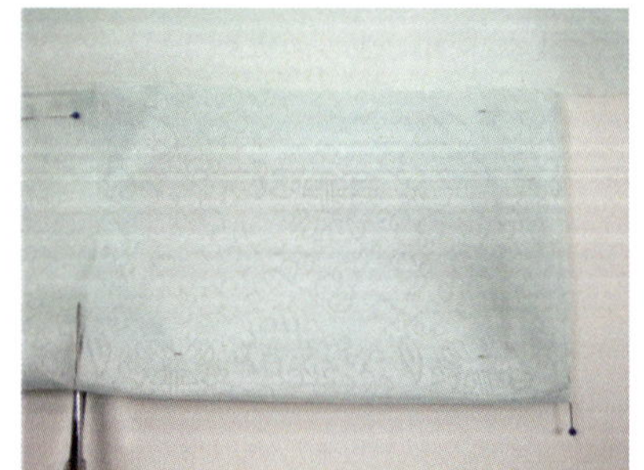

03 어깨솔에 꽂은 핀을 기준으로 뒷길을 앞으로 접어 네 겹을 잘라낸다. 성인 남자 저고리는 앞길이 2cm를 더 준다. 이와 같이 뒷길 두 장과 앞길 두 장을 한 번에 마름질할 수 있다.

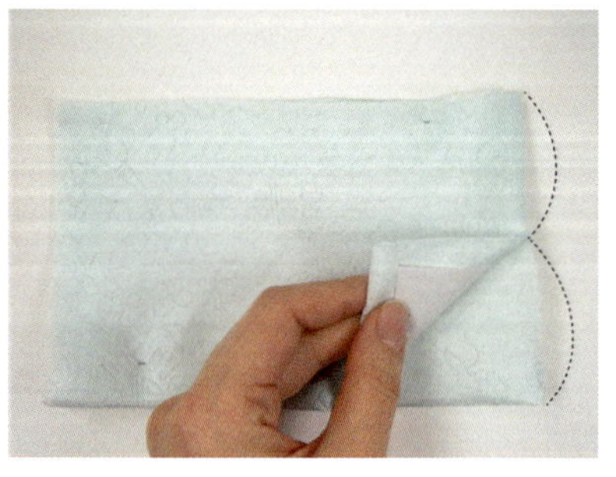

04 핀을 꽂은 기준선에서 너비의 반을 가른다(뒷길과 앞길을 나누고 고대를 표시하기 위한 과정이다).

05 어깨솔에 꼭지각을 준다.

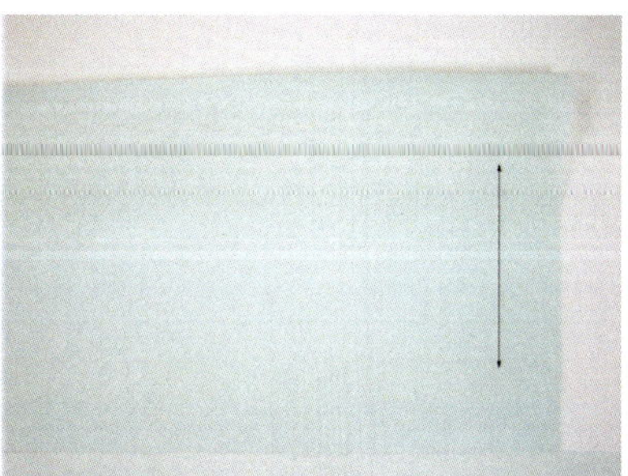

06 길을 마름질한 길이(식서)로 한 번 접고 다시 한 번 접으면 소매를 두 장 마름질할 수 있다.

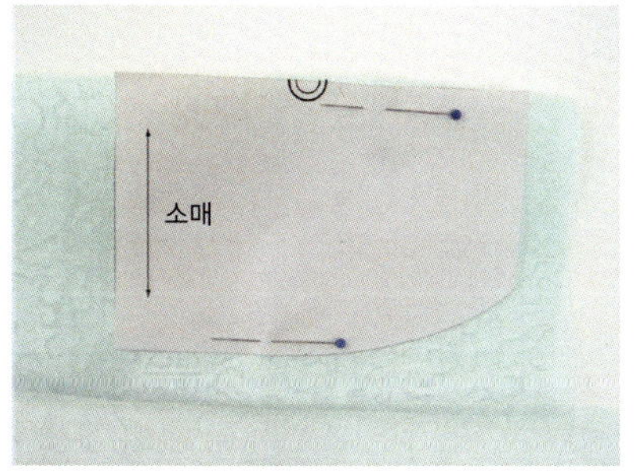

07 소매 본의 골선 표시를 접은 선에 대고 진동과 수구에 시접을 두고 마름질한다. 배래의 곡선 부분도 반드시 직선으로 마름질한다.

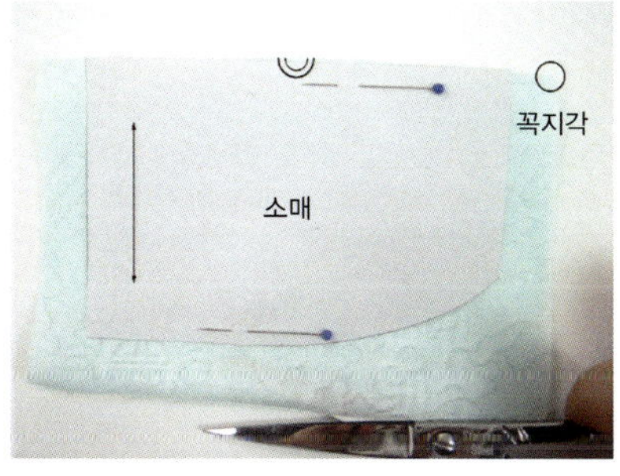

08 골선 양쪽에 작은 꼭지각을 표시하고 붙어 있는 두 장을 가른다.

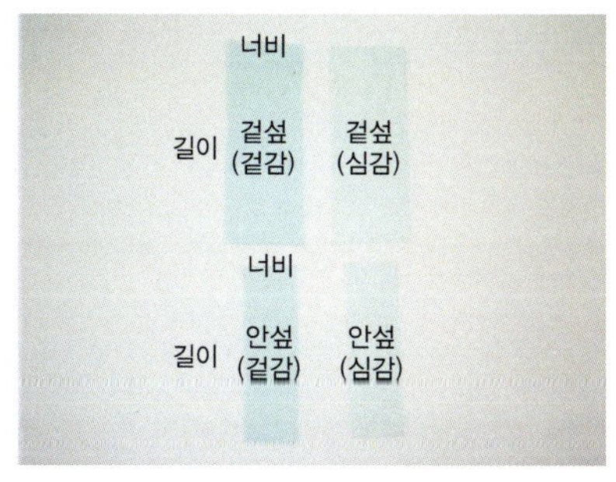

09 겉섶과 안섶에는 심감이 필요하므로 심감도 겉감과 같은 치수로 마름질한다.

겉섶 마름질 치수
길이=겉섶 길이+2cm(아래 시접)
너비=겉섶 아래 너비+4cm(양쪽 시접)
안섶 마름질 치수
길이=안섶 길이+2cm(아래 시접)
너비=안섶 아래 너비+4cm(양쪽 시접)

10 겉섶과 안섶의 안에 심감을 대고 어슷시침으로 고정시킨다.

11 겉깃, 심감, 안깃에 시접을 두고 직선으로 마름질한다.
사진 위와 같이 겉깃 안에 심감을 대고 시침한다.

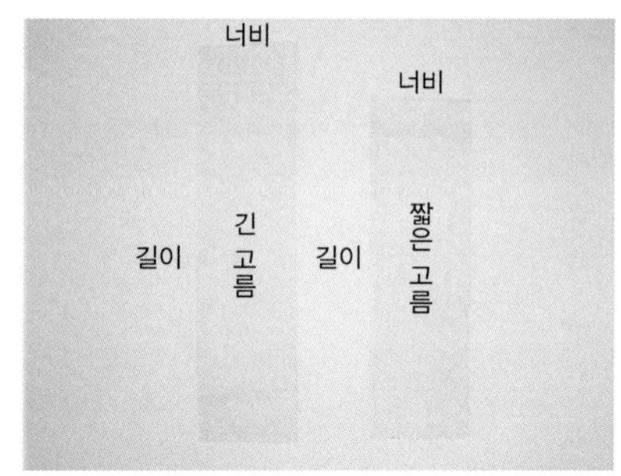

긴 고름
길이=길이+2cm(위아래 시접)
너비=(고름 너비×2)+2cm(양쪽 시접)
짧은 고름
길이=길이+2cm(위아래 시접)
너비=(고름 너비×2)+2cm(양쪽 시접)

2) 안감 마름질

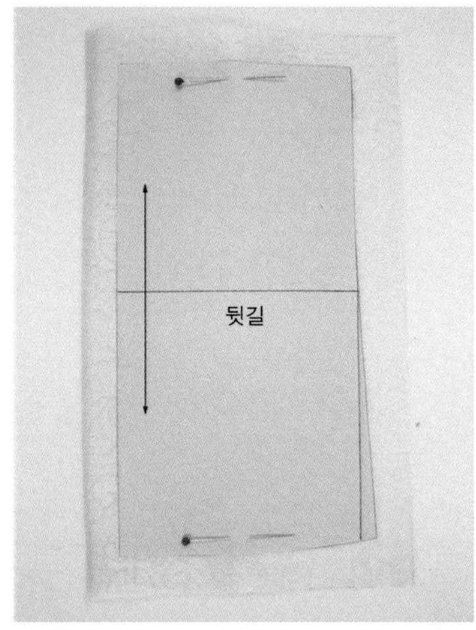

01 안감 등솔은 겉감과 동일한 시접을 두고 마름질한다. 좌우 두 장을 마름질 한다.

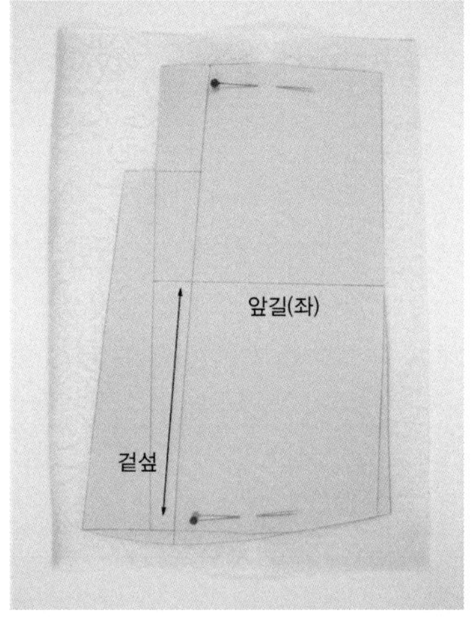

02 앞길은 섶을 길에 포함해서 마름질 하므로 앞길 왼쪽 본을 놓고 시접을 두고 좌우 두 장을 마름질한다.

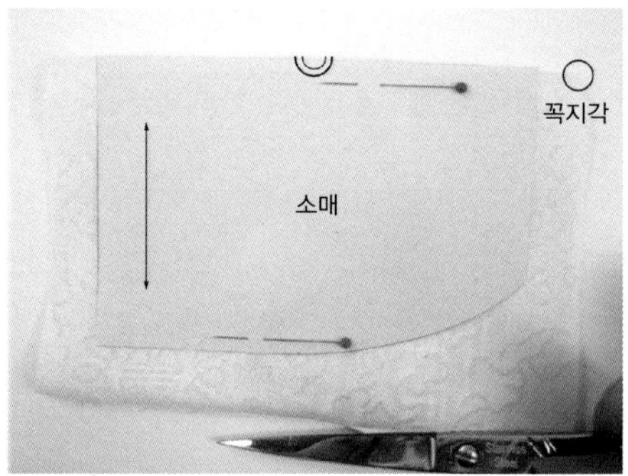

03 소매 안감은 겉감과 동일하다.

-------- 박음질 --------

저고리는 완성선을 한 번에 표시하고 박음질을 할 경우 완성했을 때 완성 치수가 줄어들기 때문에 각 과정마다 선을 그려가며 박음질을 해야 한다. 또한 반드시 다림질을 한 후 다음 과정으로 넘어가야 완성도 높은 저고리를 만들 수 있다.

1) 겉감 박음질

01 심감을 넣을 경우 겉감 안쪽에 심감을 대고 어슷시침한다. 겉과 겉을 맞대고 등솔 선을 표시하고 핀을 꽂는다.

02 고대에서 도련 쪽으로 그린 선을 박음질한다.

03 등솔 시접은 고대를 오른손으로 잡고 뒤로 넘겨서 다림질한다. 등솔 시접은 입어서 오른쪽으로 가도록 한다.

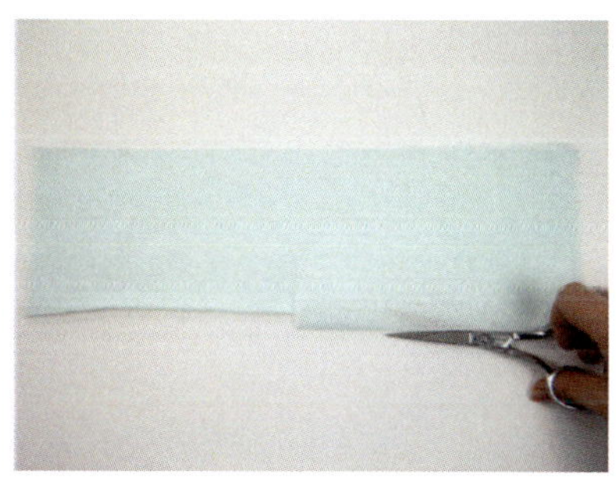

04 앞길은 다림질하고 앞 중심을 갈라준다.

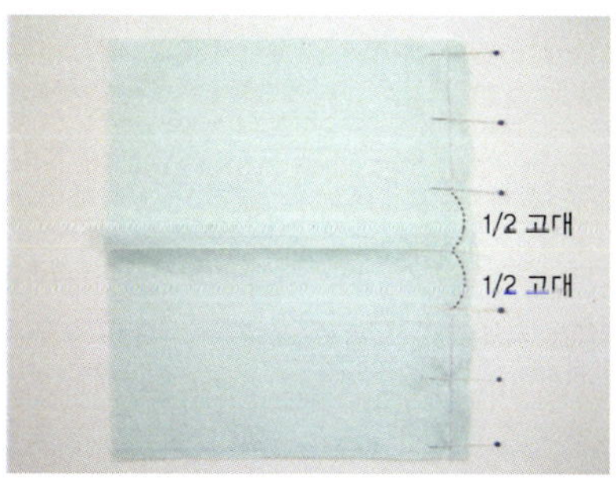

05 뒷길과 앞길 겉을 접어 어깨솔 시접을 그리고 핀을 꽂는다. 등솔을 기준으로 양쪽의 1/2 고대를 정확히 표시한다.

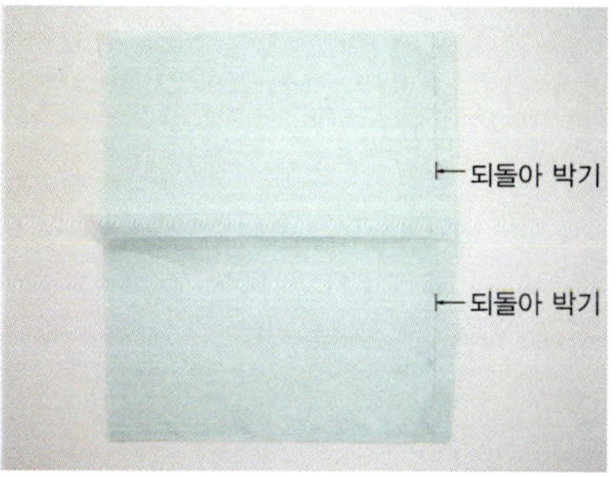

06 어깨솔을 박음질할 때 1/2 고대는 반드시 되돌아 박음질한다.

07 어깨솔은 뒤로 넘겨 다린다.

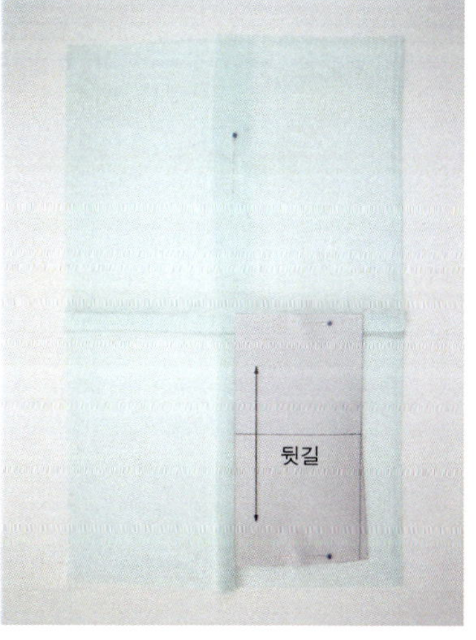

08 앞길의 좌우를 핀으로 고정시키고 뒷길 본을 등솔과 어깨솔에 맞춘다.

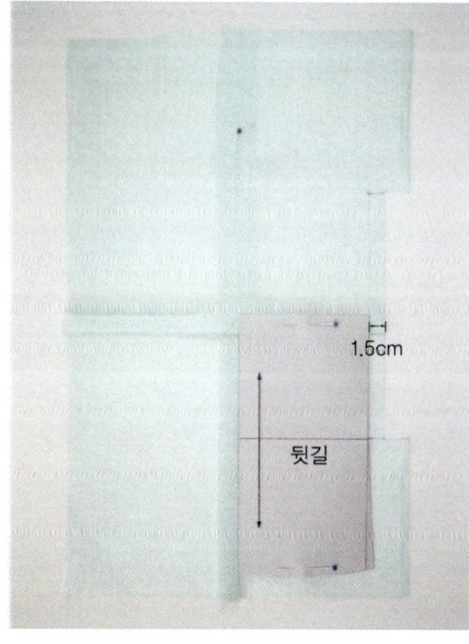

09 진동 시접을 1.5cm 남기고 나머지는 잘라낸다.

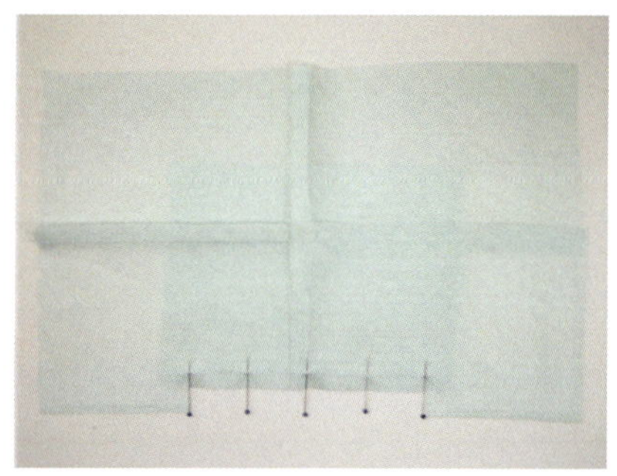

10 어깨솔에 소매의 꼭지각을 맞추어 핀을 꽂는다. 이때 앞뒤의 진동 길이는 같은 길이를 두어야 한다.

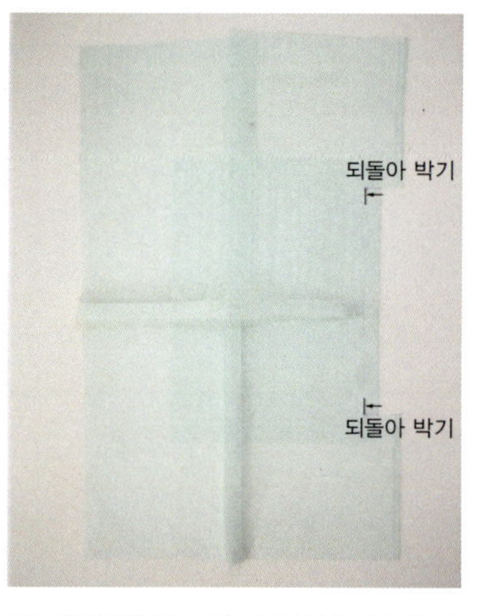

11 진동점은 반드시 되돌아 박기를 한다.

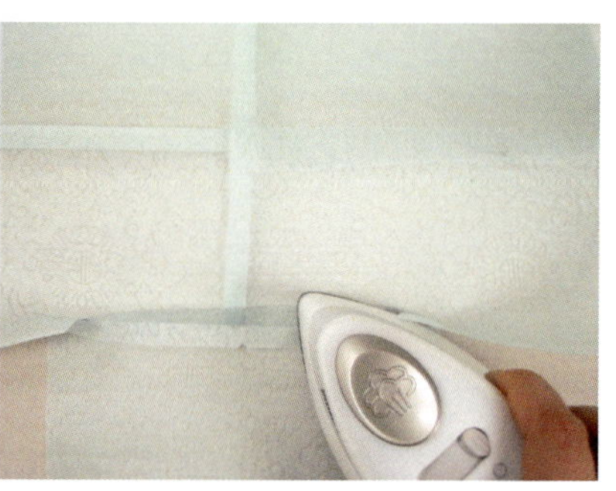

12 진동 솔기는 가름솔로 다린다.

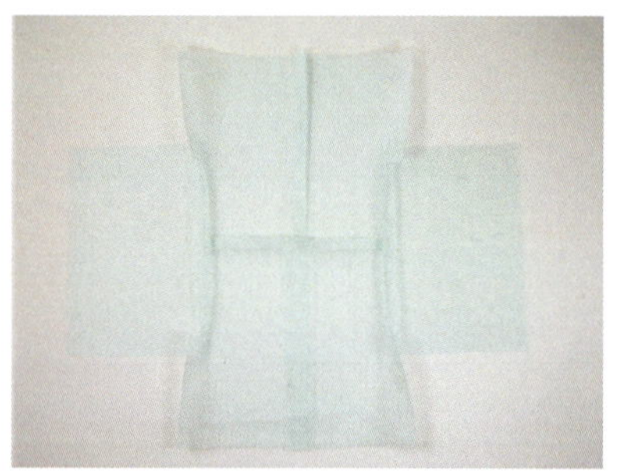

13 반대쪽 소매도 동일한 방식으로 달아준다.

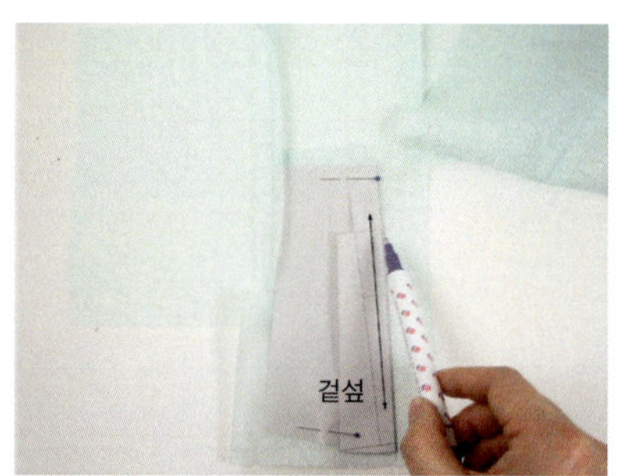

14 앞길 왼쪽 안에 본을 뒤집고 겉섶선을 접어 겉섶 아래 2cm까지 그려준다.

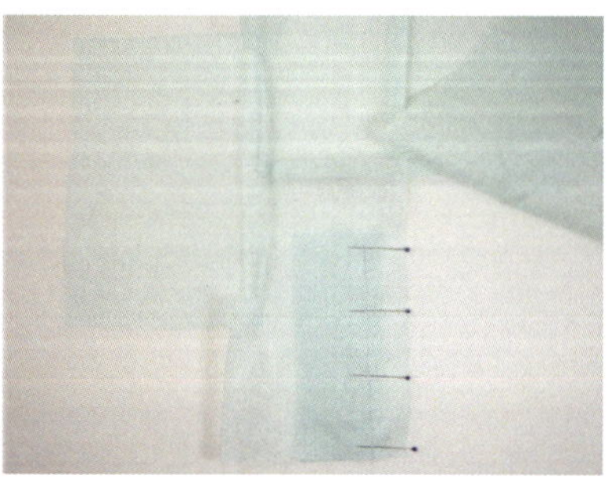

15 앞길의 겉과 겉섶의 겉을 마주 대고 겉섶선과 평행하도록 핀을 꽂아준다.

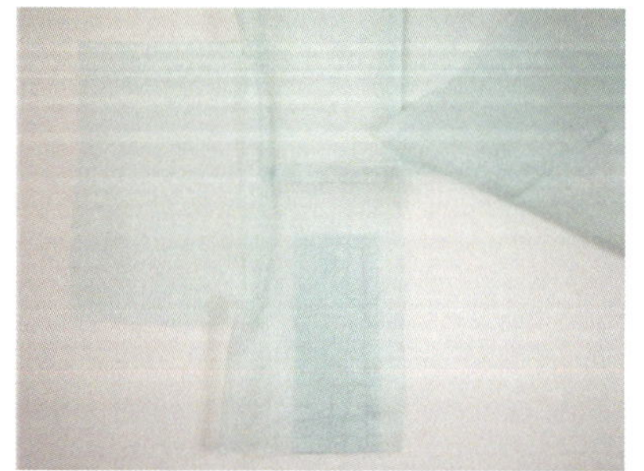

16 섶선을 박음질한다.

17 시접을 잘라내고 겉섶 방향으로 다림질한다.

18 겉섶을 펴고 겉에서 다린다.

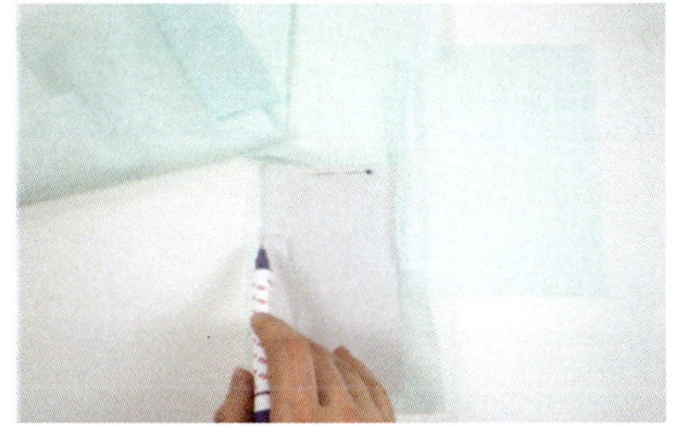

19 앞길 오른쪽 안에 본을 뒤집고 안섶선을 접어 안섶 아래 2cm까지 그려준다.

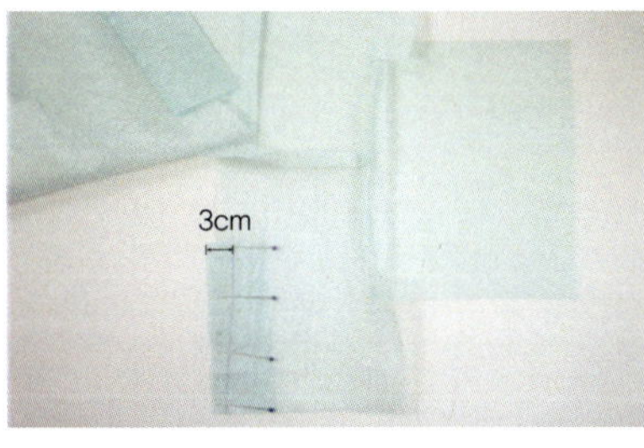

20 안섶의 겉과 마주 대고 안섶 위는 중심에서 3cm 나오도록 올 방향이 어긋나게 핀을 꽂아준다.

21 섶선을 박음질한다.

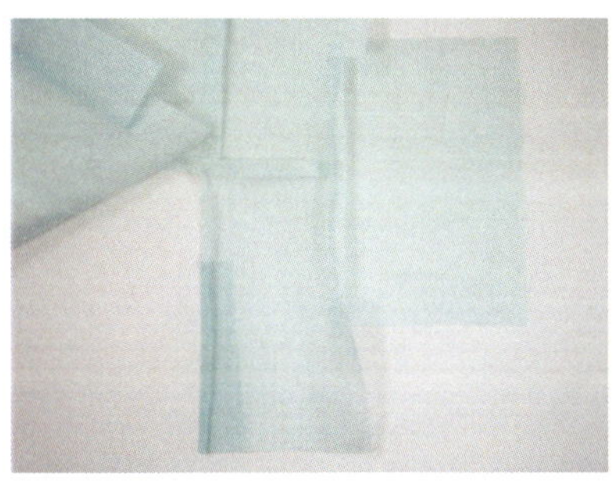

22 시접을 잘라내고 길 방향으로 다림질한다.

23 안섶을 펴고 겉에서 다린다.

24 겉감을 모두 연결한 모습

2) 안감 박음질

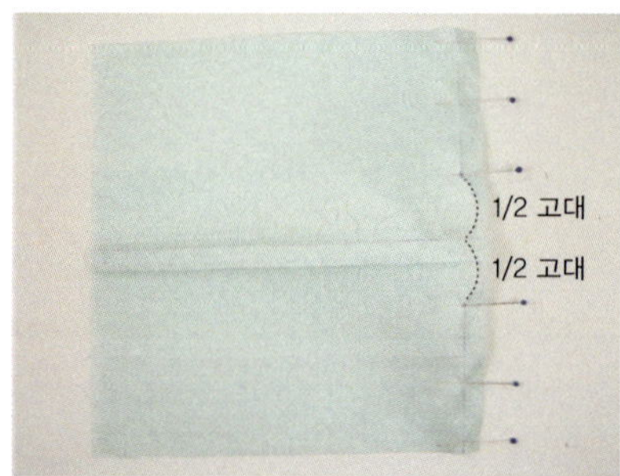

01 안감 등솔을 박고 시접은 고대를 왼손으로 잡고 뒤로 넘겨서 다림질한다. 겉감과 반대 방향으로 접어 입었을 때 겹쳐지도록 한다(두꺼운 감일 경우 같은 방향으로 접어 시접이 겹치지 않도록 한다).

02 겉감 어깨솔과 같은 방식으로 핀을 꽂는다. 앞길은 섶 너비를 포함하여 마름질하였으므로 좌우의 길이 서로 박히지 않도록 주의한다.

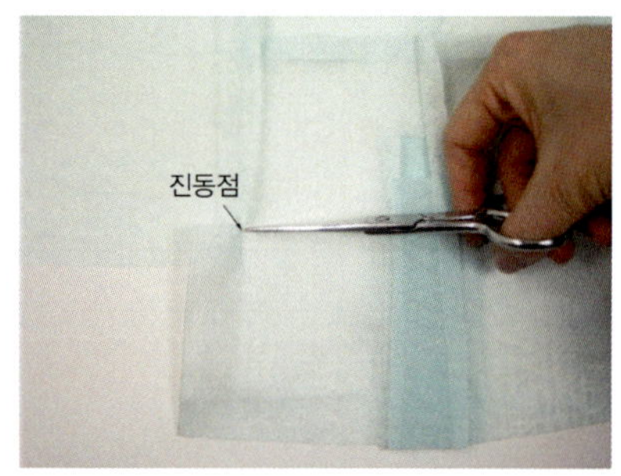

03 어깨솔은 뒤로 다리고 겉감과 같은 방식으로 소매를 달아준다.

04 겉감과 안감을 붙이기 전에 겉감과 안감 길의 진동 솔기에 가위집을 준다(겉감 네 곳, 안감 네 곳).

3) 겉감, 안감 맞추기

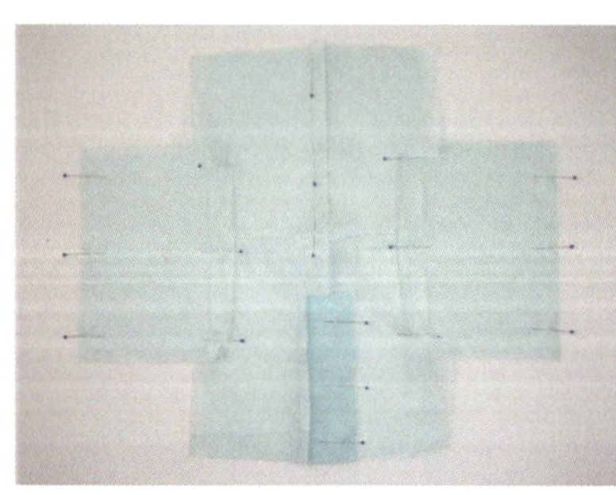

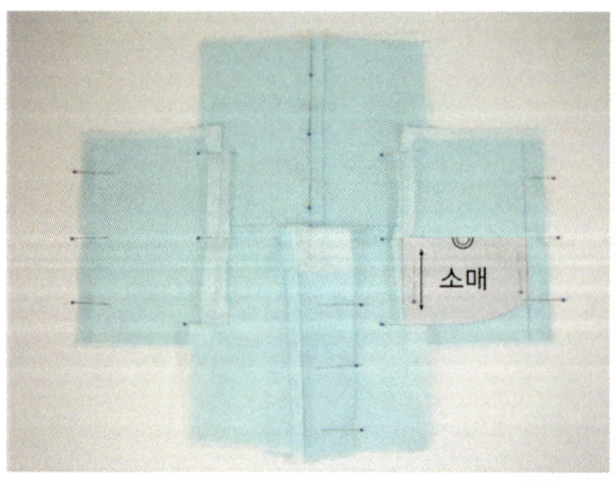

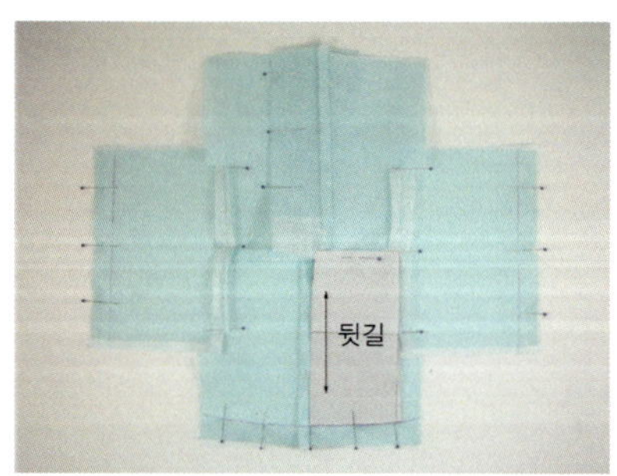

01 안감의 겉을 아래에, 겉감의 겉을 위에 맞대고 핀을 꽂는다. **이때 안감의 겉과 겉감의 겉을 반드시 확인한다.** 등솔, 어깨솔, 진동점, 수구, 뒷길, 앞길 순으로 중심에서 밖으로 핀을 꽂는다.

02 소매에 본을 대고 수구의 시접 끝까지 선을 그리고 박음질한다.

03 뒷도련에 본을 대고 도련의 양쪽 시접까지 그리고, 박음질한다.

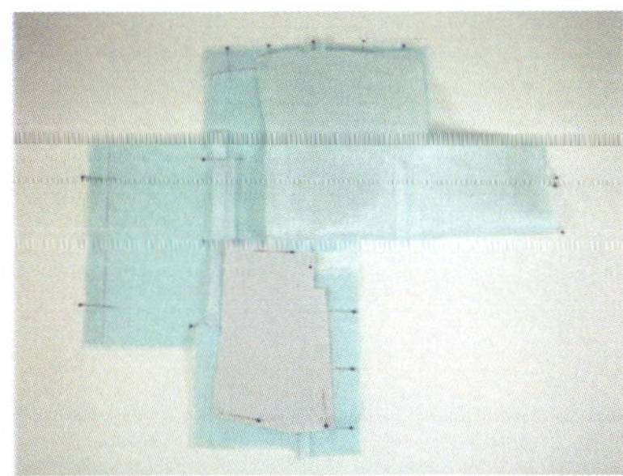

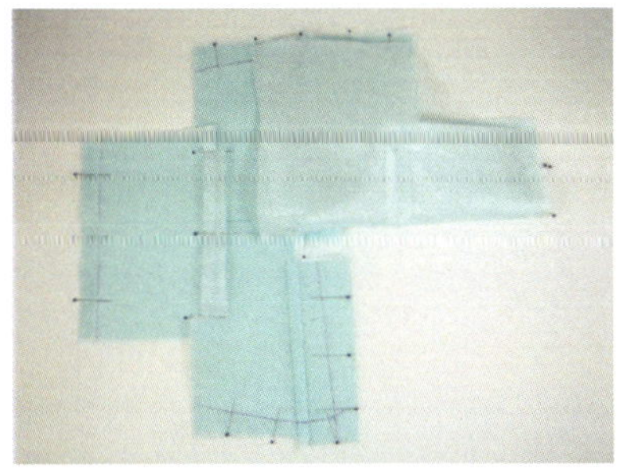

04 앞길 왼쪽 본을 뒤집어서 겉섶과 도련선을 그리고 늘어나지 않도록 천천히 박음질한다.

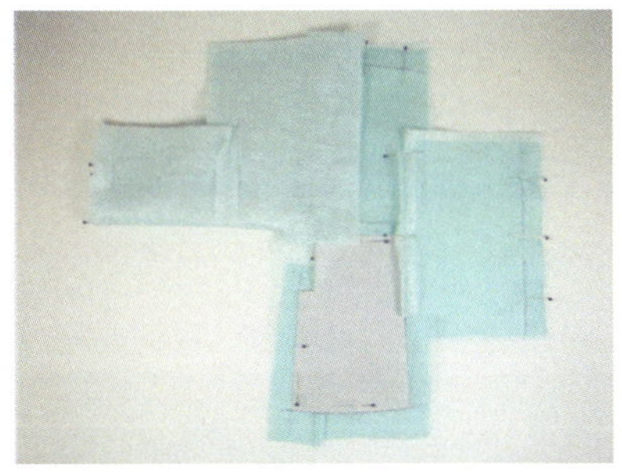

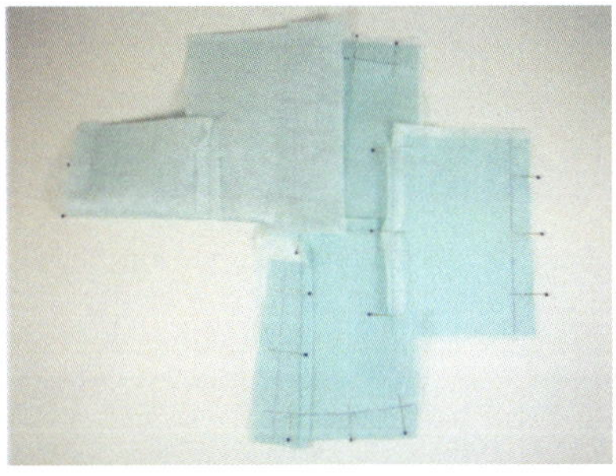

05 앞길 오른쪽 본을 뒤집어서 안섶과 도련선을 그리고 늘어나지 않도록 천천히 박음질한다.

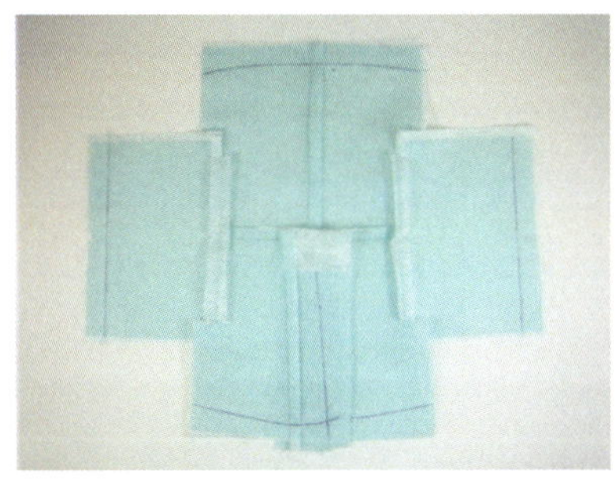

06 수구, 뒷길, 앞길 좌우의 박음질한 선을 다림질한다.

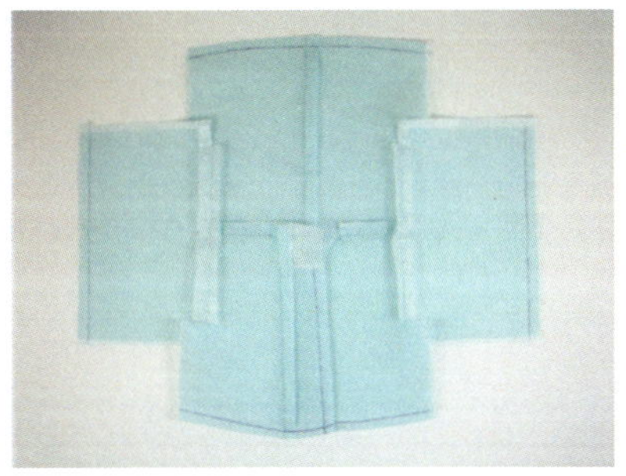

07 직선 시접은 1.5cm, 곡선 시접은 1cm로 두고 시접을 정리한다.
전통적인 방식은 시접을 자르지 않는다.

08 시접 정리한 부분(수구, 뒷도련, 앞길 좌우 도련과 섶선)을 박음선보다 0.2cm 넘겨 뉜솔 처리하여 다림질한다.

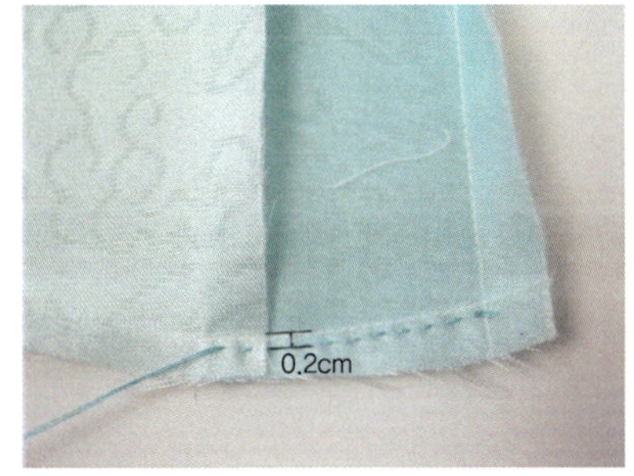

09 겉섶 도련에는 박음선 0.2cm 아래에 고운 홈질을 하여 실을 당긴다.

10 겉섶의 아래가 매끄러운 곡선이 되도록 모양을 만들어가며 다리고 겉으로 뒤집어서 다림질한다. 이때 섶코 모서리 부분은 잘 접어놓고 뒤집는다.

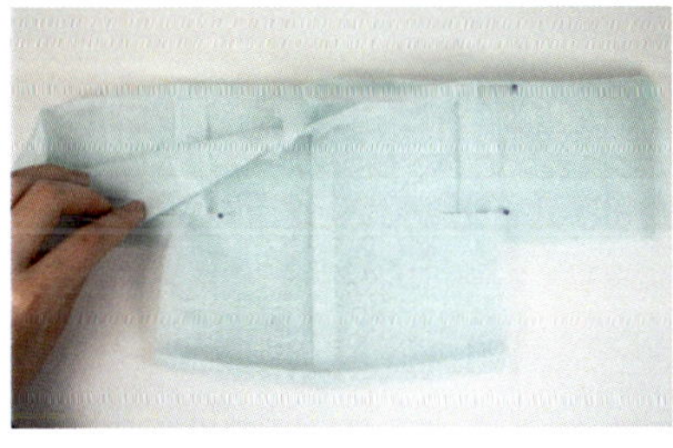

11 앞길을 뒷길 사이에 넣어 겉감은 겉감끼리, 안감은 안감끼리 맞닿게 하고 어깨와 진동에 핀을 꽂아둔다.

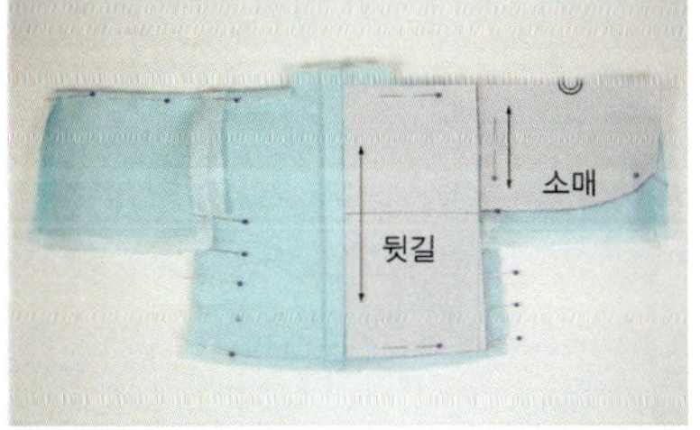

12 어깨솔, 진동점을 맞추고 옆선, 부리, 배래 순으로 완성선을 맞추어 핀으로 시침하고 박음질한다.

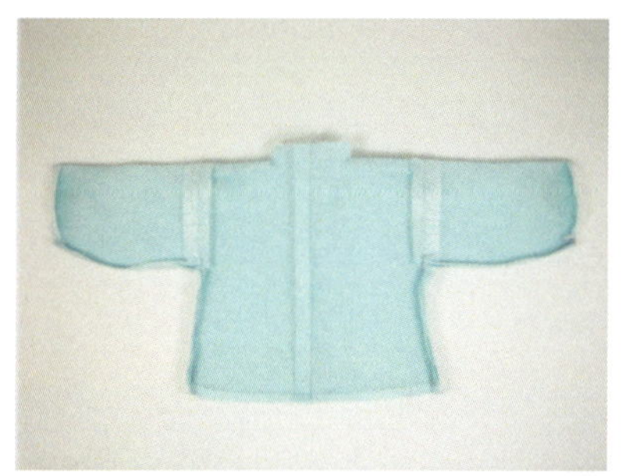

13 옆선 시접은 1.5cm, 배래 시접은 1cm로 시접 정리를 하고 겉감 쪽으로 접어 다린다.

14 겉감의 고대 쪽으로 손을 넣어 뒤집고 배래의 솔기가 앞에서 보이지 않도록 다림질한다.
도련 부분이 늘어나지 않도록 눌러 다리고 스팀은 사용하지 않는다.

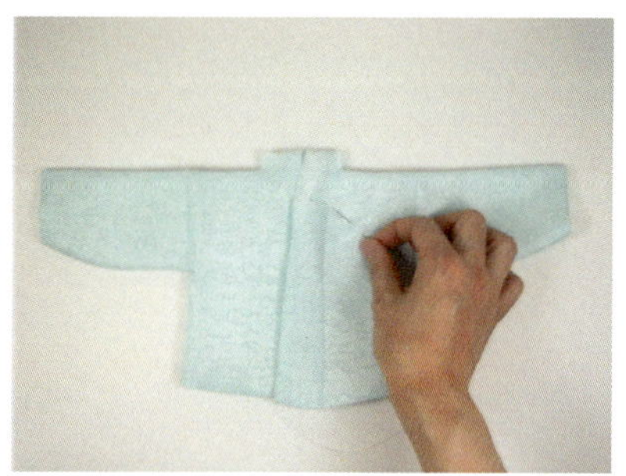

15 깃을 달기 전에 저고리를 편평하게 놓고 겉감과 안감이 밀리지 않도록 고정시키는 어슷시침을 한다.

4) 깃 만들기와 깃 달기

01 겉감 깃 안쪽에 심감을 대고 어슷시침한다.

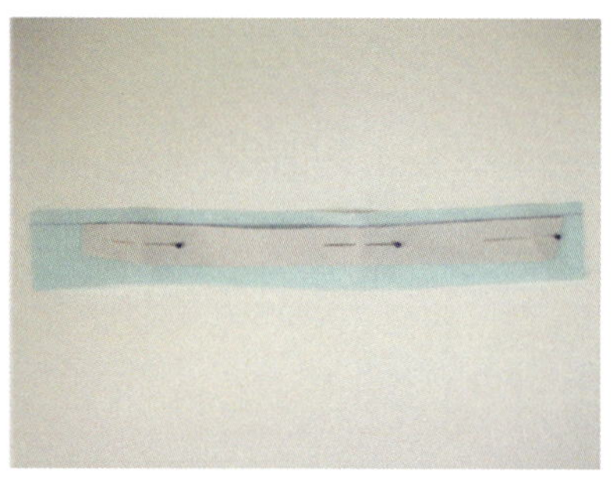

02 아래에 안감 깃과 위에 겉감 깃을 겉끼리 마주 대고 깃본을 뒤집어서 깃머리가 오른쪽으로 오도록 배치한다. 동정이 달리는 부분의 선을 표시하고 박음질한다.

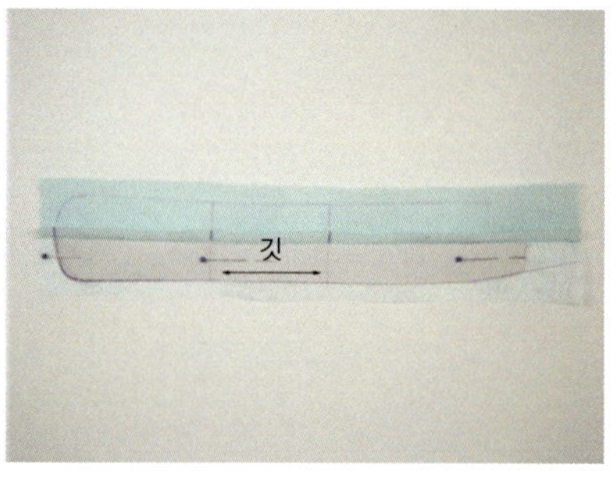

03 겉깃 방향으로 뉜솔 다림질을 하고 겉깃에 깃본을 대고 완성선을 그린다. 고대점도 선을 그려 표시한다.

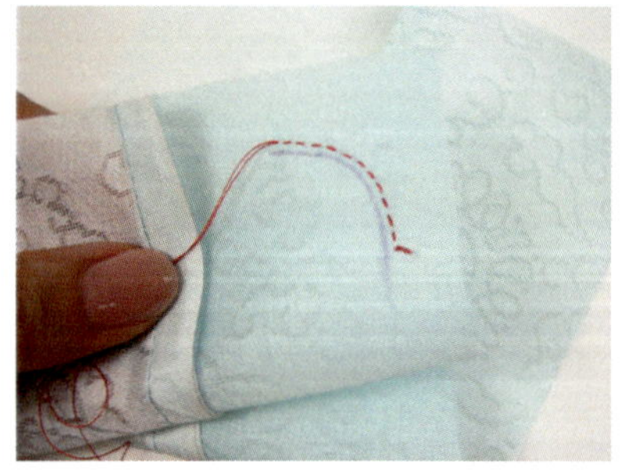

04 겉감과 안감 깃의 깃머리에서 0.2cm 밖으로 고운 홈질을 한다.
독자를 위해 자세히 보이도록 붉은색 실을 사용하였지만 실제로는 뜯어낼 것이 아니므로 저고리색 실을 사용한다.

05 깃본에 풀칠을 하고 홈질한 실을 당겨서 오그려 다림질로 고정한다. 풀이 마르면 깃본을 떼어낸다.
깃본은 생철을 깃 모양으로 잘라서 만들지만, 없을 경우에는 우유팩을 말려서 사용한다.

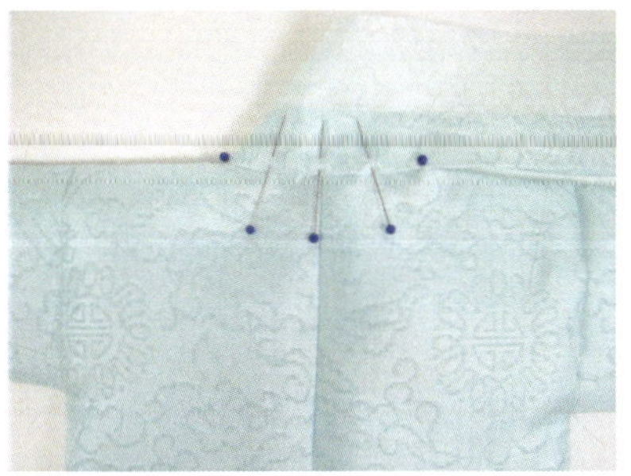

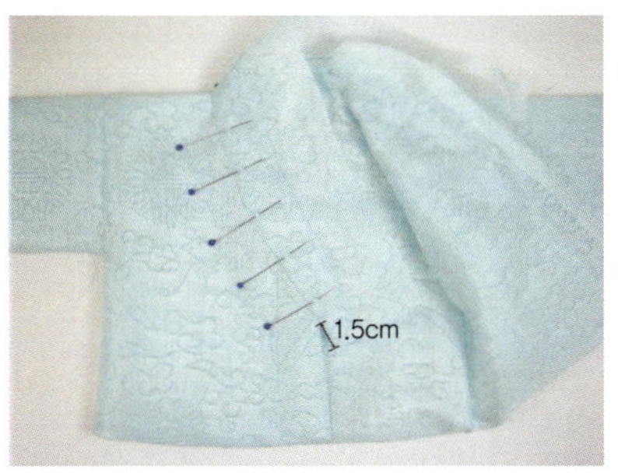

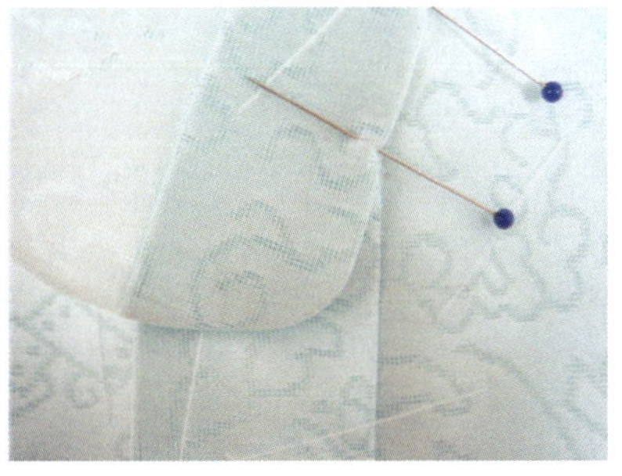

06 길의 고대점과 겉깃의 고대점이 일치하도록 핀으로 고정시키고 깃머리 위치를 정한다. 깃이 편안하게 놓이도록 겉깃, 고대, 안깃 순으로 핀 시침을 한다. 안깃 시접은 반드시 1.5cm 남겨놓는다.

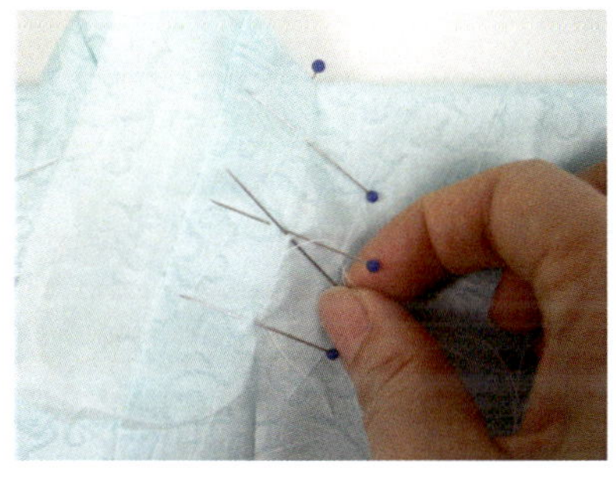

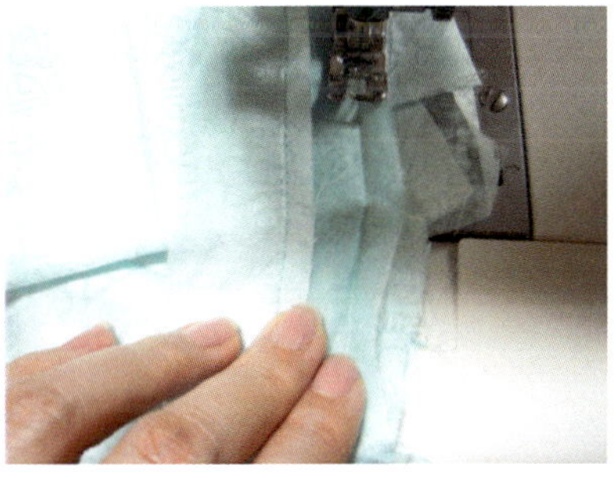

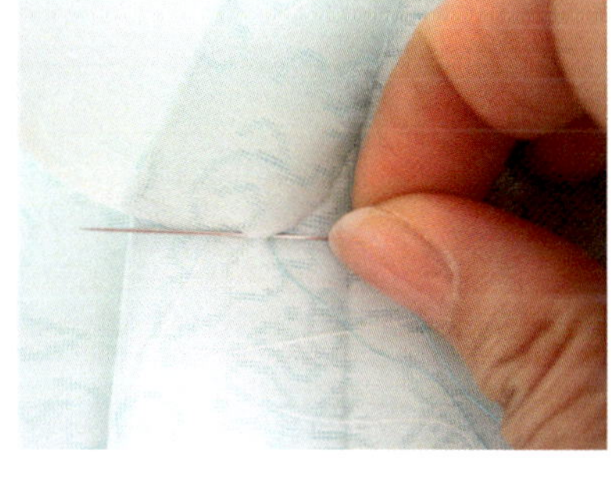

07 깃머리 위에서 시작하여 깃의 끝 가장자리를 1cm 간격으로 어슷시침한다. **이때 겉감의 심감과 같이 시침되도록 한다.**

08 핀을 빼고 깃의 안쪽에서 시침선을 따라 깃머리 위에서 시작하여 고대, 안깃 쪽으로 박음질한다.

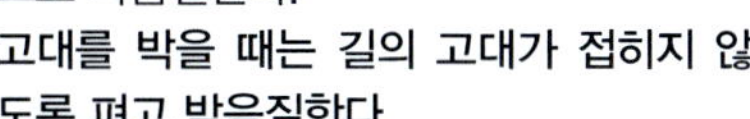

고대를 박을 때는 길의 고대가 접히지 않도록 펴고 박음질한다.

09 깃머리는 핀 시침으로 고정하고 실이 겉으로 나오지 않도록 숨은 공그르기를 한다.

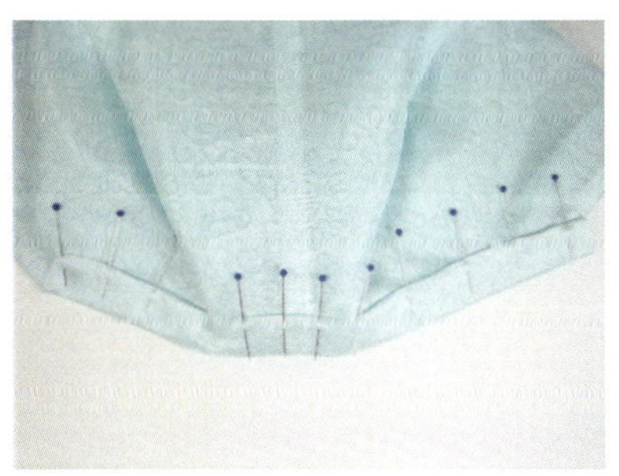

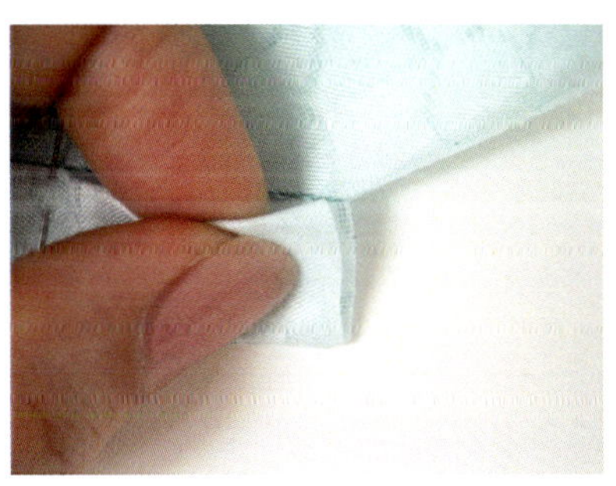

10 깃 너비에 맞추어 길의 시접을 정리하고 안감의 깃은 겉깃의 박은 선이 보이도록 핀 시침을 한다.

11 안깃의 끝부분은 사진과 같이 접어 넣고 새발뜨기나 공그르기를 한다.

5) 고름 달기와 동정 달기

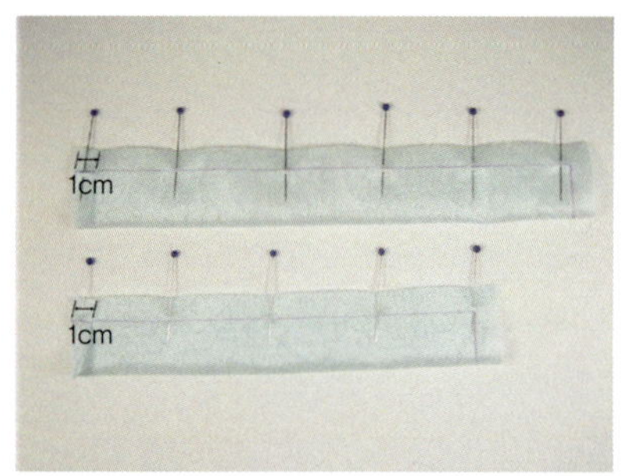

01 긴 고름, 짧은 고름의 폭을 반으로 접고, 한쪽을 1cm 접은 후 완성선을 그리고 박음질한다.

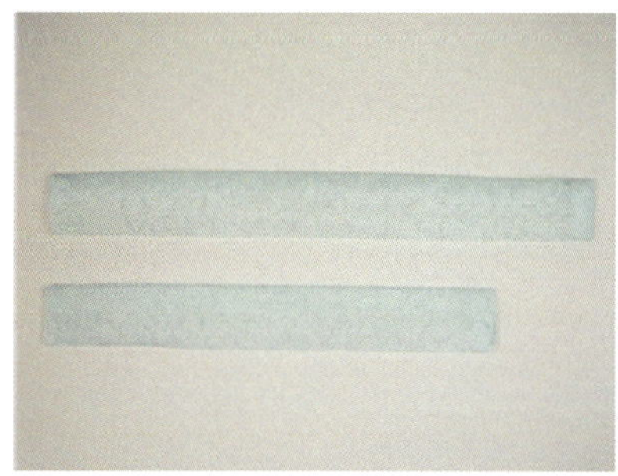

02 1cm 접고 박은 방향으로 뒤집어서 다림질한다.

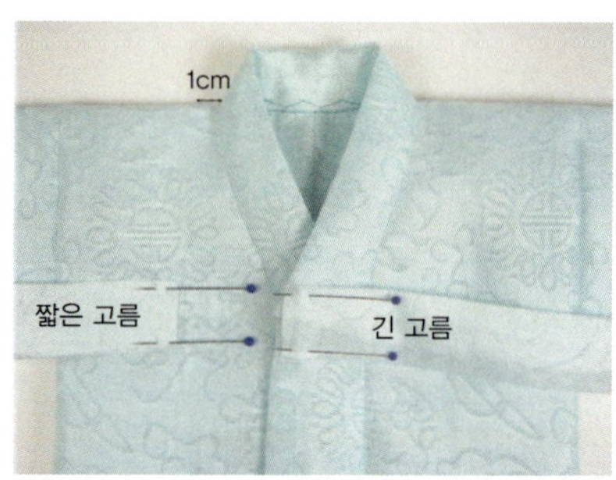

03 고름은 박음 솔기가 위로 가도록 하고 긴 고름은 앞길 왼쪽 겉깃 끝에 고름의 중심이 놓이게 박음질한다. 짧은 고름은 앞길 오른쪽 고대에서 1cm 진동 쪽으로 나와 수직으로 내려 긴 고름과 평행이 되는 점에서 달아준다.

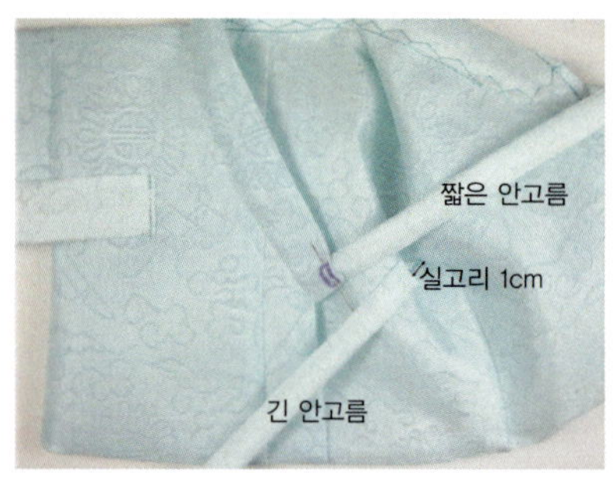

04 안고름은 겉고름과 만드는 방법이 동일하다.
짧은 안고름은 길이 20cm, 너비 1cm로, 긴 안고름은 길이 30cm, 너비 1cm로 완성한다. 짧은 안고름은 앞길 우측 안깃 모서리 위에 놓고 솔기가 위로 가도록 사진과 같이 네모로 박음질한다. 긴 안고름은 앞길 좌측 안감의 진동 끝에 실 고리를 1cm 만들어 달아준다.

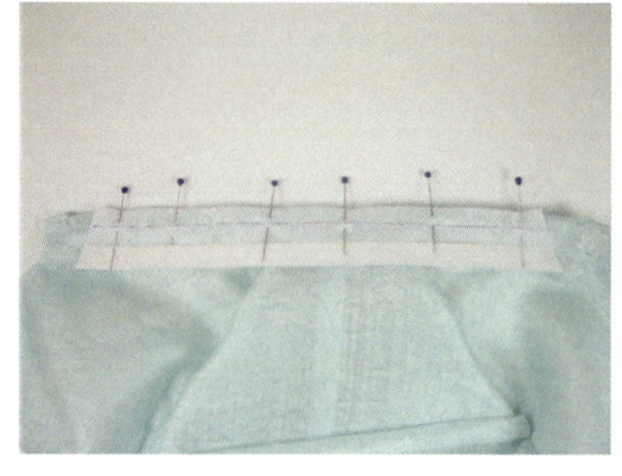

05 동정 겉을 안깃에 대고 깃 너비만큼 올라오도록 놓는다. 동정 시접의 1/2에서(보라색) 0.2cm 고대 방향으로 더 나아가 넓은 땀수로 박음질한다.

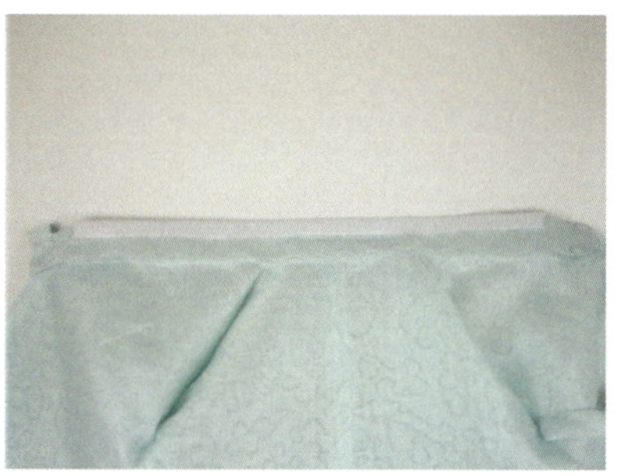

06 동정을 겉깃 쪽으로 넘길 때 동정이 꺾이지 않도록 주의하고 흰색 실을 사용해 사진과 같은 바늘땀 간격으로 숨뜨기를 한다.

07 다리미의 열로 동정을 부드럽게 만들어 깃 형태를 잡아주고 고름을 매어준다.

배자

배자는 서양의 베스트가 들어와 조끼로 정착되기 이전부터 왕에서 평민에 이르기까지 저고리 위에 착용하였다. 보통 겹옷으로 뒷길이가 앞길이보다 길고 양옆이 트여 있어 앞길의 끈을 뒷길의 고리에 걸어 앞으로 매어 착용하였다. 배자는 조끼와 달리 깃, 동정, 끈이 있다.

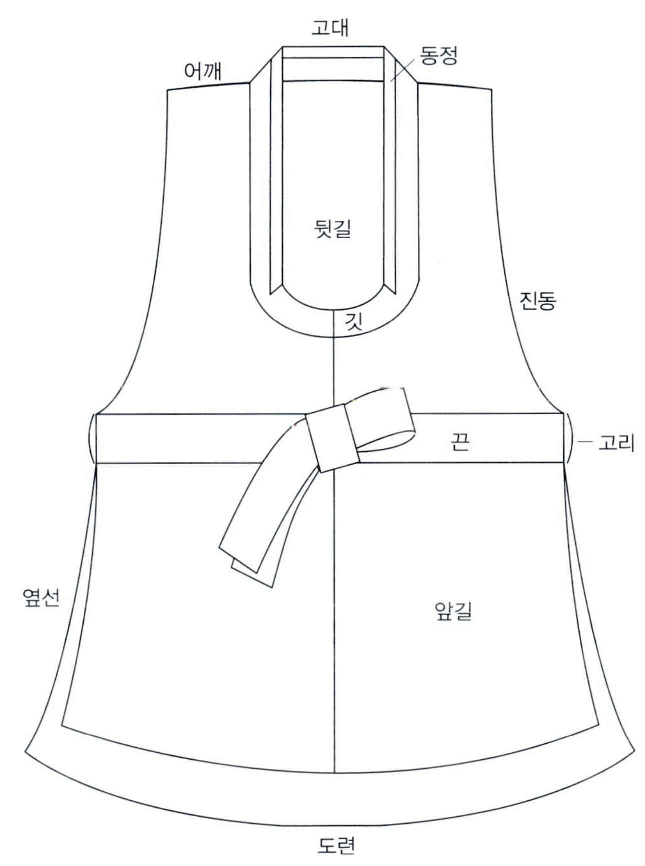

님사 배자의 구조와 명칭

본뜨기

필요한 치수는 가슴둘레, 저고리 길이이다.

1) 배자 본뜨기

배자는 저고리 위에 입는 옷이므로 품의 여유분을 저고리보다 0.5cm 더 준다. 배자 앞길이도 저고리 길이를 기준으로 3cm를 더 주고 배자 뒷길이는 배자 앞길이에 5cm를 더해준다.

배자 앞길과 뒷길은 같이 제도하여 길이와 진동선만 달리할 수 있으며 이런 방식으로 앞길과 뒷길을 같이 본을 뜨는 것이 편리하다.

옷감 소요량

110cm 폭: 배자 길이×1.5+시접

55cm 폭: 배자 길이×3+시접

(1) 남아 배자 본뜨기

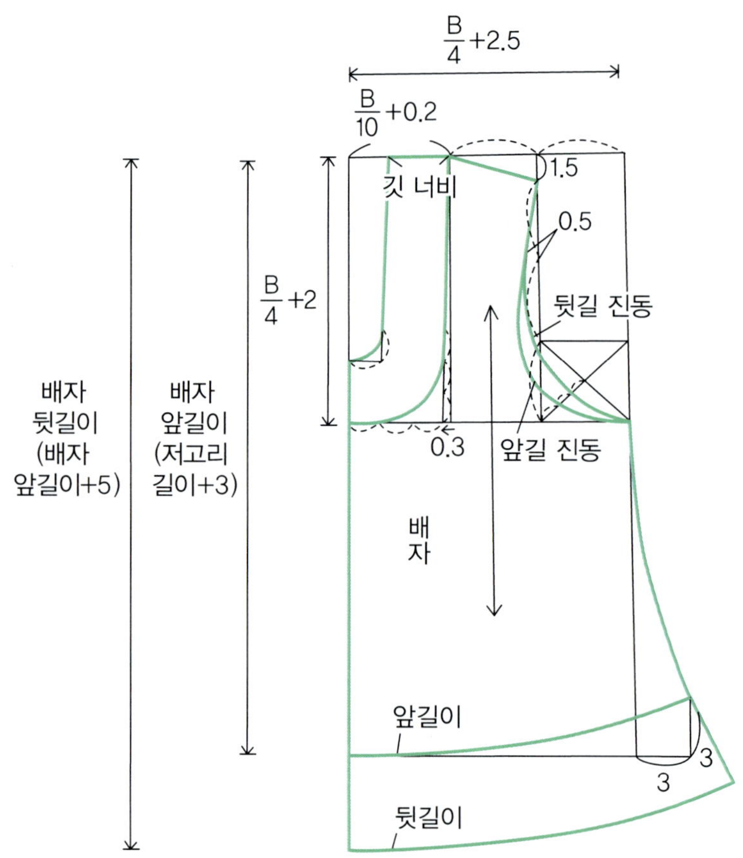

(2) 남자 배자 본뜨기

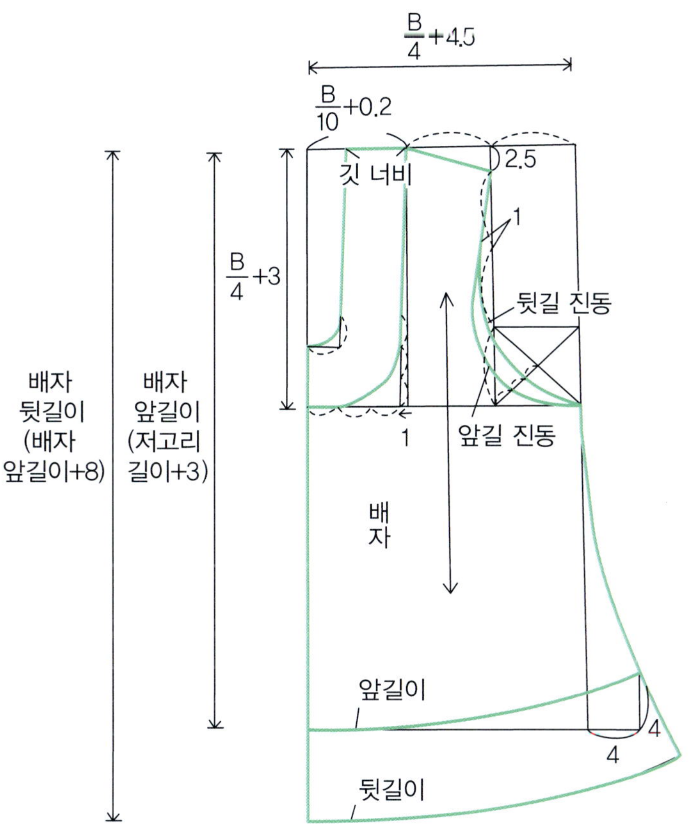

-------- 마름질 --------

배자는 저고리 위에 입는 옷이므로 저고리와 같은 소재를 선택하는 것이 좋다. 길감, 심감, 안감을 동일한 방식으로 마름질하고, 겉감 안쪽에 심감을 대고 어슷시침한다. 등솔은 시접 없이 골선으로 마름질하지만 등솔이 골로 마름질이 되지 않을 경우 등솔을 잇고 가름솔한다.

1) 심감, 겉감, 안감 마름질

01 심감은 접어서 배자 본을 접은 선에 대고 핀으로 고정시킨다.

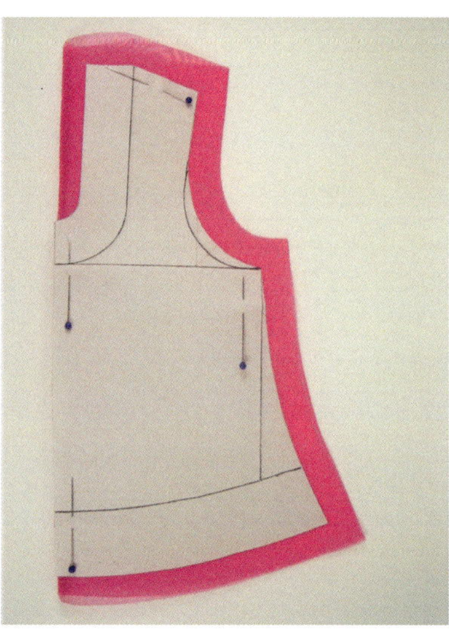

02 시접은 2cm를 두고 뒷길 심감을 마름질한다.

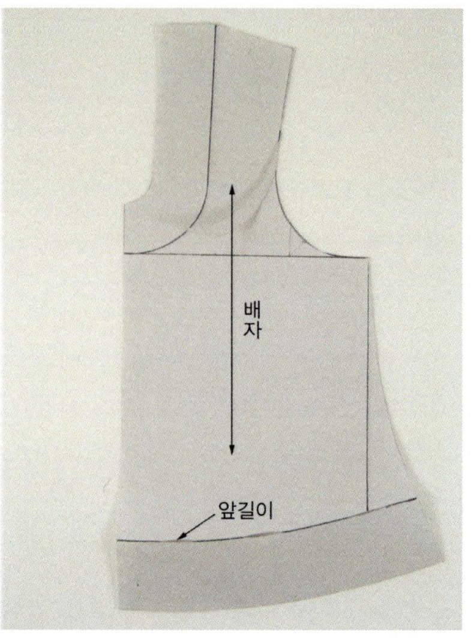

03 본에서 앞길이를 종이가위로 살짝 베어내고, 앞길 진동도 잘라준다.

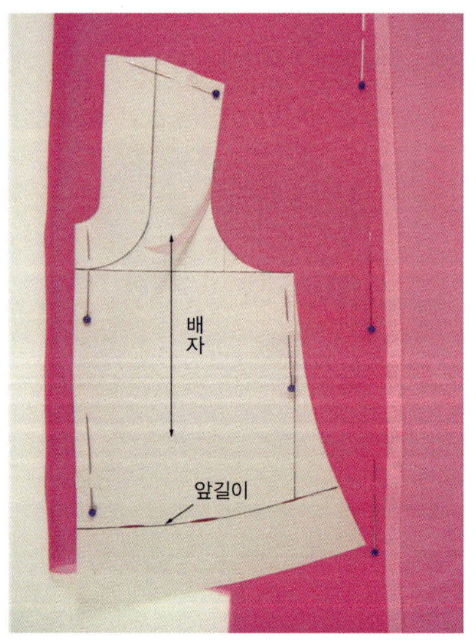

04 앞길 심감은 접어서 앞 중심에도 시접을 2cm로 놓는다.

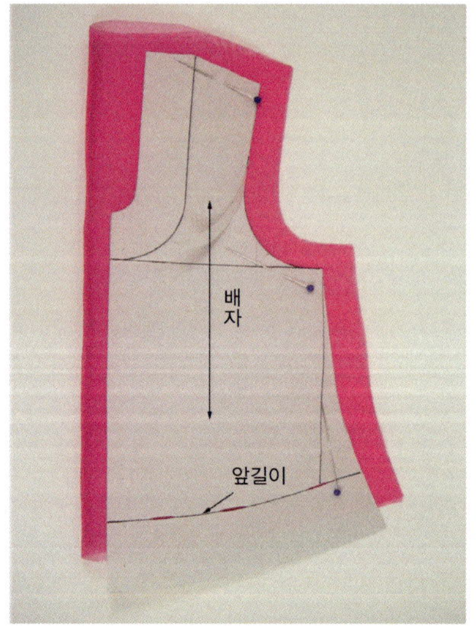

05 시접은 2cm를 하고 앞길 심감을 마름질한다.

06 다리미로 붙어 있는 심감을 다리고 가위로 잘라준다.

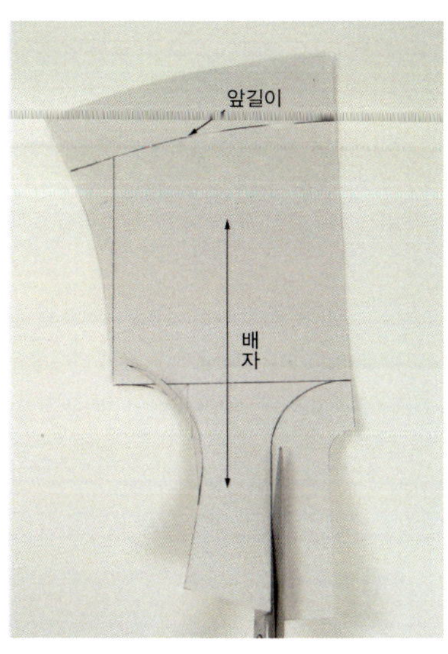

07 본에서 깃을 잘라낸다.

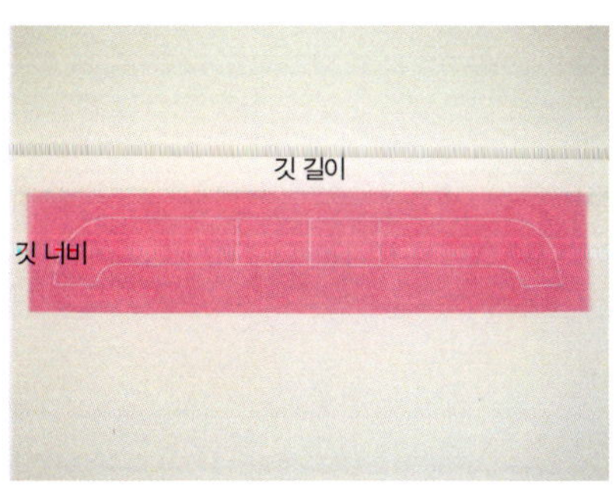

08 깃본을 대고 깃 심감을 마름질한다.

깃 심감
길이=깃 길이+고대+깃 길이+양쪽 시접 3cm(각 1.5cm)
너비=깃 너비+양쪽 시접 3cm(각 1.5cm)

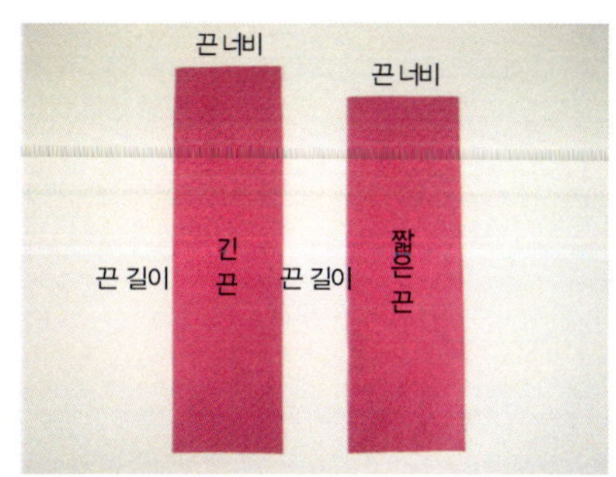

긴 끈
길이=(저고리 긴 고름+10cm)+2cm(위아래 시접)
너비=(저고리 고름 너비×2)+2cm(양쪽 시접)
짧은 끈
길이=(저고리 짧은 고름+10cm)+2cm(위아래 시접)
너비=(저고리 고름 너비×2)+2cm(양쪽 시접)

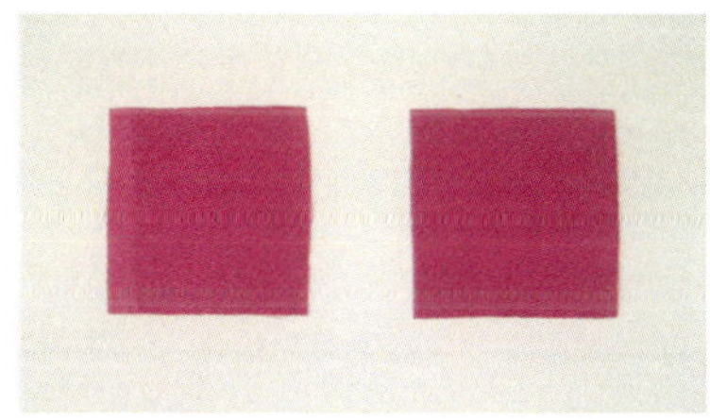

09 고리감은 10×10cm로 두 장을 준비한다.

박음질

끈과 고리는 앞길과 뒷길의 겉감과 안감 사이에 끼워 넣고 박음질하므로 길을 박음질하기 전에 만들어둔다.

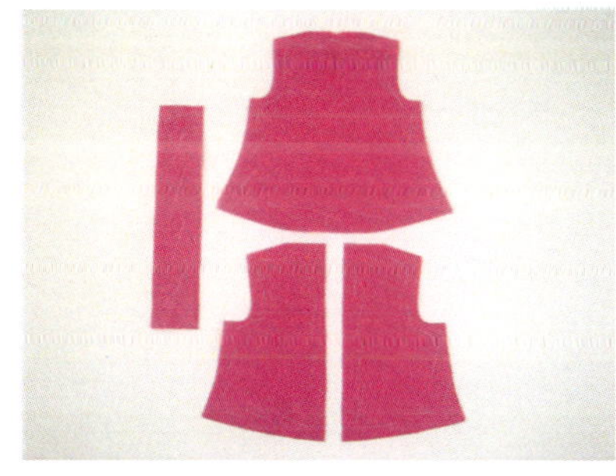

01 뒷길, 앞길, 깃의 안쪽에 심을 대고 어슷시침한다.

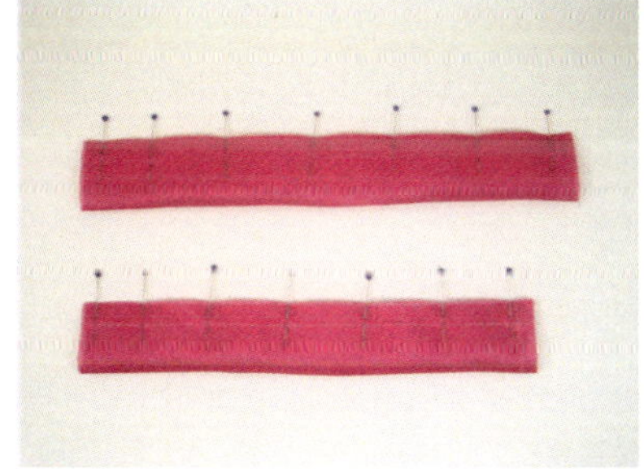

02 긴 끈, 짧은 끈은 골이 되도록 접고 핀 시침한 후 시접은 1cm로 놓고 박음질한다.

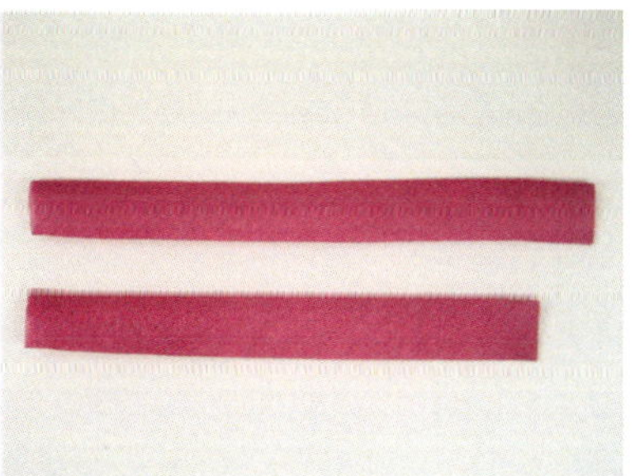

03 다림질하여 뒤집어놓는다.

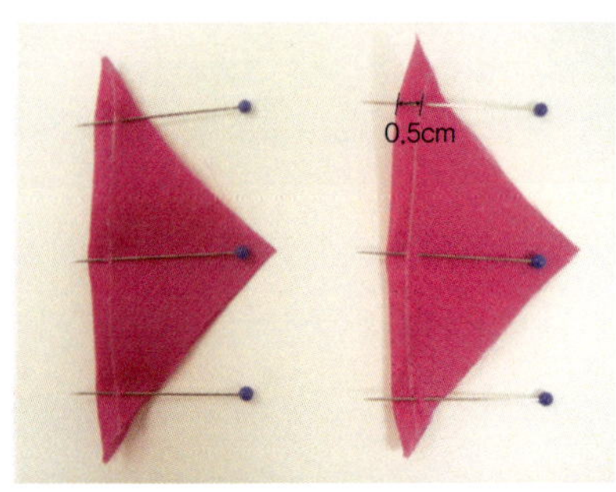

04 고리는 바이어스 방향으로 0.5cm 너비로 핀 시침한 후 박음질한다.

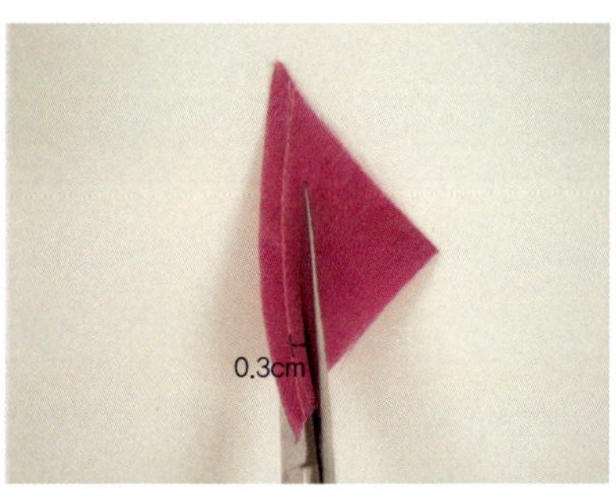

05 시접은 0.3cm로 하고 나머지는 잘라 준다.

06 바늘에 실 두 줄을 끼워 넣고 반으로 접어 매듭을 지은 후 바늘귀 뒤로 넣어 뒤집는다.

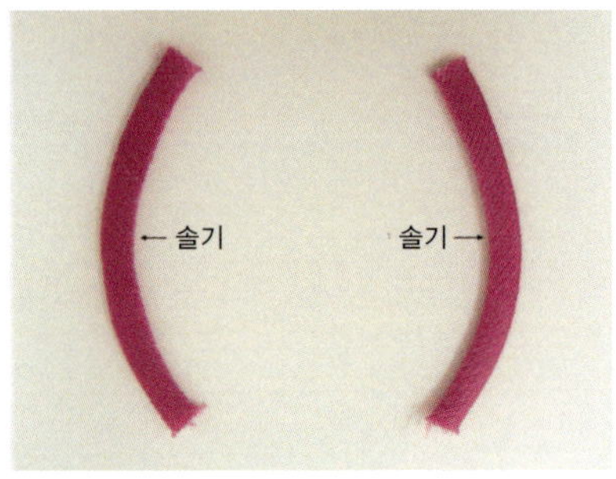

07 솔기를 안쪽으로 반달 모양이 되도록 다림질한다.

1) 뒷길 박음질

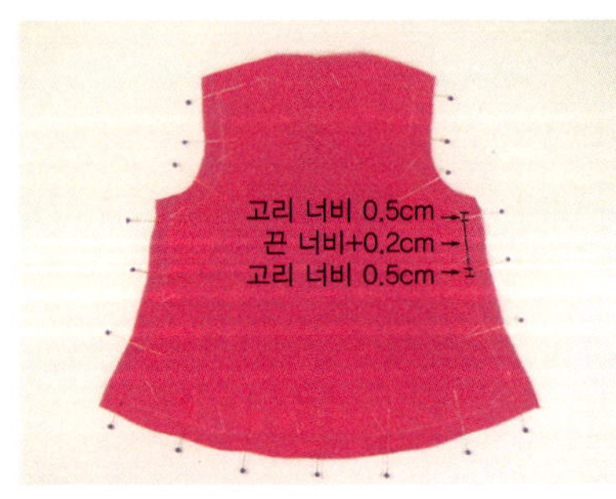

01 뒷길 겉감과 안감의 겉을 마주 댄 후 어깨와 고대를 제외하고 진동, 옆선, 도련에 핀 시침을 한다. 옆선에는 끈 너비에 0.2cm의 여유분을 두고 고리를 끼워 넣는다.

02 배자의 완성선을 따라 정확히 박음질하고 시접은 1cm로 남기고 겉으로 뉜솔 처리하여 다린다. 진동은 1cm 간격으로 가위집을 준다.

2) 앞길 박음질

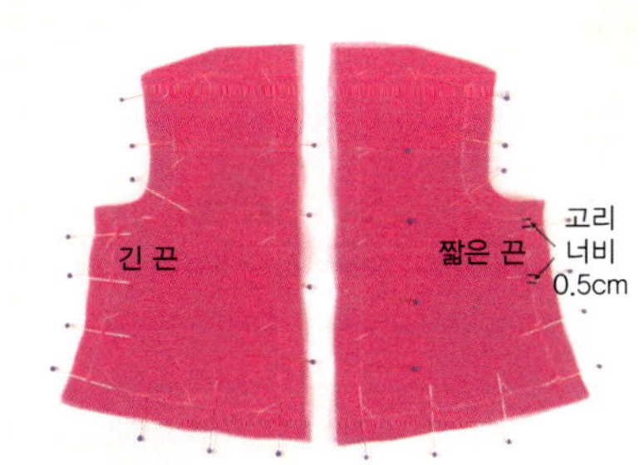

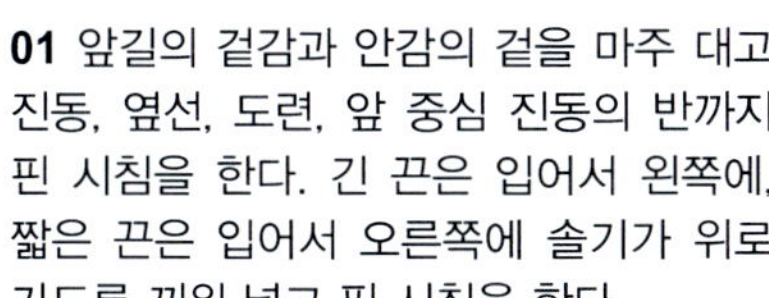

01 앞길의 겉감과 안감의 겉을 마주 대고 진동, 옆선, 도련, 앞 중심 진동의 반까지 핀 시침을 한다. 긴 끈은 입어서 왼쪽에, 짧은 끈은 입어서 오른쪽에 솔기가 위로 가도록 끼워 넣고 핀 시침을 한다.

02 배자의 완성선을 따라 정확히 박음질하고 시접은 1cm로 남기고 겉으로 뒨솔 처리하여 다린다. 진동은 1cm 간격으로 가위집을 준다.

03 겉이 나오도록 어깨와 고대 방향으로 뒤집어 다린다.

3) 뒷길, 앞길 연결

01 뒷길은 안이 보이도록, 앞길은 겉이 나오도록 하고 뒷길의 겉감과 안감 사이에 앞길을 넣는다.

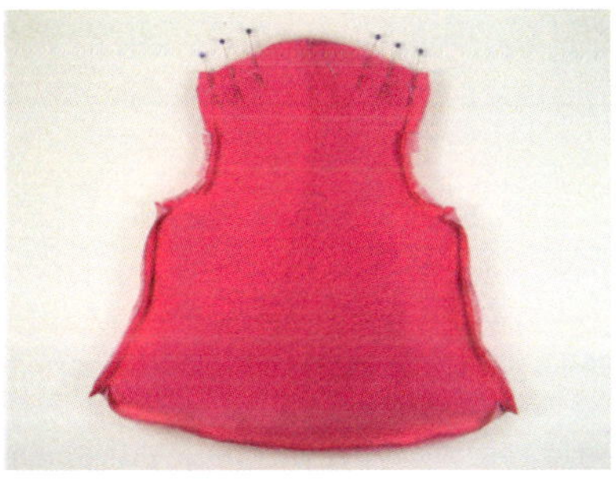

02 앞길 좌우를 넣고 고대와 어깨점을 정확하게 맞추어 핀 시침을 한다.

03 고대점과 어깨는 정확하게 되돌아 박음질한다.

04 어깨 시접은 뒤로 다림질하고 앞길을 고대에서 빼낸다.

05 깃을 달기 전에 진동 아래부터 겉감과 안감을 고정하는 시침을 한다.

4) 깃 만들기와 깃 달기

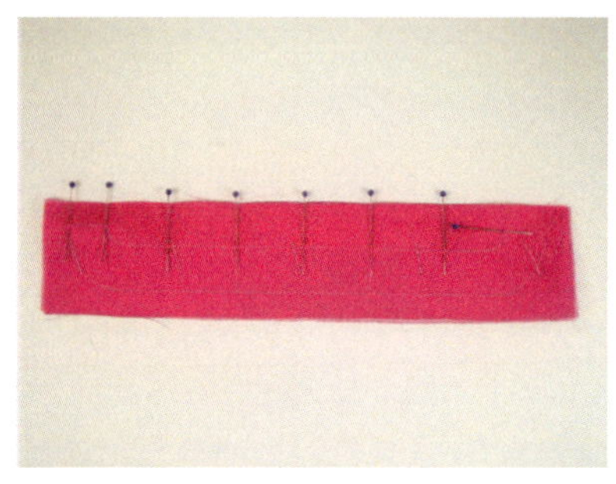

01 안감 겉과 겉감 겉을 마주 대고 동정이 달리는 방향에 핀 시침을 한다.

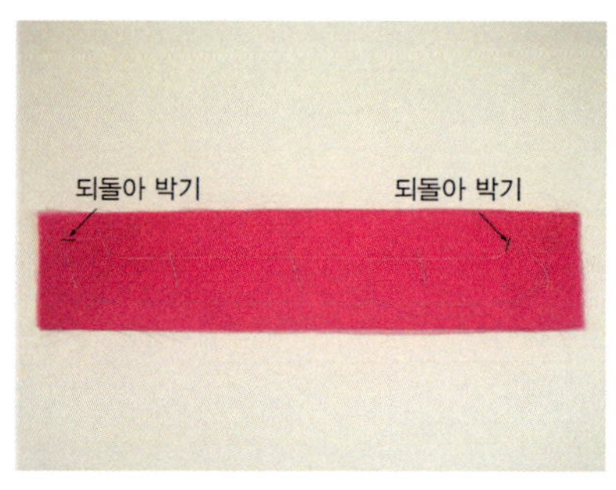

02 표시된 부분은 정확하게 되돌아 박음질한다.

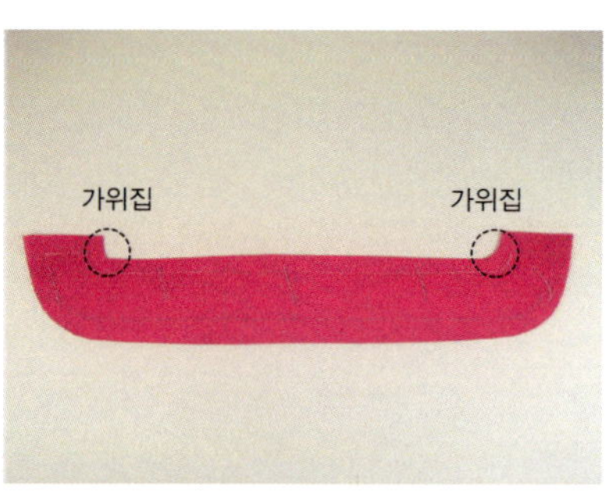

03 곡선은 1cm, 직선은 1.5cm로 시접을 정리한다. 표시된 부분은 가위집을 준다.

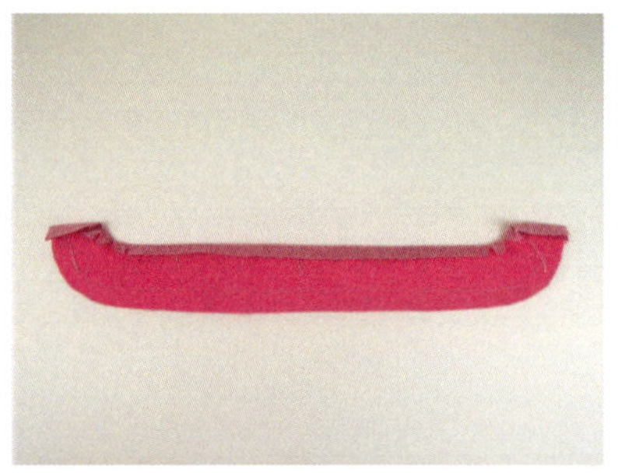

04 겉감 방향으로 뉜솔 처리하여 다림질한다.

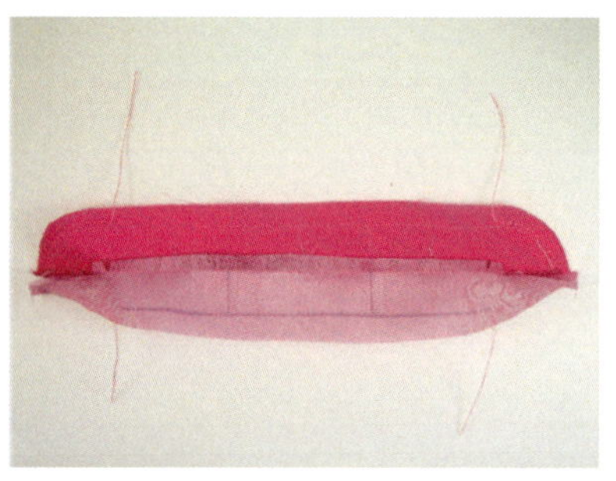

05 겉깃과 안깃의 0.2cm 밖으로 홈질을 한다. 홈질한 실은 20cm 남기고 저고리 깃머리와 같이 본을 대고 깃 모양을 만든다. 깃본에 풀칠을 하고 홈질한 실을 당겨서 다림질로 고정한다.

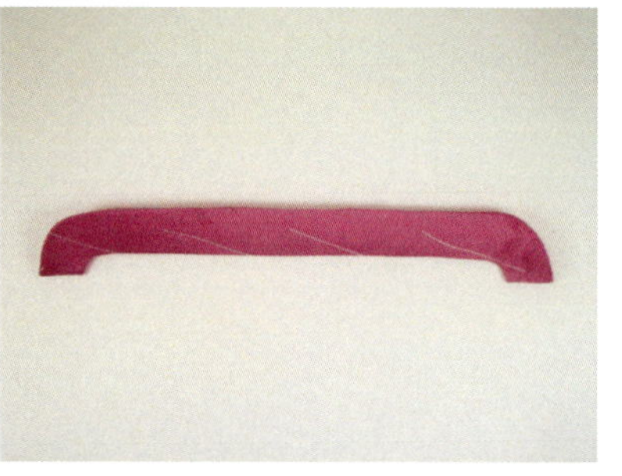

06 겉깃과 안깃 양쪽 네 곳에 깃을 만들고 풀이 마르면 본을 떼어낸다.

07 겉감으로 연봉단추를 만들어둔다(남아 바지 참고).

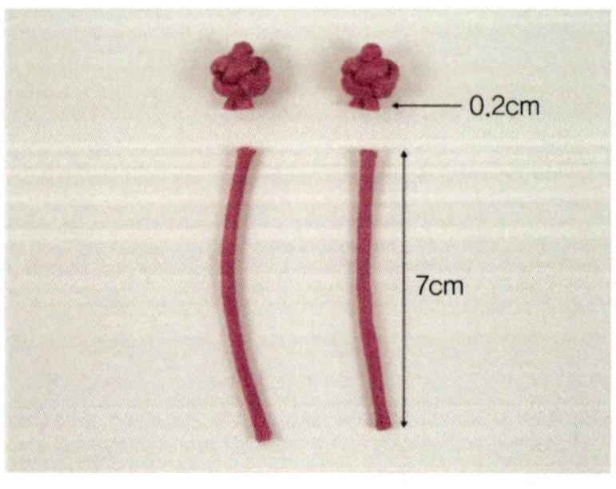

08 연봉단추는 끝을 0.2cm만 남기고 바짝 자르고, 고리는 7cm로 만들어 두 쌍을 준비한다.

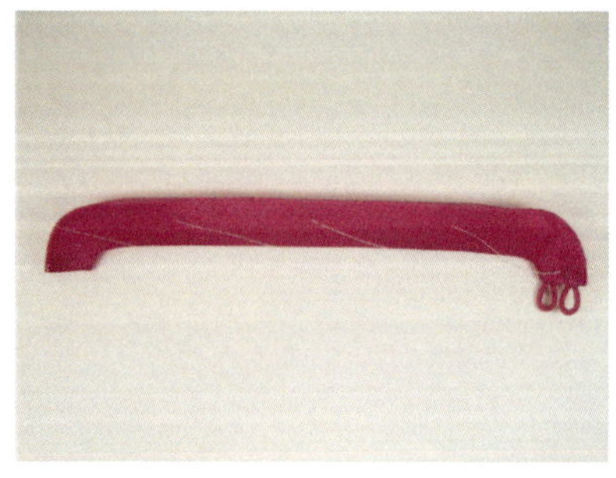

09 고리를 왼쪽 깃에 끼워 넣고 고운 공그르기를 한다.

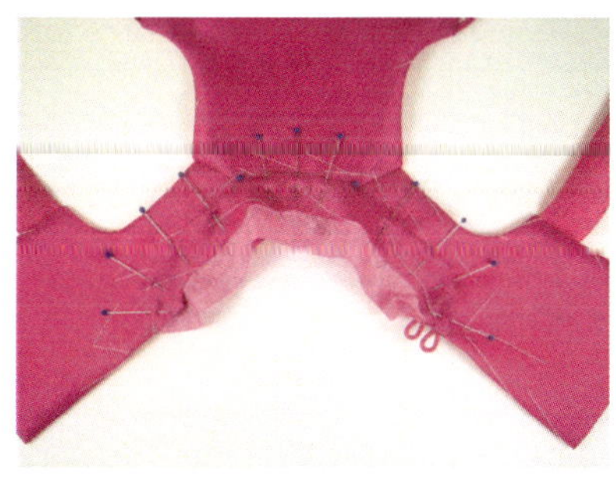

10 깃의 중심을 등솔에 맞추고 고대를 지나 앞길 중심에 깃을 맞춘다. 배자는 좌우의 깃이 같은 위치에 놓이도록 핀 시침을 한다.

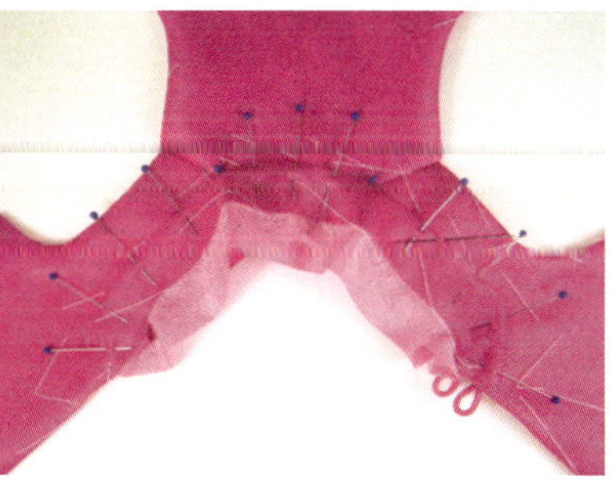

11 깃의 둥근 곡선이 끝나는 점부터 고대를 지나 반대쪽 둥근 곡신이 시작되는 점까지 시침한다.

12 깃을 펴고 시침한 선을 따라 고대를 지나 반대쪽 시침한 선까지 박음질한다.

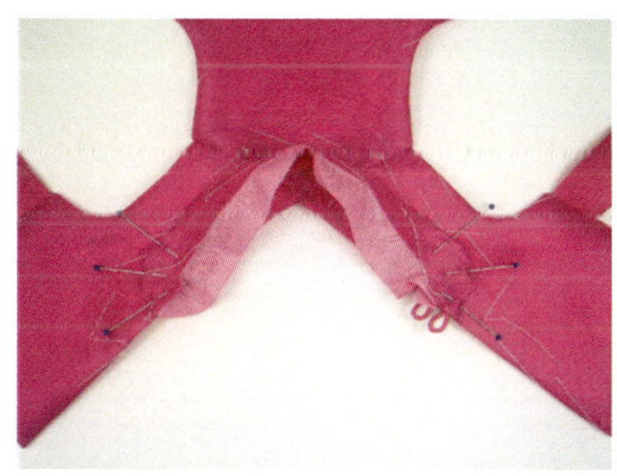

13 깃의 둥근 곡선은 핀 시침으로 고정하고 실이 겉으로 나오지 않도록 숨은 공그르기를 한다.

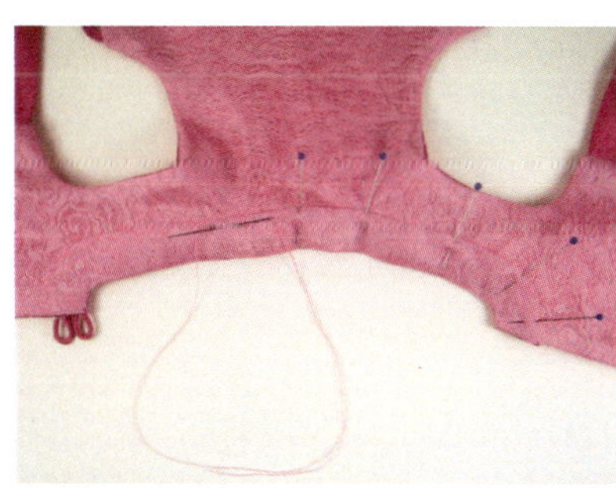

14 깃 너비보다 0.2cm 작게 길의 시접을 잘라내고 안깃은 왼쪽 방향에서 시작해서 새발뜨기한다.

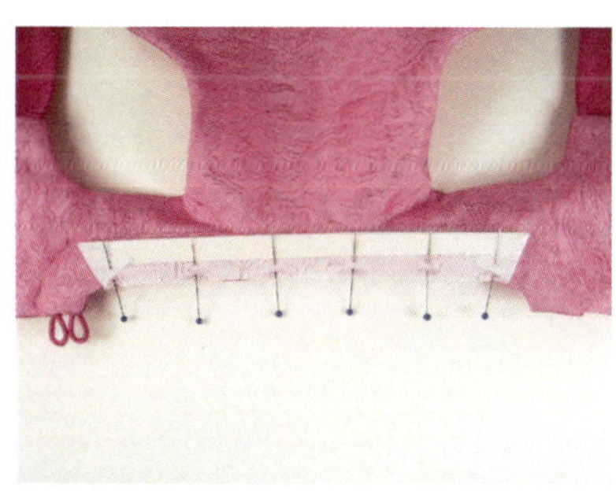

15 양쪽의 동정 위치가 같도록 달아준다(남아 저고리 참고).

16 매듭단추를 달아준다.

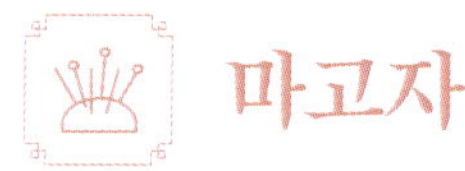

마고자

남자 마고자는 저고리와 조끼 위에 덧입어 방한 목적으로 주로 겨울철에 착용하였다. 형태는 저고리와 비슷하나 깃과 고름이 없고 앞길 좌우가 대칭이며 옆선에 트임이 있다. 고름 대신 금, 은, 호박 등으로 만든 단추를 달아 착용하였다.

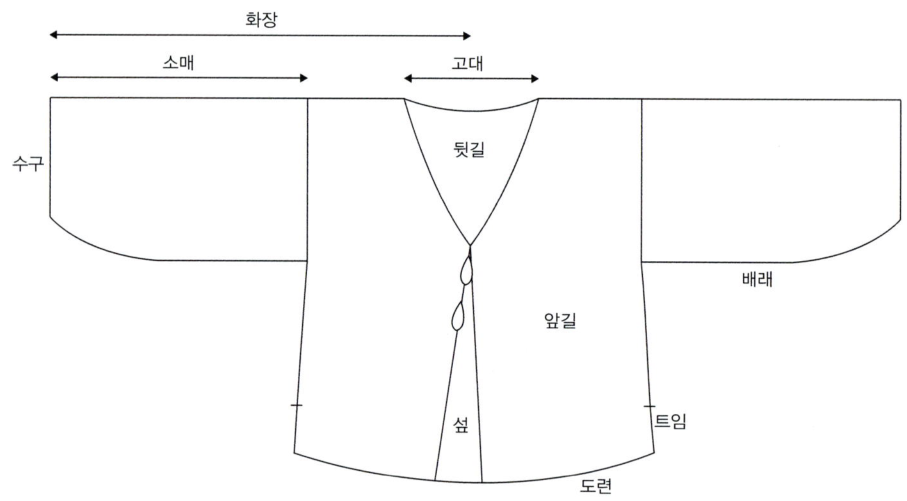

남자 마고자의 구조와 명칭

-------- 본뜨기 --------

필요한 치수는 가슴둘레, 저고리 길이이다.

1) 마고자 본뜨기
마고자는 저고리와 조끼 위에 덧입는 옷이므로 저고리 치수를 기준으로 품(+0.5), 진동(+0.5), 화장(+1), 길이(+2)는 더 크게 하고 고대(-0.5)와 앞 목선(-3)은 작게 두어야 착용했을 때 단정해 보인다.

✂ 옷감 소요량
110cm 폭: 마고자 길이+소매 너비×4+시접
55cm 폭: 마고자 길이×4+소매 너비×4+시접

(1) 남아 마고자 본뜨기

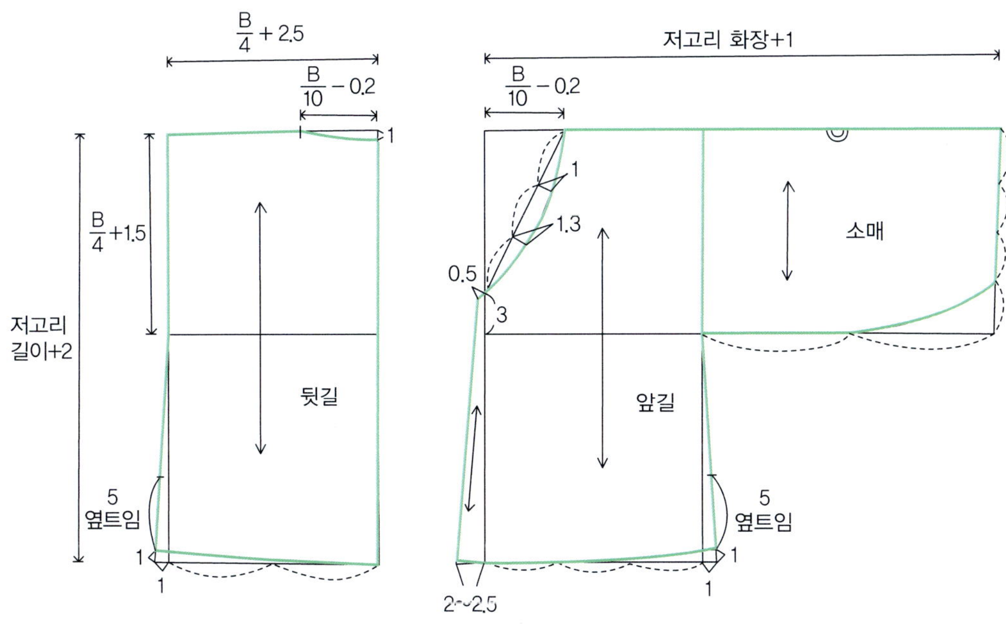

(2) 남자 마고자 본뜨기

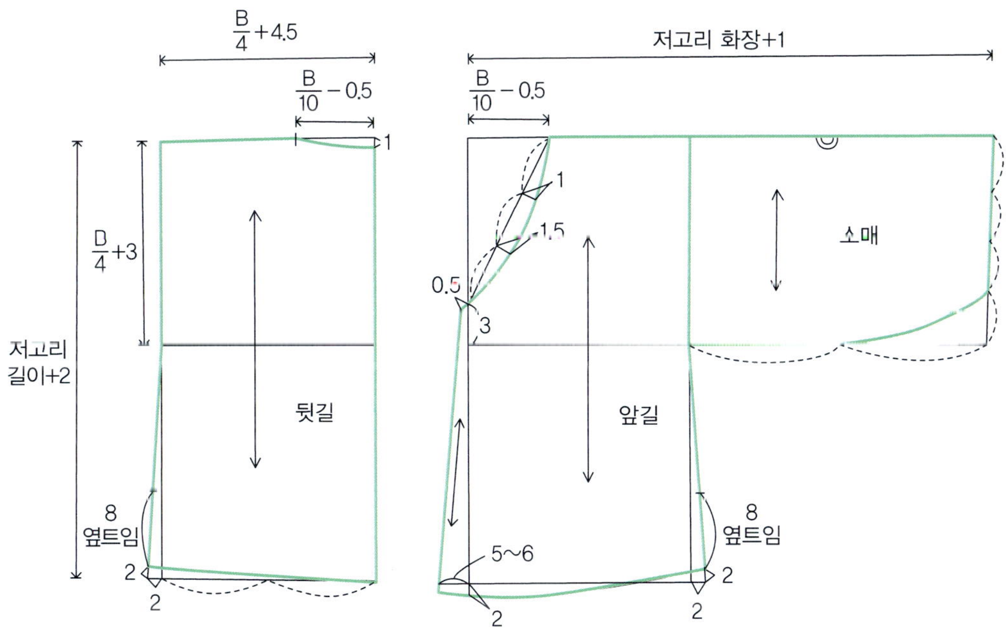

마름질

1) 겉감 마름질

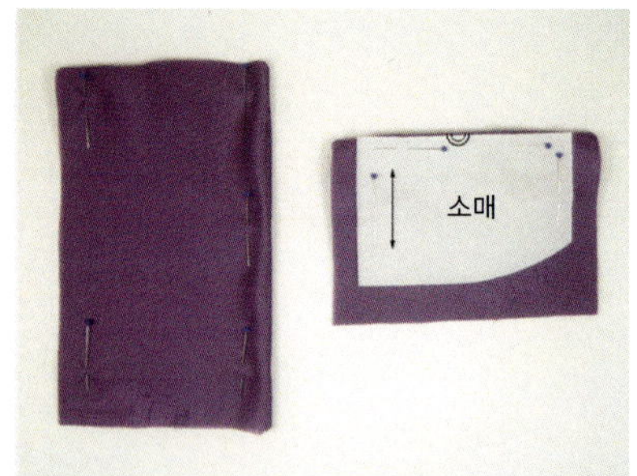

01 마고자의 뒷길 본을 이용하여 저고리와 동일한 방식으로 마름질한다.

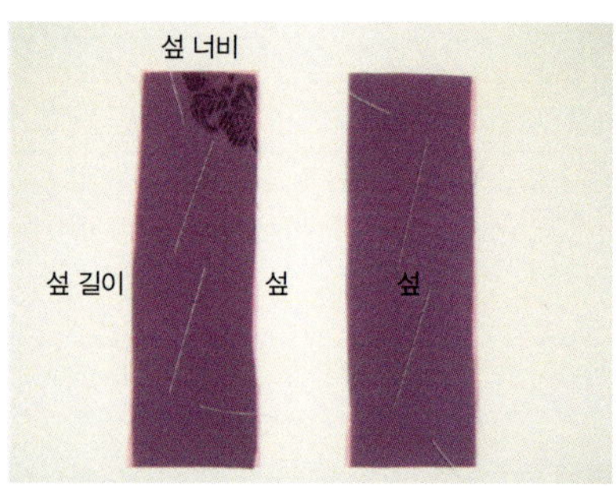

02 마고자의 섶은 좌우가 동일하므로 같은 치수로 두 장 마름질한다. 심감도 동일하게 마름질하고 어슷시침한다.

섶 마름질 치수
길이=진동의 1/2에서 섶 길이+2cm
너비=섶 아래 너비+4cm(양쪽 시접)

03 단추 고리감은 10×10cm로 두 장 준비한다.

2) 안감 마름질

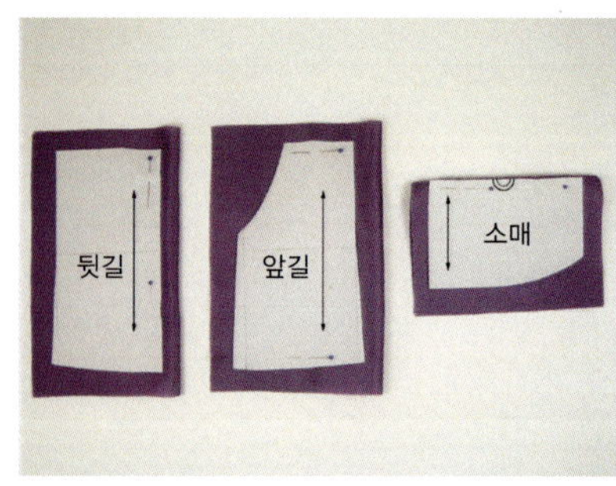

01 저고리의 안감과 마름질 방식이 동일하다. 앞길은 저고리와 같이 섶을 길에 포함해서 마름질한다.

박음질

1) 겉감 박음질

01 겉감의 안에 심을 대고 어슷시침을 한다. **마고자는 반드시 심감을 넣어야 한다.** 저고리와 같이 등솔, 어깨솔, 소매를 달고 시접도 같은 방향으로 한다.

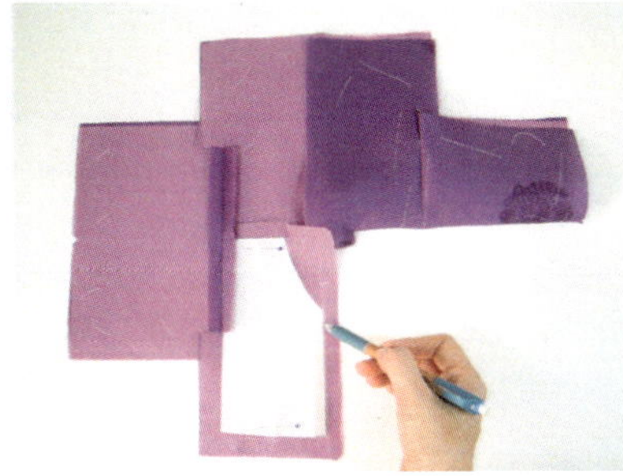

02 앞길의 좌우의 안쪽에 중심선을 접은 본을 대고 진동의 1/2에서 섶선 아래 2cm까지 선을 그린다.

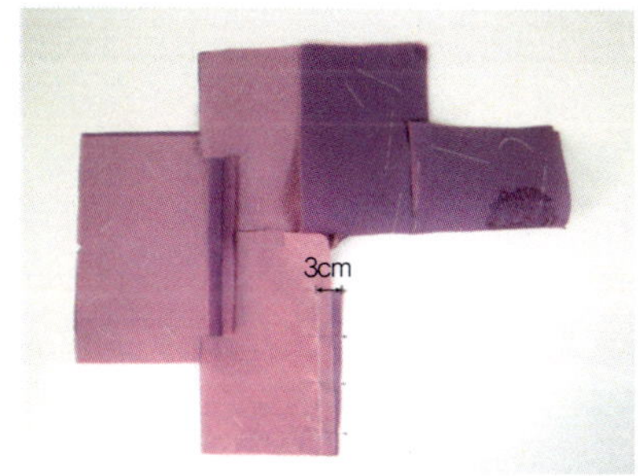

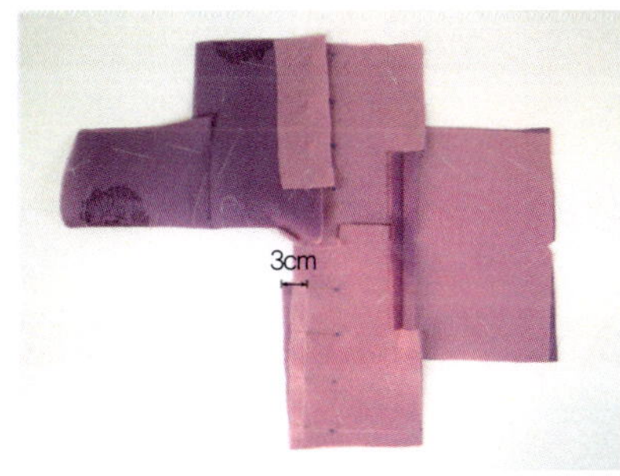

03 길과 섶의 겉을 마주 대고 섶의 위는 중심에서 3cm 나오도록 올 방향을 어긋나게 핀 시침한다.

04 앞길 좌우 섶선을 박음질하고 시접 정리를 한 후 길 방향으로 다린다.

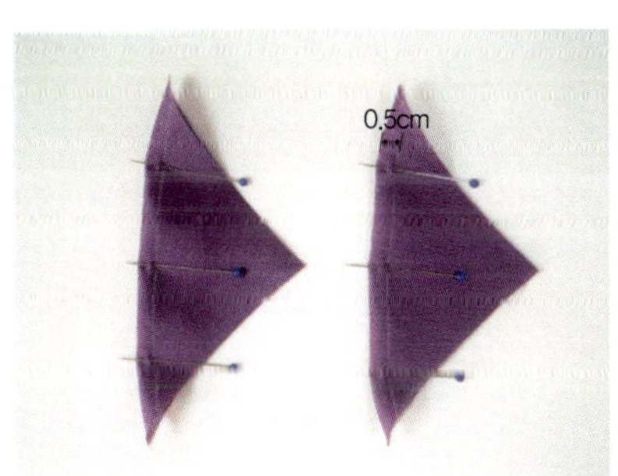

05 단추 고리감을 바이어스 방향으로 접어 박음질하고 뒤집는다(배자 고리 참고).

2) 안감 박음질

01 저고리의 안감과 같이 등솔, 어깨솔, 소매를 달고 시접도 같은 방향으로 한다.

3) 겉감, 안감 맞추기

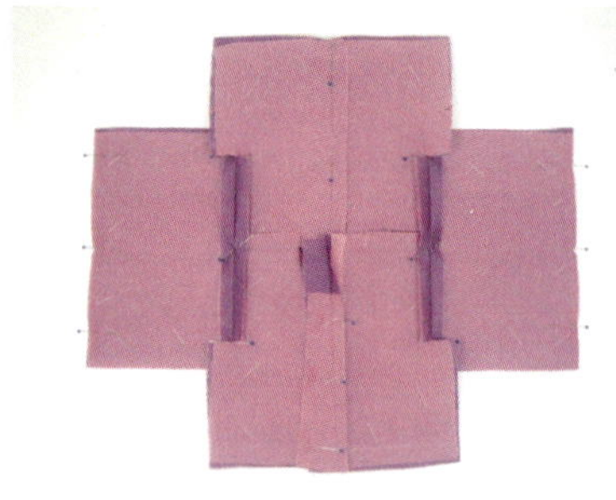

01 안감의 겉을 아래에, 겉감의 겉을 위에 맞대고 핀을 꽂는다. **이때 안감의 겉과 겉감의 겉을 반드시 점검한다.** 등솔, 어깨솔, 진동점, 수구, 뒷길, 앞길 순으로 중심에서 밖으로 핀을 꽂는다.

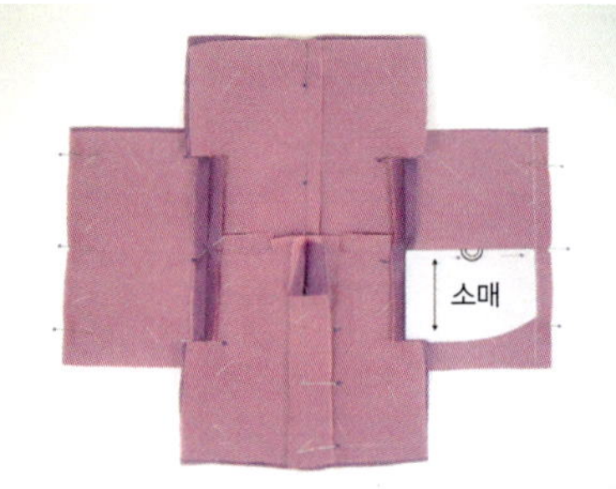

02 소매의 본을 대고 수구를 시접 끝까지 그리고 박음질한다.

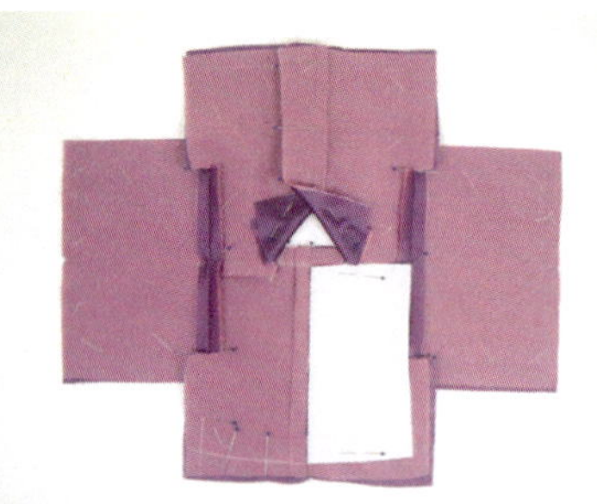

03 뒷길 본을 대고 고대와 도련 트임이 표시된 부분까지 완성선을 그리고 박음질한다. 트임 부분은 반드시 되돌아 박기를 한다. **옆선과 도련선은 사진과 같이 교차되도록 선을 그리고 박음질한다.**

04 앞길 왼쪽에 본을 대고 목선, 섶선, 도련, 트임 부분을 그린다.

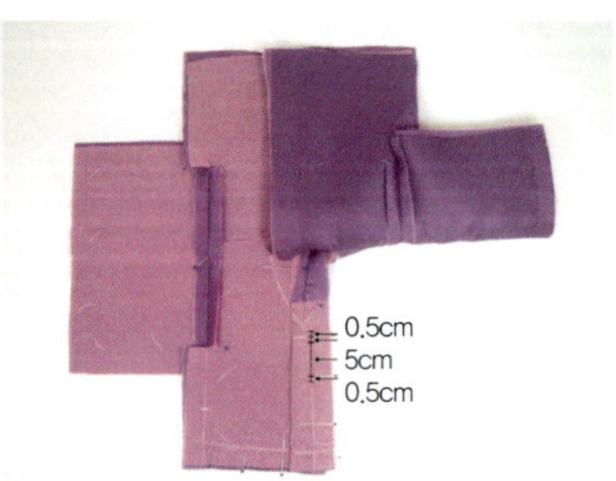

05 고리감은 목선에서 0.5cm 내려 표시하고, 아래 고리는 5cm 간격을 두고 표시한다. **성인은 8cm 간격을 둔다.**

06 고리감은 겉감과 안감 사이에 솔기가 위로 가도록 넣는다.

07 고대점에서 목선, 섶선, 도련, 트임 부분까지 박음질한다.

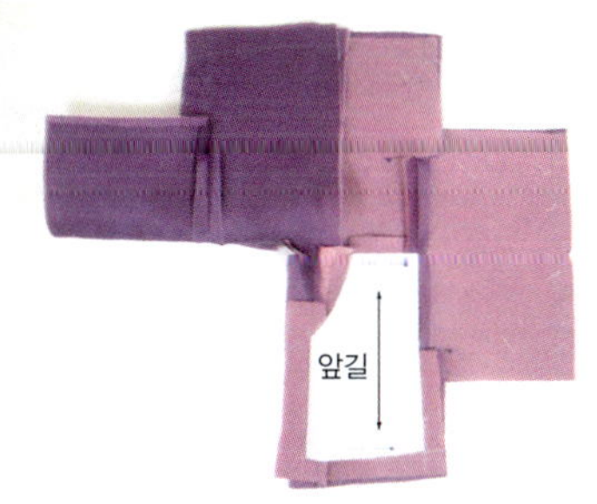

08 앞길 오른쪽에 본을 대고 목선, 섶선, 도련, 트임 부분을 그리고 고대점에서 목선, 섶선, 도련, 트임 부분까지 박음질한다.

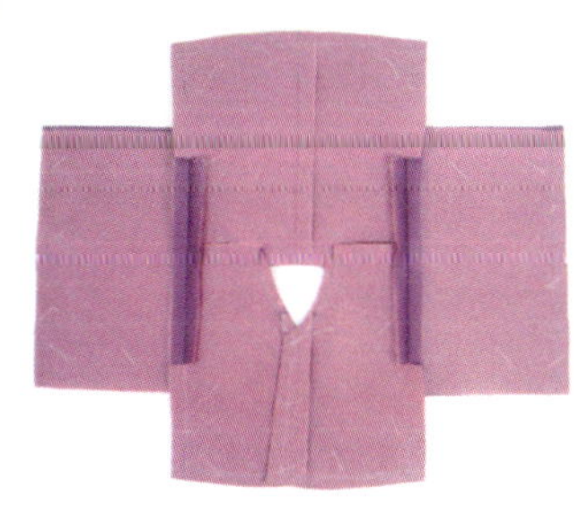

09 뒷길 고대를 박음질한다. 직선 시접은 1.5cm, 곡선 시접은 1cm로 두고 시접 정리를 한다.
전통적인 방식은 시접을 자르지 않는다.

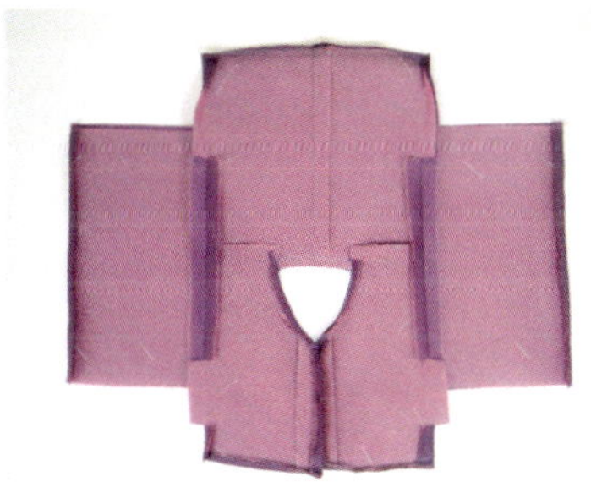

10 앞길 트임에는 가위집을 주고 뉜솔로 다림질한다.

11 저고리와 같이 앞길을 뒷길 사이에 넣어 어깨와 진동에 핀을 꽂아둔다. 앞길의 트임을 바짝 당겨야 트임 부분이 벌어지지 않는다.

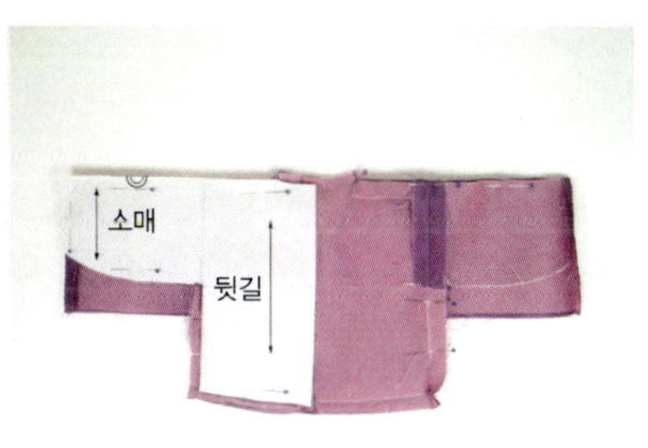

12 소매와 뒷길 본을 대고 완성선을 그리고 창구멍을 표시한다. 창구멍은 옆선이나 배래의 안감에 둔다.

13 배래와 옆선을 박음질하고 배래 시접은 1cm 남기고 자른다. 배래 시접은 겉감으로 다림질한다.

4) 손바느질, 단추 고리, 단추 달기

01 창구멍으로 뒤집는다. 창구멍은 공구르기로 바느질한다.

02 안감을 고정시키기 위해 새발뜨기 바느질을 한다.

03 단추 크기에 맞추어 단추 고리를 접어 넣고 고운 공구르기를 한다.

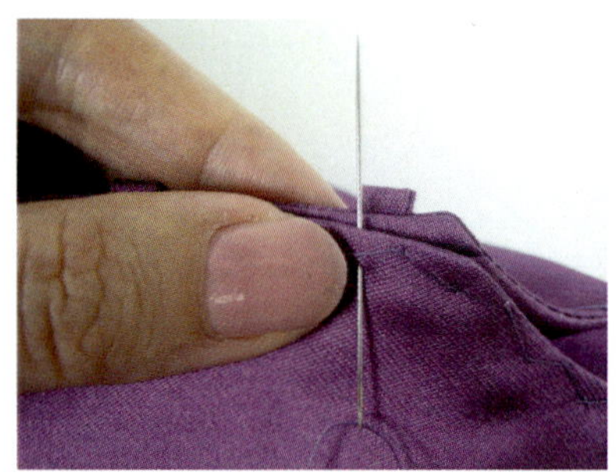

04 실의 길이가 70cm가 되도록 네 가닥을 만든다. 앞길 좌우를 겉끼리 맞대고 단추 고리 아랫부분에 맞추어 바늘을 넣는다.

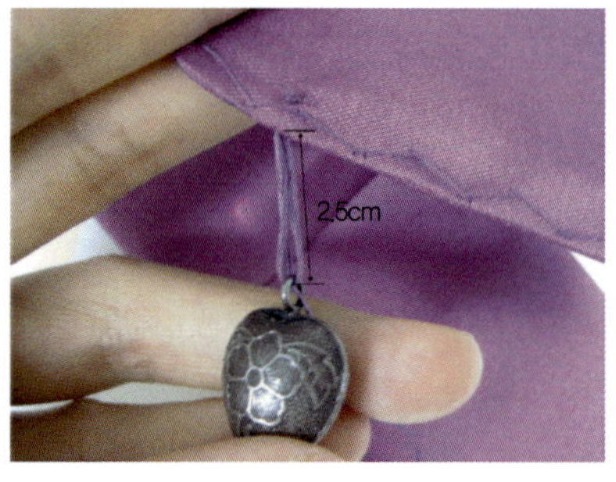

05 실을 2.5cm로 만들고 단추를 걸어 두 번 반을 돌리면서 실기둥을 만든다.

06 단추를 기준으로 양쪽의 실을 모아놓는다.

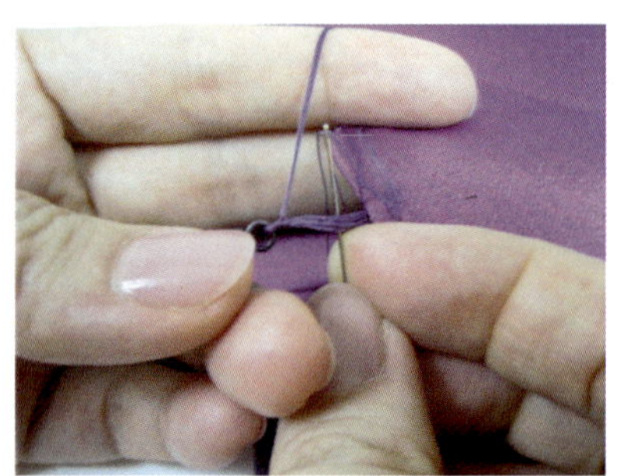

07 왼손 집게손가락으로 실을 걸어 고정하고 바늘귀로 실을 빼낸다.

08 위와 같은 방식으로 단추를 걸고 있는 실기둥을 단단히 채운다. 완성할 때까지 손에서 놓치지 않도록 주의한다.

09 옆트임에 트임 방지 바느질을 한다. 단추 실기둥과 동일한 방식으로 한다.

10 마고자 단추는 고리의 아래에서 위로 걸어서 착용한다.

오방장두루마기

오방장두루마기는 남녀 어린이에게 입힌 것으로 어른 두루마기와 형태는 같으나 색을 달리 사용하여 만들었다. 아이들의 돌이나 명절에 입혔는데 길은 연두색, 소매는 홍색이나 소매가 색동일 경우에는 까치두루마기라고 한다. 겉섶은 노란색, 안섶은 분홍색, 무는 자주색, 깃과 고름이 남색이면 남아용 오방장두루마기다. 무가 남색, 깃과 고름이 자주색으로 반대가 되면 여아용 오방장두루마기다.

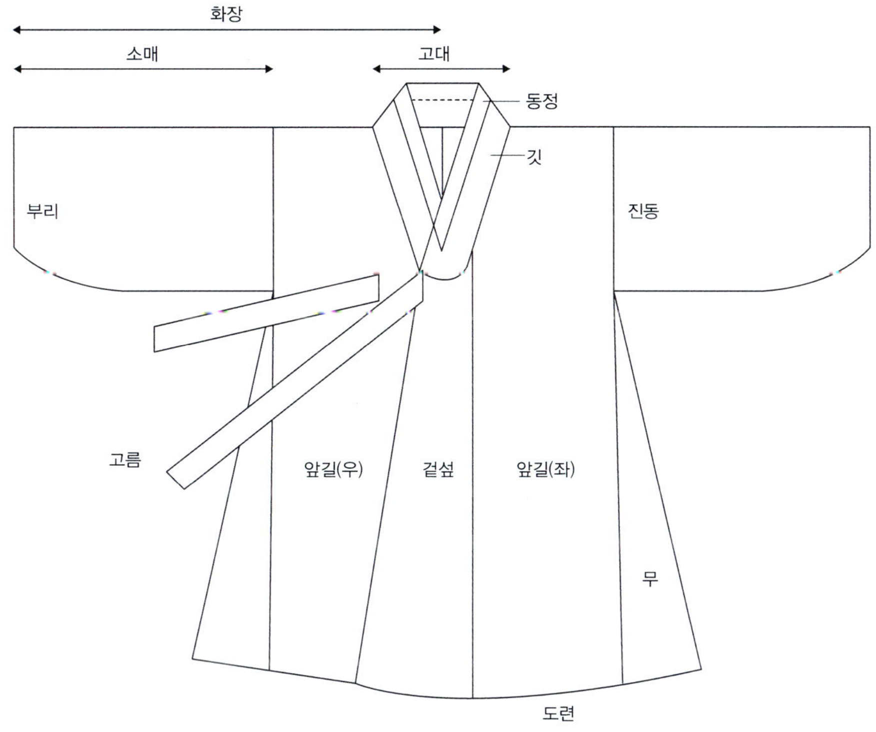

오방장두루마기의 구조와 명칭

본뜨기

본뜨기에 필요한 치수는 가슴둘레, 화장, 두루마기 길이이다.

1) 두루마기 필요 치수

저고리와 배자 위에 입는 옷이므로 저고리와 배자보다 품, 진동, 화장을 크게 만들어야 한다.
저고리 참고 치수를 기준으로 여유분을 더 주도록 한다.

2) 두루마기 참고 치수

오방장두루마기 참고 치수(단위: cm)

부위 / 연령	가슴 둘레	두루 마기 길이	화장	진동 (B/4 +2)	고대 /2 (B/10)	겉깃 길이 (진동 +1)	겉섶		안섶		무	깃 너비	고름 너비	고름 길이	
							위 (깃 너비 +1)	아래 (깃 너비 +5)	위	아래				긴 고름	짧은 고름
돌	52	50	38	15	5.7	16	5.5	9.5	3.5	7	8.5	4.5	4	105	45
3~4세	56	58	44	16	5.7	17	6	10	3.5	7	9	5	4	55	50
5~6세	58	64	50	16.5	6	17.5	6.3	10.3	3.8	7.5	9.5	5.3	5	60	55
7~8세	64	72	54	18	6.5	18.5	6.7	10.7	4	7.8	10	5.7	6	70	65

남자 두루마기 참고 치수(단위: cm)

부위 / 가슴둘레		90	95	100	105
뒤품/2		저고리 품+1			
뒷길이		총장–25			
앞길이		두루마기 뒷길이+2			
화장		저고리 화장+2			
진동		저고리 진동+1.5			
고대/2		저고리 고대+0.5			
깃 너비		저고리 깃 너비+1~1.5			
겉깃 길이		두루마기 진동			
깃 길이		겉깃 길이+고대+안깃 길이(겉깃 길이+깃 너비+2)			
겉섶	위	두루마기 깃 너비+1.5			
	아래	16	16	17	18
안섶	위	두루마기 깃 너비–3			
	아래	두루마기 깃 너비×1.5			
무 너비		17	17	18	19
수구 너비		두루마기 진동×3.5/5			
긴 고름		두루마기 길이–15			
짧은 고름		두루마기 길이–20			
고름 너비		저고리 깃 너비			

3) 두루마기 본뜨기

두루마기는 저고리와 같이 뒷길과 소매는 좌우가 동일하기 때문에 패턴을 뒤집어서 사용하므로 한 장씩 본을 뜬다. 앞길은 좌우가 비대칭이므로 두 장의 본이 필요하며 깃도 본을 뜨도록 한다.

옷감 소요량

110cm 폭: 두루마기 길이×2+소매 너비×2+무 길이+시접

55cm 폭: 두루마기 길이×4+소매 너비×4+겉섶 길이+무 길이×2+시접

(1) 오방장두루마기 본뜨기

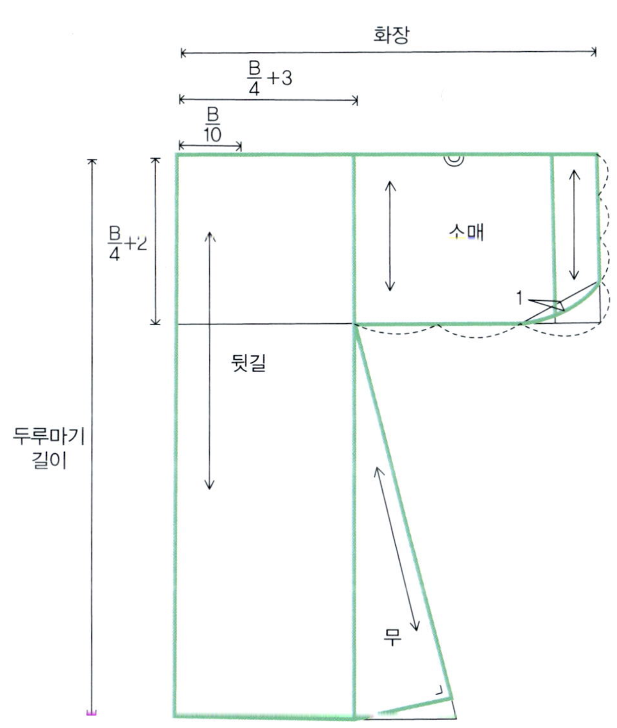

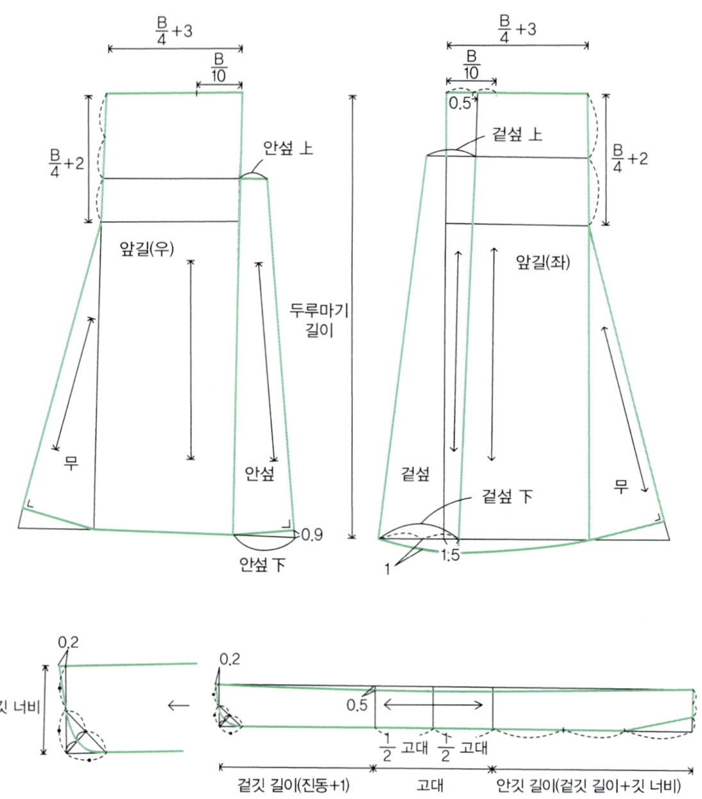
B/4+3
B/10
B/4+2
안섶 上
앞길(우)
두루마기 길이
무
안섶
0.9
안섶 下
B/4+3
B/10
0.5
겉섶 上
B/4+2
앞길(좌)
겉섶
겉섶 下
무
1
1.5
0.2
깃 너비
0.2
0.5
1/2 고대
1/2 고대
겉깃 길이(진동+1)
고대
안깃 길이(겉깃 길이+깃 너비)

(2) 남자 두루마기 본뜨기

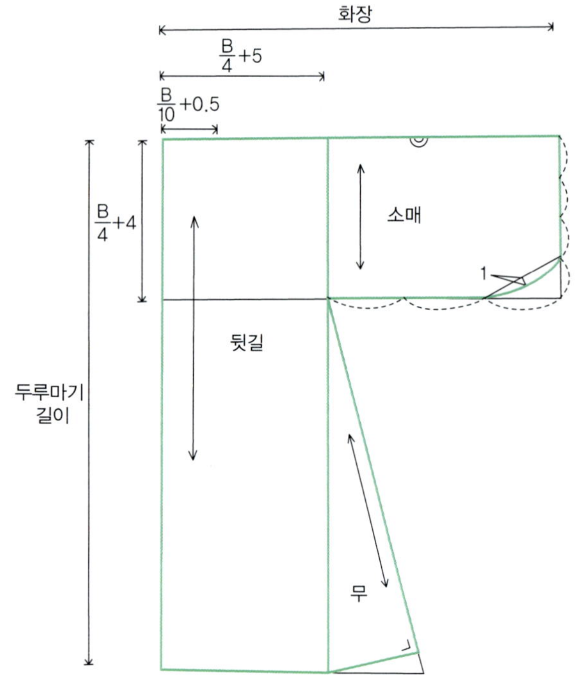
화장
B/4+5
B/10+0.5
B/4+4
소매
1
뒷길
두루마기 길이
무

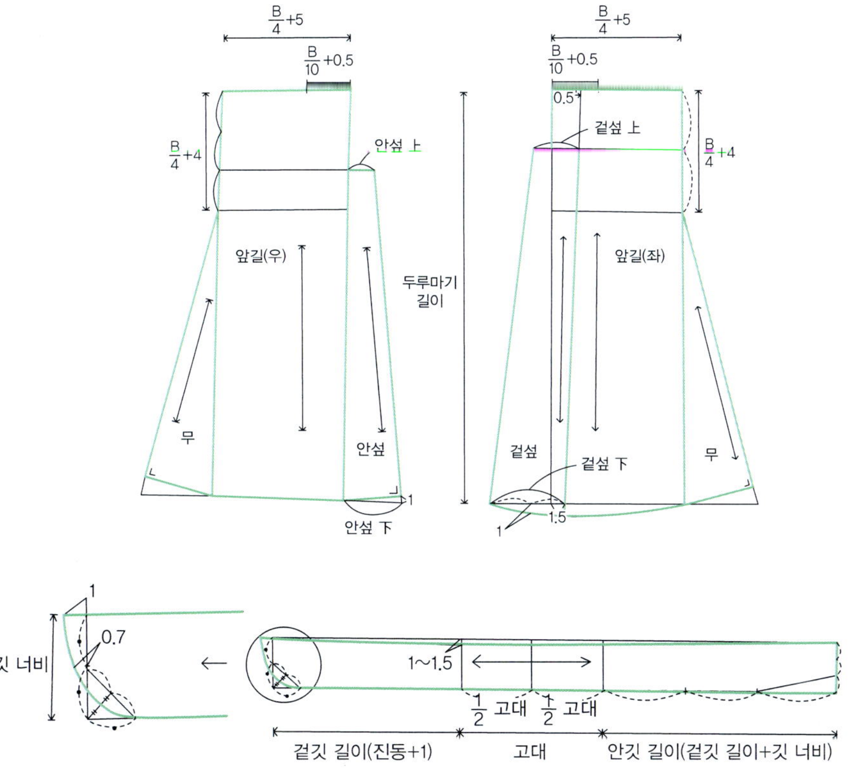

-------- 마름질 --------

1) 겉감 마름질

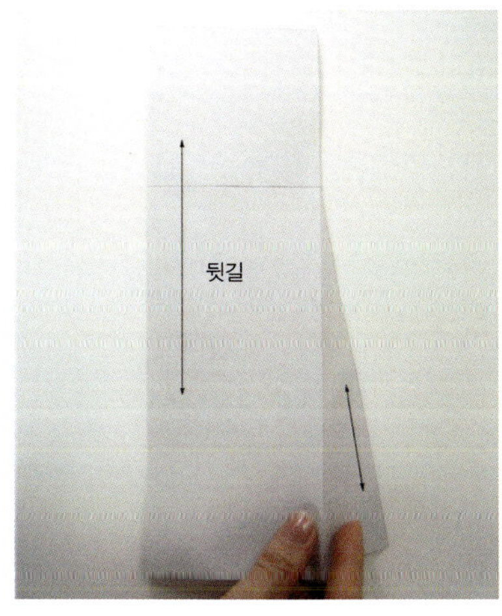

01 뒷길 본의 무가 달리는 선을 뒤로 접어준다.

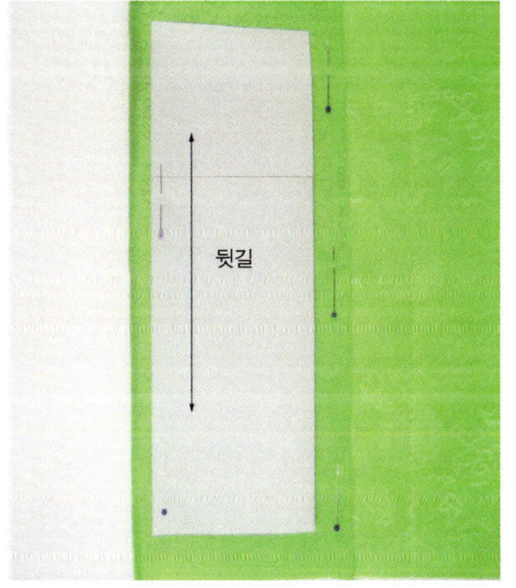

02 겉감의 겉끼리 접고 식서와 평행하도록 뒷길 본을 올려놓는다. 등솔, 밑단, 진동 시접을 두고 핀 시침을 한다. 밑단 시접은 어린이는 5cm, 성인은 6cm를 놓는다.

03 어깨솔의 시접 1.5cm에 핀을 꽂고 핀이 꽂힌 부분까지 자른다.

04 어깨솔에 꽂은 핀을 기준으로 뒷길을 앞으로 접고 1cm 길이를 더 주고 네 겹을 잘라낸다. 이와 같이 뒷길 두 장과 앞길 두 장을 한 번에 마름질할 수 있다.

05 핀을 꽂은 기준선에서 너비의 반을 가른다(뒷길과 앞길을 나누고 고대를 표시하는 과정이다).

06 어깨솔에 꼭지각을 준다.

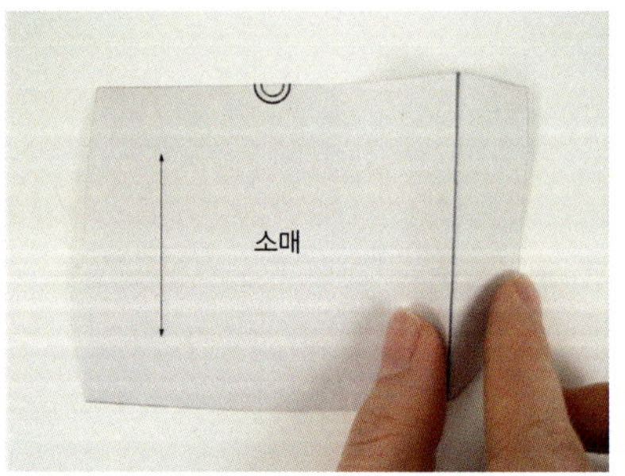

07 소매 본의 끝동선을 접어준다.

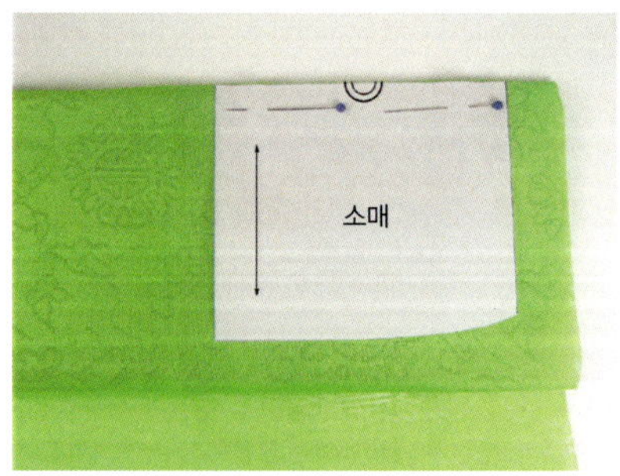

08 길을 마름질한 길이(식서)로 두 번 접고 소매를 마름질한다. 소매 본의 골선 표시를 접은 선에 맞추어 시접 분량을 놓고 마름질한다. 배래의 곡선 부분도 반드시 직선으로 마름질한다.

09 골선 양쪽에 작은 꼭지각을 표시하고 붙어 있는 두 장을 가른다.

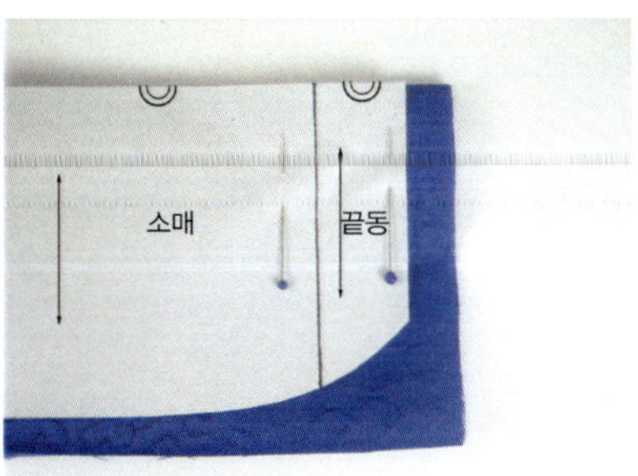

10 끝동은 안으로 들어가는 분량까지 두어서 마름질한다.

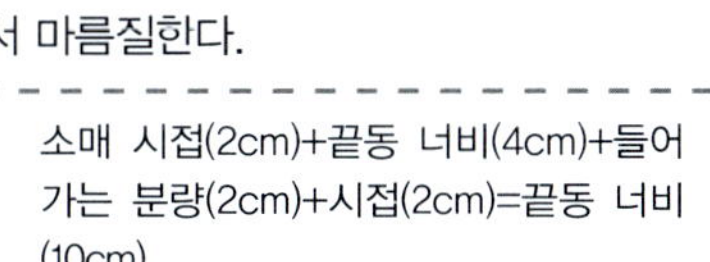
소매 시접(2cm)+끝동 너비(4cm)+들어가는 분량(2cm)+시접(2cm)=끝동 너비(10cm)

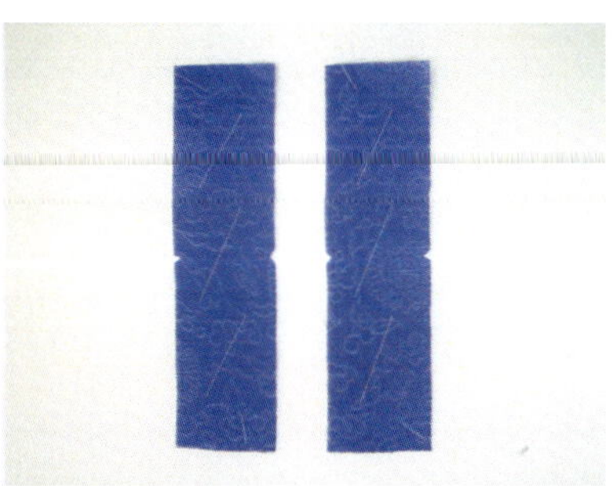

11 소매와 같이 꼭지각을 두고 심감을 대고 시침한다.

12 심감도 같은 치수로 마름질한다.

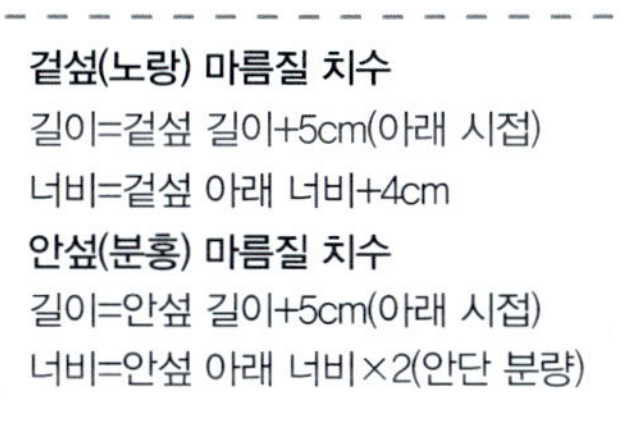
겉섶(노랑) 마름질 치수
길이=겉섶 길이+5cm(아래 시접)
너비=겉섶 아래 너비+4cm
안섶(분홍) 마름질 치수
길이=안섶 길이+5cm(아래 시접)
너비=안섶 아래 너비×2(안단 분량)

13 겉섶과 안섶 안에 심감을 대고 어슷시침한다.

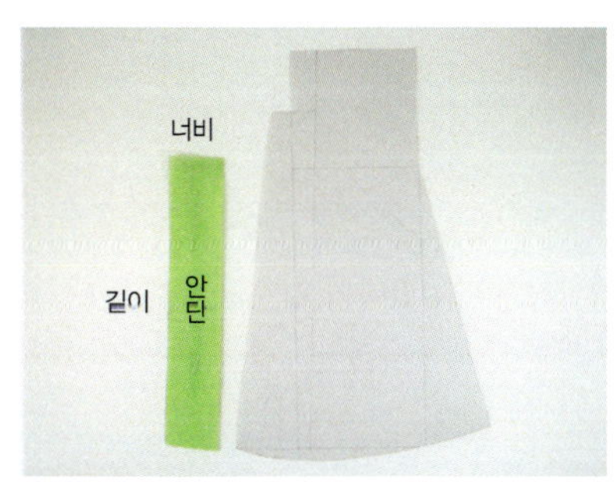

14 심감을 대고 어슷시침한다.

안단(연두) 마름질 치수
길이=진동에서 두루마기 길이+3cm
너비=6cm

15 겉깃, 심감, 안깃에 시접을 두고 직선으로 마름질한다.
겉깃 안에 심감을 대고 시침한다.

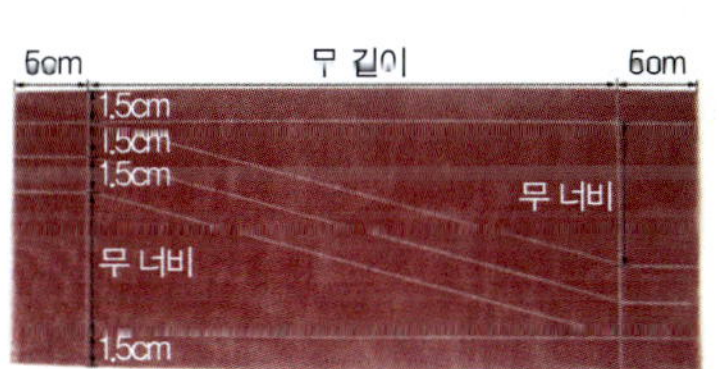

16 무의 심감에 무 너비, 무 길이, 시접을 두고 선을 그려준다.

17 아래부터 안감 무 두 겹, 겉감 무 두 겹, 심감 무 두 겹을 겹쳐놓는다.

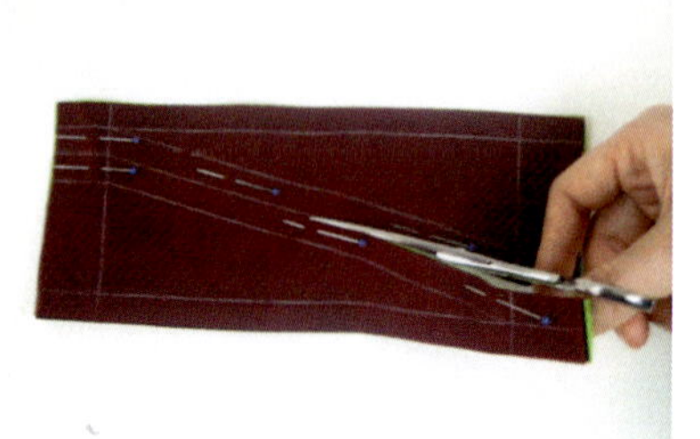

18 여섯 겹이 되므로 핀을 촘촘히 꽂고 가운데 선을 자른다.

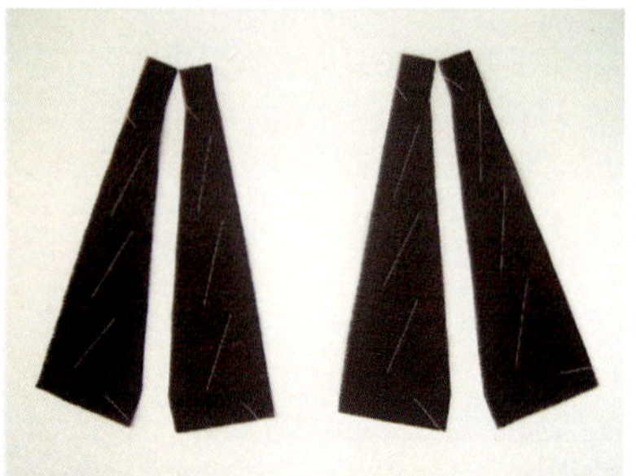

19 무의 안에 심을 대고 시침한다. 사진과 같이 사선끼리 맞닿도록 두 쌍을 만든다.

긴 고름
길이=길이+2cm(위아래 시접)
너비=(고름 너비×2)+2cm(양쪽 시접)
짧은 고름
길이=길이+2cm(위아래 시접)
너비=(고름 너비×2)+2cm(양쪽 시접)

2) 안감 마름질

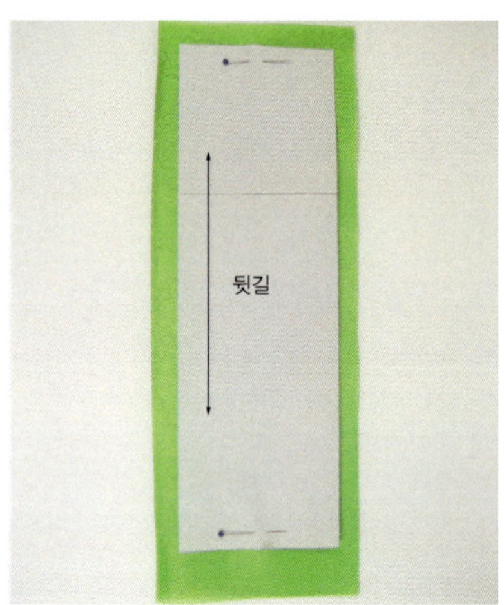

01 안감 등솔은 겉감과 동일한 시접을 두고 좌우 두 장을 마름질한다.

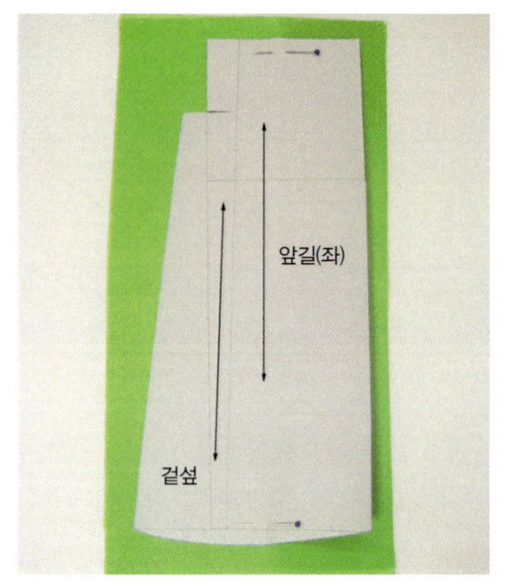

02 앞길은 섶을 길에 포함해서 마름질하므로 앞길 왼쪽 본을 대고 좌우 두 장을 마름질한다.

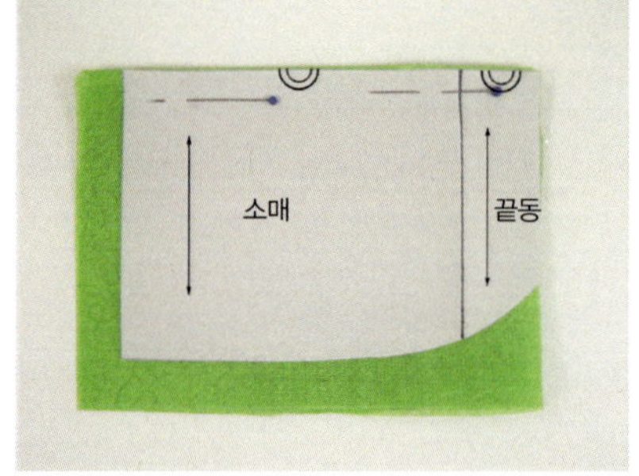

03 소매는 끝동을 붙여서 마름질한다. 끝동이 안으로 들어가는 분량(2cm)만큼 빼고 마름질하므로 수구에는 시접을 두지 않고 마름질한다.

-------- 박음질 --------

두루마기도 저고리와 같이 각 과정마다 선을 그려가며 박음질하고 반드시 다림질을 한 후 다음 과정으로 넘어가도록 한다.

1) 겉감 박음질

01 겉감 안쪽에 심감을 대고 겉과 겉을 맞대고 등솔 시접 1.5cm 선을 그리고 핀 시침한다.

02 고대에서 도련 시섭까지 박음질한다.

03 시접은 고대를 오른쪽 방향으로 두고 뒤로 넘겨 다림질한다(등솔 시접은 입어서 오른쪽으로 가도록 한다).

04 앞길은 다림질하여 앞 중심을 접고 가위로 갈라준다.

05 뒷길과 앞길 겉을 접고 어깨솔 시접 1.5cm 선을 그린 후 핀 시침한다. 등솔을 기준으로 양쪽의 1/2 고대를 정확히 표시한다.

06 어깨솔에서 양쪽의 1/2 고대는 반드시 되돌아 박음질한다.

07 어깨솔기는 뒷길로 넘겨 다린다.

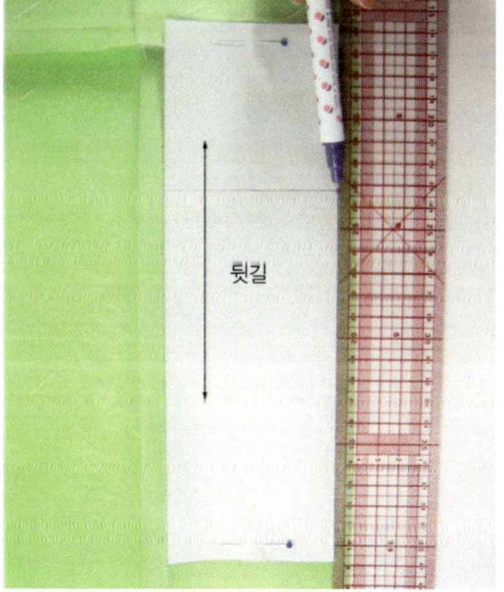

08 뒷길 본을 등솔과 어깨솔에 맞추어 대고 진동점부터 도련 시접까지 무가 달릴 선을 긋는다.

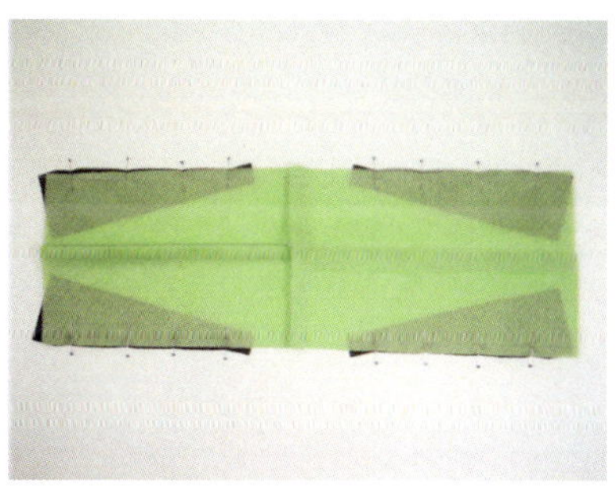

09 뒷길 좌우, 앞길 좌우에 무의 사선(어슨올)을 마주 대고 핀 시침한다.

10 무의 꼭짓점에서 정확히 되돌아 박음질하고 도련 시접 끝까지 박아준다.

11 시접은 길 방향으로 넘겨 다린다. **직선(곧은 올)과 사선(어슨 올)이 만날 경우에는 직선 방향으로 시접을 보낸다.**

12 앞길 왼쪽 안에 본을 뒤집고 겉섶선을 접어 단 시접까지 그려준다.

13 겉섶선을 박음질을 하고 섶 방향으로 다림질한다.

14 안단에 바이어스를 박음질하고 시접은 뒤로 넘겨 사이박기를 한다(바이어스 넓이는 3.5cm).

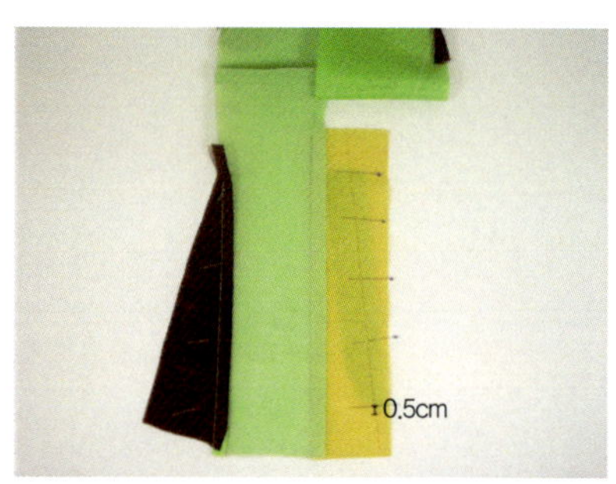

15 안단 선을 겉섶에 그려놓고 단 끝에서 0.5cm 올려 안단이 놓이도록 핀 시침을 한다.

16 겉섶 방향으로 뉜솔 처리하여 다림질한다.

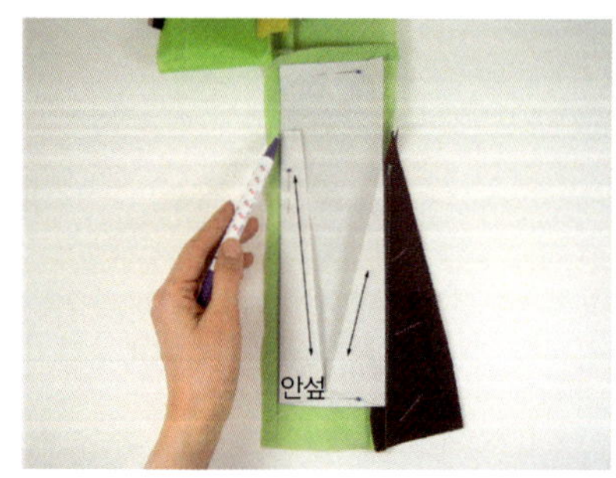

17 앞길 오른쪽 안에 본을 뒤집고 안섶선을 접어 단 시접까지 그려준다.

18 안섶선을 박음질하고 길 방향으로 다림질한다.

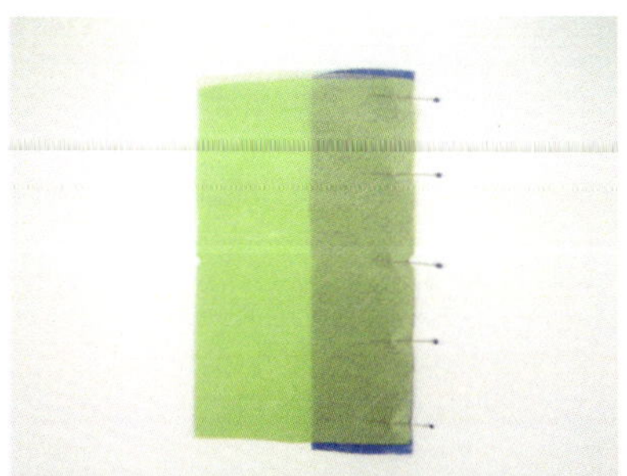

19 소매에 끝동을 핀 시침한다.

20 소매 방향으로 접어 다린다(두꺼운 옷감일 경우에는 가름솔한다).

21 길의 어깨솔과 소매의 중심을 잘 맞추고 핀 시침한다. 이때 무의 시접은 무 방향으로 접어 내린다.
진동에서 진동까지만 되돌아 박고 시접은 가름솔한다.

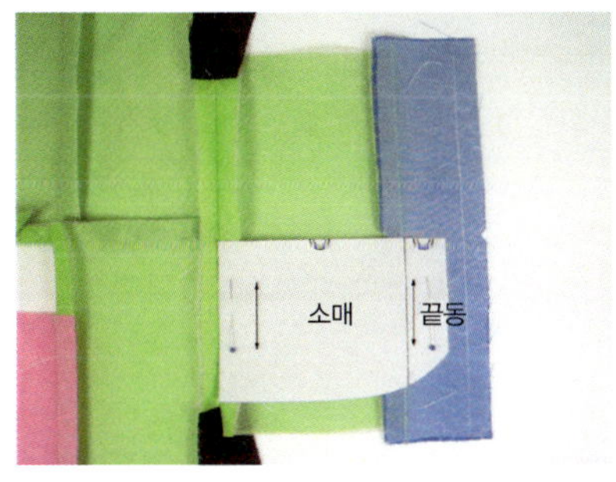

22 소매 끝에서 2cm 밖으로 선을 그린다.

23 그린 선을 시침한다.

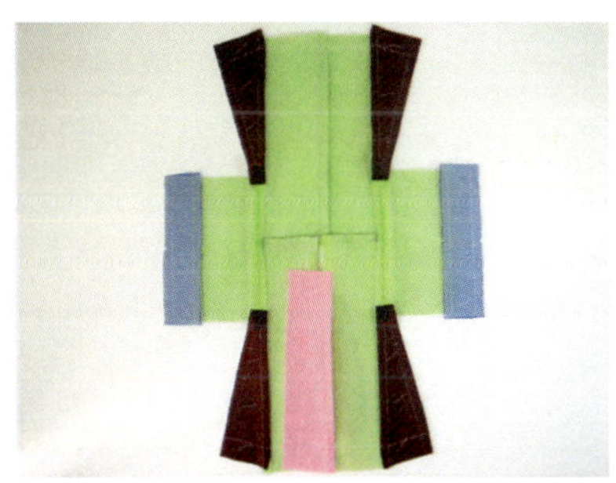

24 뒷길과 앞길 도련, 안섶선을 시침한다. 앞길 무의 옆선은 그려주고 진동에서 10cm 아래에서 아귀 치수 10cm를 표시한다.

25 앞길과 뒷길 무의 겉끼리 맞대고 옆선에 핀 시침을 한다.

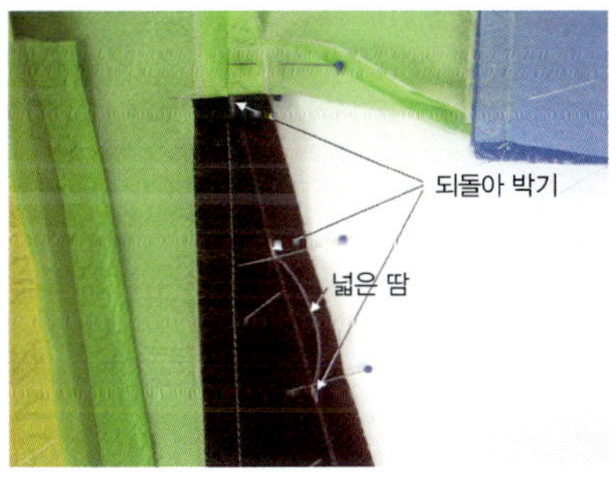

26 진동점과 아귀의 위아래는 반드시 되돌아 박기를 하고 아귀 부분은 넓은 땀으로 박음질한다.

27 무의 옆선을 가름솔로 다림질하고 아귀 부분은 뜯어낸다.

28 도련의 단은 일정하게 자른다.

29 안섶의 단은 접어준다.

30 도련의 밑단에 바이어스 처리를 하고 사이박기를 한다.

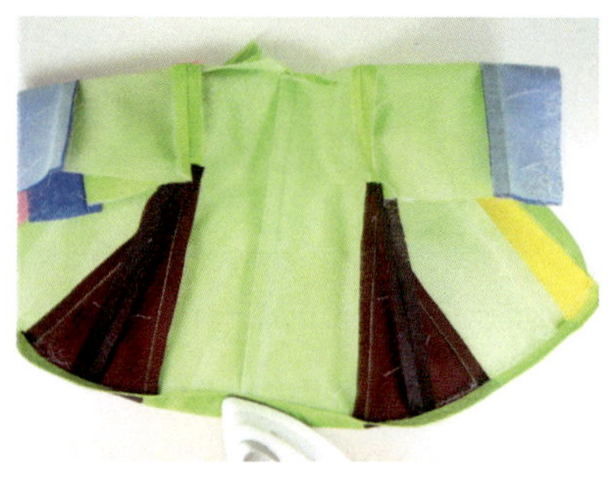

31 시침한 완성선을 접어 올려 다려준다.

32 겉감을 모두 연결한 모습

2) 안감 박음질

01 안감은 겉감과 동일한 방식으로 소매까지 박음질한다.

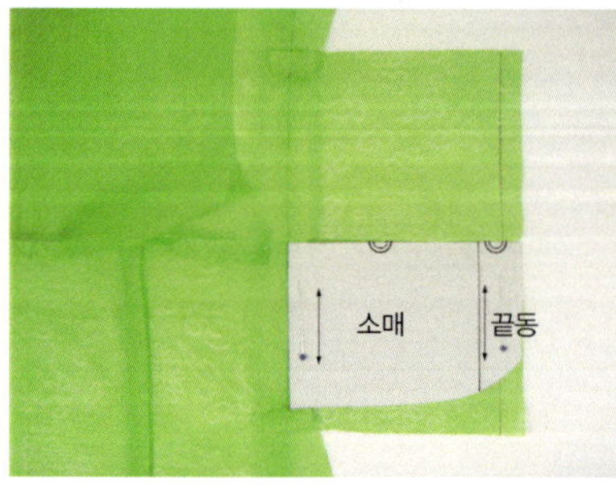

02 수구의 끝에서 2cm 들어온 선을 표시한다.

03 수구에서 2cm 들어온 선을 시침한다.

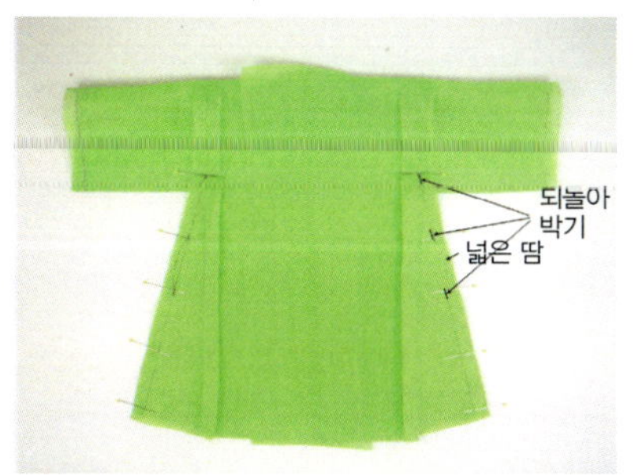

04 무의 옆선은 겉감과 동일하게 진동점과 아귀의 위아래는 반드시 되돌아 박기를 하고 아귀 부분은 넓은 땀으로 박음질한다.

05 무의 옆선을 가름솔로 다림질하고 아귀 부분은 뜯어낸다.

3) 겉감, 안감 연결

01 겉감의 안과 안감의 안이 맞닿게 입혀 준다.

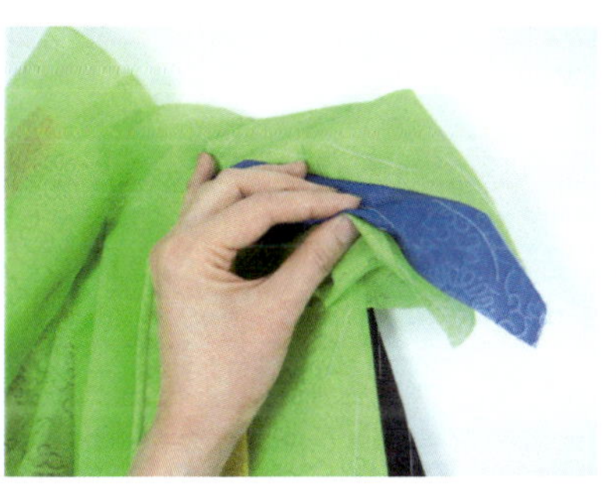

02 겉감과 안감의 시접을 접어 넣고 부리를 접는다.

03 겉감과 안감 사이로 손을 넣어 솔기를 잡고 뒤집어 부리에 시침한 선끼리 핀 시침한다.

04 부리에 핀 시침을 했을 때 겉감과 안감의 등솔이 맞닿은 모양이 나와야 한다.

05 부리를 박음질하고 겉감 방향으로 다림질한다.

06 저고리와 같이 겉감과 안감의 등솔 사이에 앞길이 들어가도록 뒤집는다. **반드시 이렇게 해야 배래 솔기가 뒤로 간다.**

07 겉감과 안감의 어깨솔, 진동, 수구, 끝동 순으로 선이 어긋나지 않도록 핀 시침을 한다.

08 배래를 박음질하고 시접은 1cm 남기고 겉감으로 접어 다린다.

09 겉감의 고대 쪽으로 손을 넣어 뒤집는다. 배래의 솔기가 앞에서 보이지 않도록 잘 다림질한다.
도련 부분이 늘어나지 않도록 눌러 다리고 스팀은 사용하지 않는다.

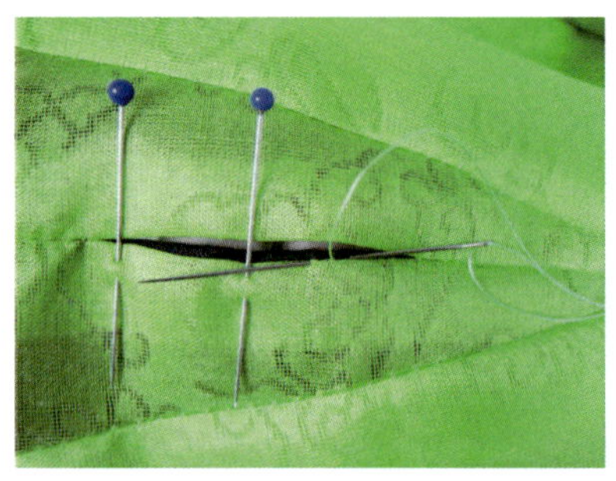

10 안감의 아귀가 겉으로 나오지 않도록 0.2cm 안으로 밀어 넣고 공그르기한다.

11 밑단은 겉감의 시침선을 기준으로 접어 올린다. 안감은 2cm 안으로 넣어 남는 분량은 단의 방향으로 내리고 핀 시침한다. 안단과 안섶도 접어 올려 사진과 같이 핀 시침한다.

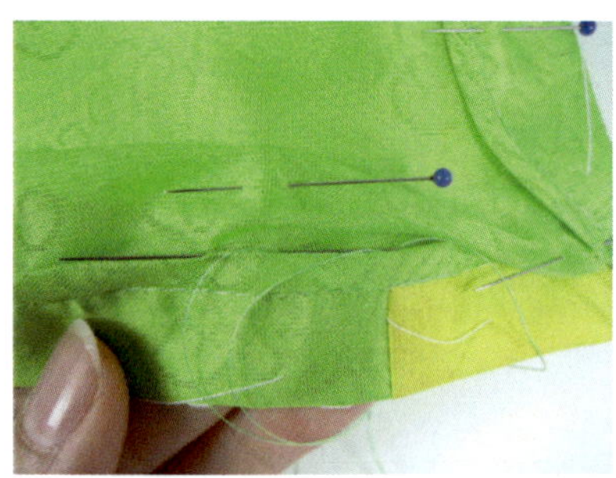

12 안감을 들고 겉섶선에서 안섶선까지 바이어스와 안감을 공그르기하여 단을 고정한다.

13 겉섶 아래와 안단은 새발뜨기한다.

14 안섶 아래와 단에도 새발뜨기한다.

15 깃을 달기 전에 겉감과 안감을 고정시키는 어슷시침을 한다.

4) 깃 만들기와 깃 달기

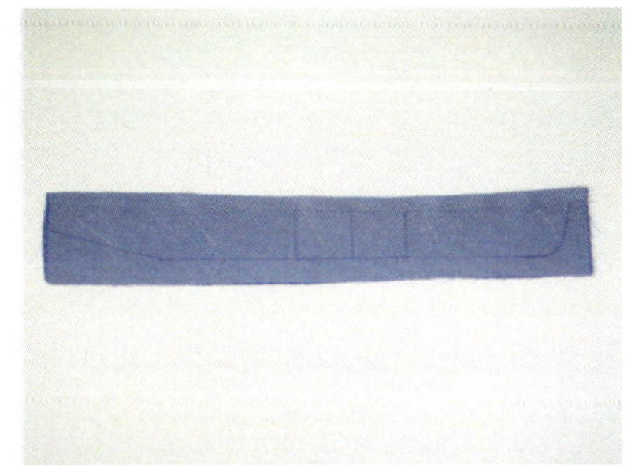

01 저고리와 동일한 방식으로 겉감에 심을 대고 겉깃 고대 부분(동정이 달리는 쪽)에 선을 표시하고 겉감 깃과 안감 깃을 박음질한다. 앞에 소개한 저고리 깃 제작 과정을 참고하여 깃을 만들어놓는다.

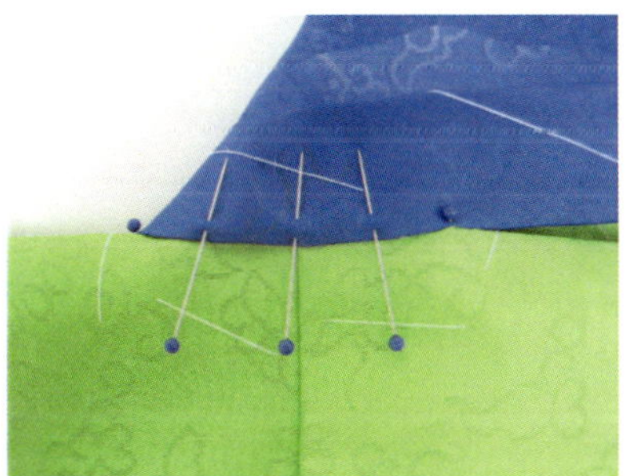

02 깃과 길의 고대를 핀으로 고정시키고, 고대와 자연스럽게 놓이도록 겉깃, 고대, 안깃 순으로 핀을 꽂는다. 안깃은 1.5cm 시접을 남기고 깃을 달아준다.

03 겉깃의 깃머리 위에서 감침질로 시침하고 핀을 뺀다.

04 깃의 안쪽에서 시침선을 따라 깃머리 위에서 고대, 안깃 쪽으로 박음질한다. 고대를 박을 때에는 접히지 않도록 고대를 잘 펴고 박음질한다.

05 깃머리는 핀 시침으로 고정하고 실이 겉으로 나오지 않도록 숨은 공그르기를 한다.

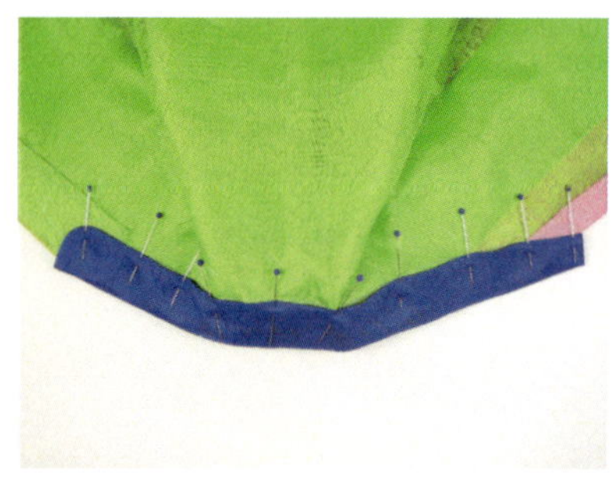

06 안감의 깃은 양쪽 고대를 핀으로 시침하고 겉깃의 박은 선이 보이도록 접어 공그르기나 새발뜨기를 한다.

07 안깃을 접어 넣어준다.

08 아귀 부분은 안쪽에서 새발뜨기하여 고정시킨다.

09 아귀의 위아래는 실을 네 겹으로 트임 방지 바느질을 한다.

10 두루마기 완성 모습

※ 고름 달기, 안고름 달기, 동정 달기, 마무리 작업은 저고리를 참고한다.

전복

전복은 소매와 섶이 없으며, 등솔의 허리 밑부분과 양옆의 아랫부분이 터져 있어 활동하기에 편리하도록 되어 있다. 전복의 색은 남색을 사용하며, 가슴에 술띠를 매어 늘어뜨려 입는다.

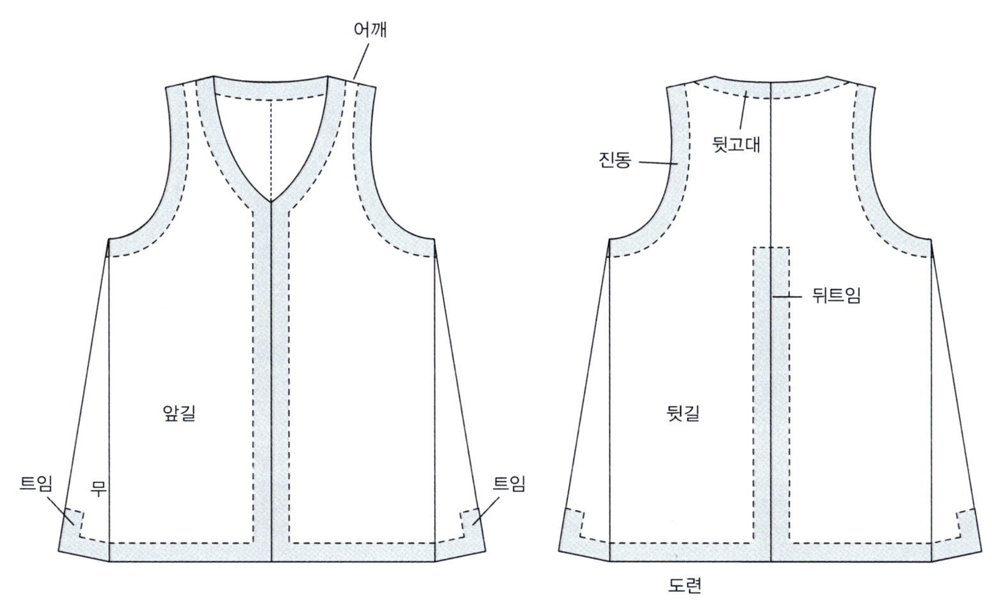

전복의 구조와 명칭

본뜨기

본뜨기에 필요한 치수는 가슴둘레, 전복 길이이다.

1) 전복 필요 치수

- 가슴둘레: 가슴둘레/4+5cm
- 전복 길이: 두루마기 길이+2

2) 전복 참고 치수

남아 전복 참고 치수(단위: cm)

연령 \ 부위	가슴둘레	윗길이	앞길이	뒤품/2	진동	어깨너비	고대/2	어깨처짐	옆트임	무 너비
돌	52	52	52	B/4+5	B/4+4	6.5	B/10	1	10	10
3~4세	56	58	58	B/4+5	B/4+4	7	B/10	1	10	10
5~6세	58	60	60	B/4+5	B/4+4	7.5	B/10	1.5	10.5	10.5
7~8세	64	66	66	B/4+5	B/4+4	7.5	B/10	1.5	11	11

3) 전복 본뜨기

옷감 소요량

110cm 폭: 전복 길이×2+무 길이+시접

55cm 폭: 전복 길이×2+안단 길이+시접

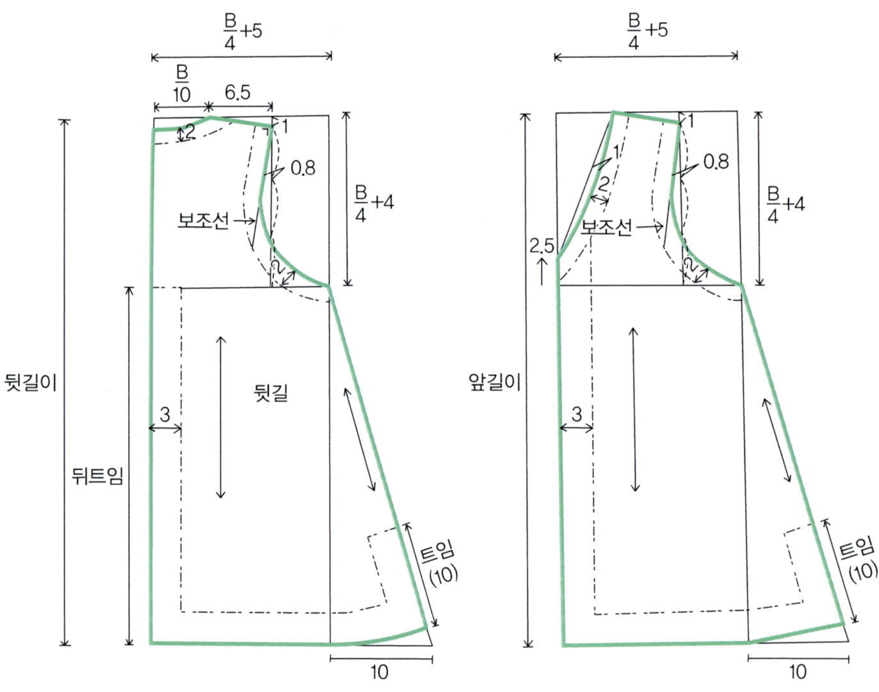

진복은 안감이 들어가지 않는 홑겹으로 만든 옷이다. 길은 세뭍삼으로 난 처리를 하고, 고대와 목선, 진동에는 안단 처리를 해야 하므로 마름질을 할 때 주의하도록 한다.

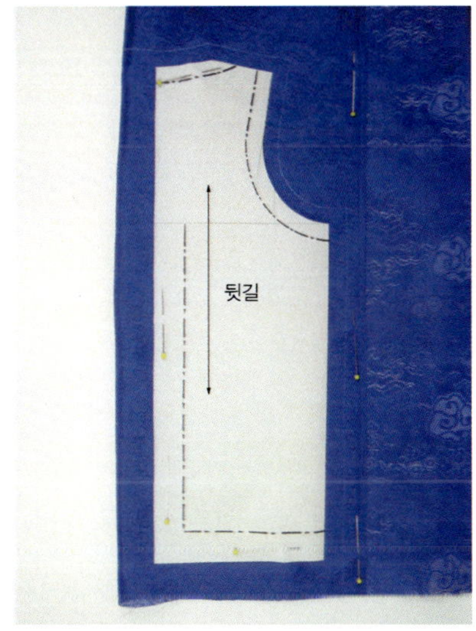

01 겉감의 겉끼리 접고 본의 무는 뒤로 접어 올려놓는다. 등솔과 단에는 안단 분량(3cm)과 시접(1cm)을 붙여 마름질해야 하므로 4cm의 시접을 두고 고대, 어깨, 진동, 무 솔기는 1cm를 표시한다.

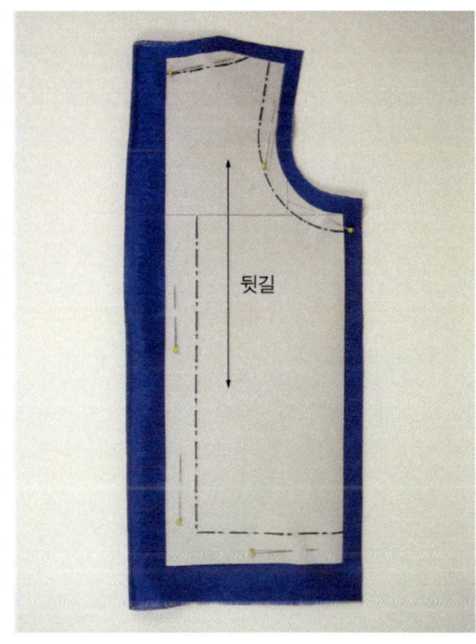

02 시접 분량을 표시한 선대로 자른다.

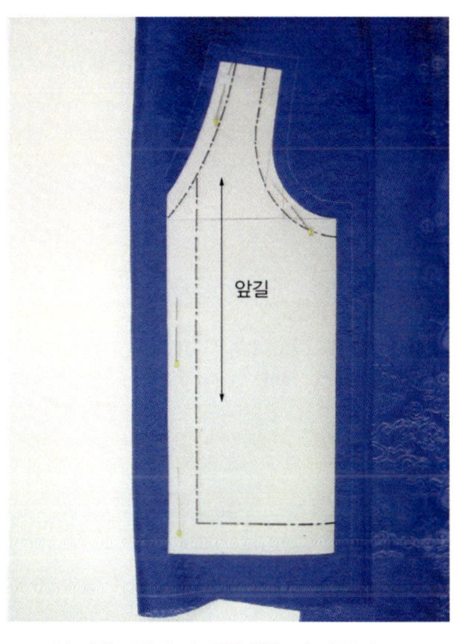

03 앞길은 뒷길과 동일한 시접을 놓고 표시한다.

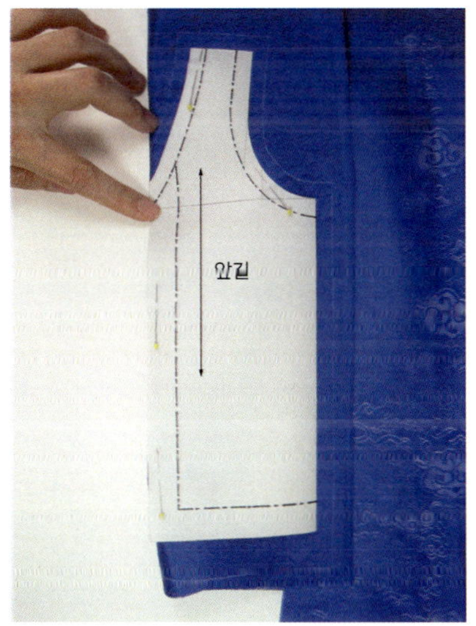

04 앞길 안단은 사진과 같이 뒤로 접고 마름질해야 안단 시접을 접어 올릴 수 있다. **전복 마름질에서 주의해야 할 부분이다.**

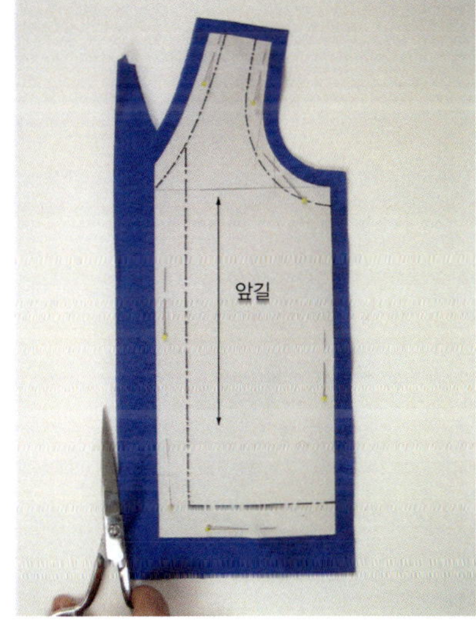

05 앞길을 갈라준다.

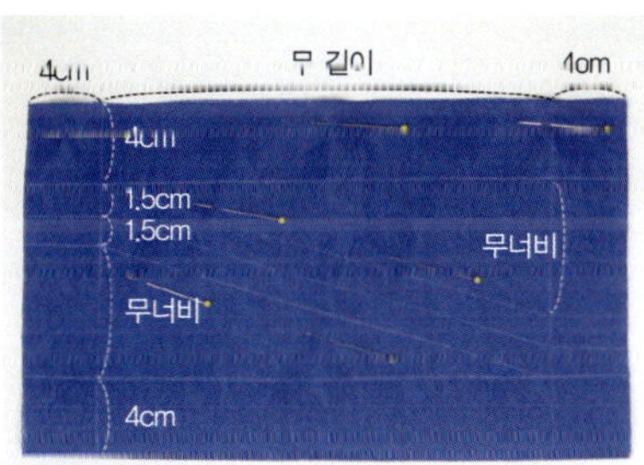

06 두루마기 무와 같은 방식으로 마름질을 하고 무의 직선은 단 시접과 같이 4cm를 준다.

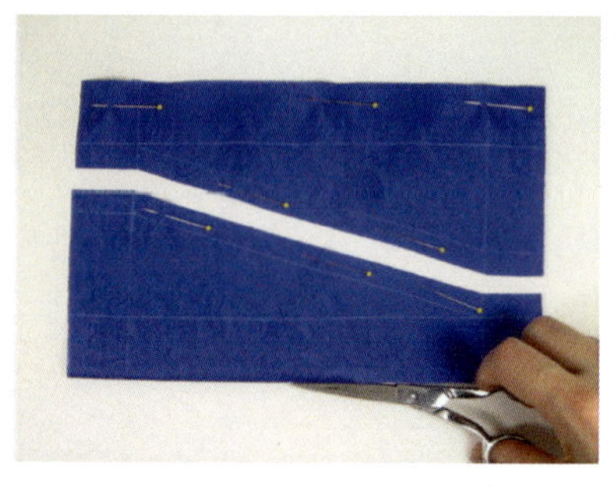

07 가운데 시접선을 자르고 붙어 있는 무를 갈라준다.

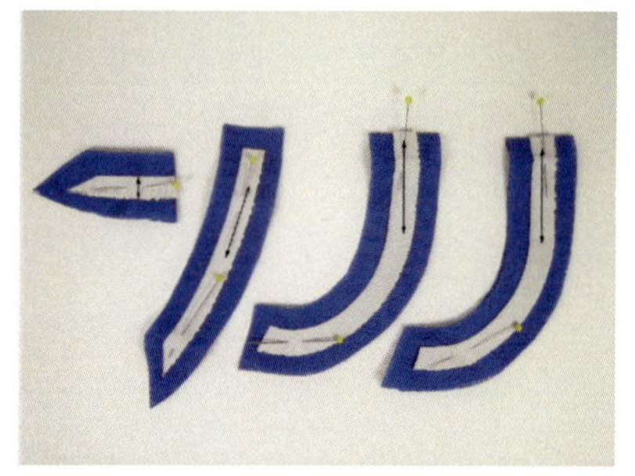

08 본에서 고대, 목선, 진동의 안단을 오려내고 마름질한다. **고대와 진동은 좌우, 앞뒤를 붙여서 마름질한다.**

박음질

안감이 들어가지 않는 홑겹이므로 솔기 처리를 세심하게 해야 한다.

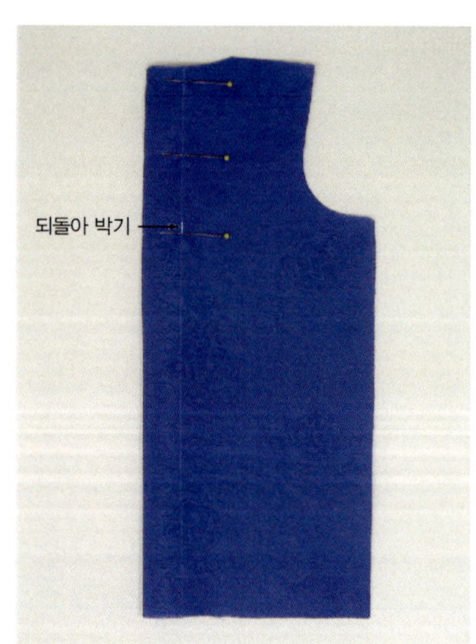

01 좌우 뒷길의 겉과 겉을 마주 대고 고대에서 트임까지 핀 시침하고 되돌아 박기를 한다.

02 트임 위치에서 시접에 가위집을 주고 시접은 뒤로 넘겨 풀칠한 후 가름솔로 다린다.

03 뒤트임 단을 접어 올려 다린다.

04 무의 어슨 올을 앞길과 뒷길 양옆에 달고 시접은 길 쪽으로 보낸다. **길과 무의 솔기를 3 : 1로 하여 싸박기를 하면 더 깔끔한 바느질이 된다.**

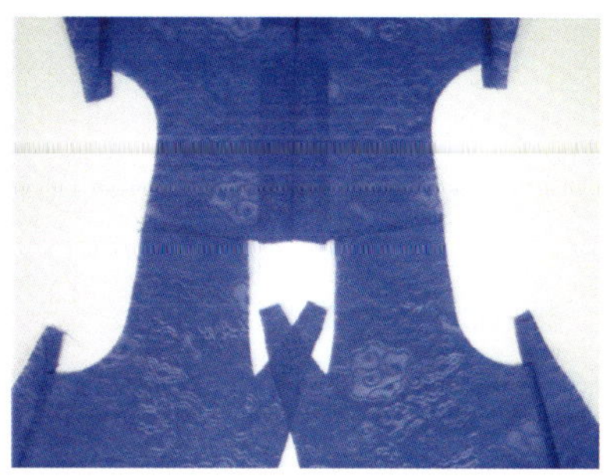

05 어깨솔기는 통솔로 박음질하고 솔기는 뒤로 보낸다.

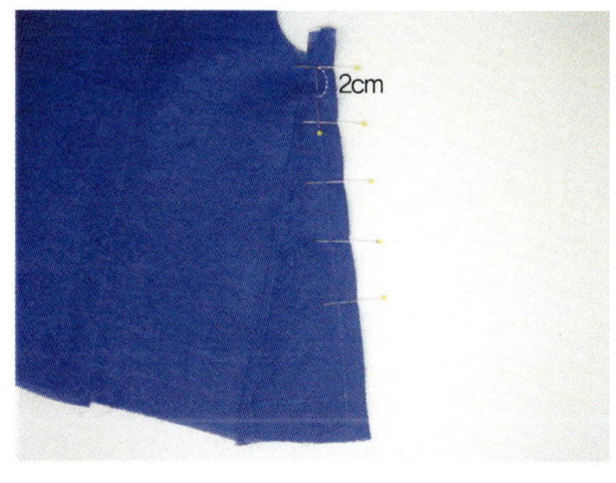

06 진동에서 2cm 아랫부분에 고리김을 끼워 넣고 트인 부분까지 되돌아 박기를 한다. 시접은 가름솔로 다린다.

07 신단과 밑단의 단 부분을 안쪽으로 꺾어 넘겨 다린 후 공그르기한다.

08 진동에 안단을 겉과 겉끼리 대고 둘러 박는다.

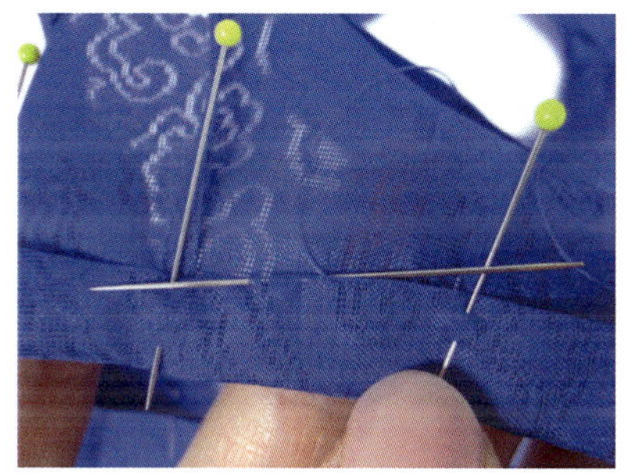

09 안단은 안쪽으로 넘겨 공그르기한다.

10 목둘레와 고대에도 같은 방식으로 안단을 대고 공그르기한다.

11 연봉단추를 맺어 오른쪽 앞깃에 달고 왼쪽에는 단추 고리를 단다.

12 옆선의 고리를 통과하여 끈을 가슴에서 묶는다.

1) 금박 찍기

01 금박 찍을 위치에 금박을 올려놓는다. 다리미 온도를 실크에 맞추고 열이 오르면 금박지를 1분 정도 눌러준다.

02 금박지 표면의 열이 완전히 식은 후 금박지를 떼어낸다. **얇은 옷감을 덮고 그 위를 한 번 더 눌러주면 광택을 줄일 수 있다.**

복건

남자들이 머리에 쓰던 건(巾)의 하나이다. 검은색 사(紗)를 주로 사용하였으며 홑복건과 겹복건이 있다. 조선시대에는 사대부나 유생들이 심의나 학창의와 함께 착용하였다. 오늘날은 남자아기 돌복으로 오방장두루마기, 전복과 함께 장식적인 용도로 머리에 쓴다.

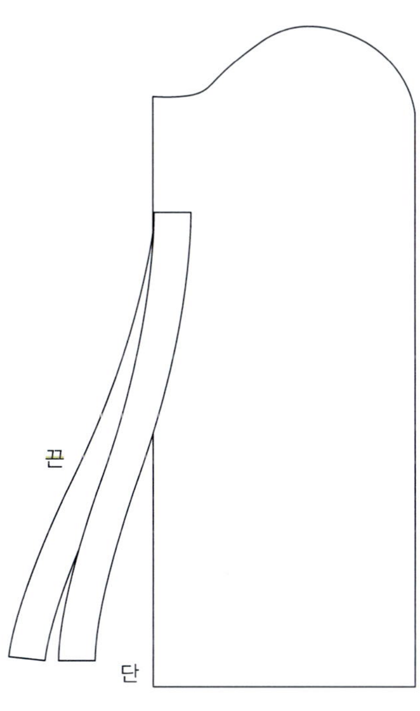

복건의 구조와 명칭

-------- 본뜨기 --------

본뜨기에 필요한 치수는 머리둘레, 복건 길이이다.

1) 복건의 필요 치수

- 머리둘레: 이마를 중심으로 수평이 되게 둘러 잰다.
- 복건 길이: 전복 길이와 같게 한다.

2) 복건 참고 치수

복건은 남아가 머리에 쓰는 것이므로 머리둘레를 정확히 재서 여유분을 주고 제작한다.

복건 참고 치수(단위: cm)

부위 / 연령	머리둘레	복건 길이	끈		안단 너비
			길이	너비	
돌	48	52	50	3	3
3~4세	50	58	55	3	3
5~6세	53	60	55	3	3
7~8세	55	66	60	3.5	3.5

3) 복건 본뜨기

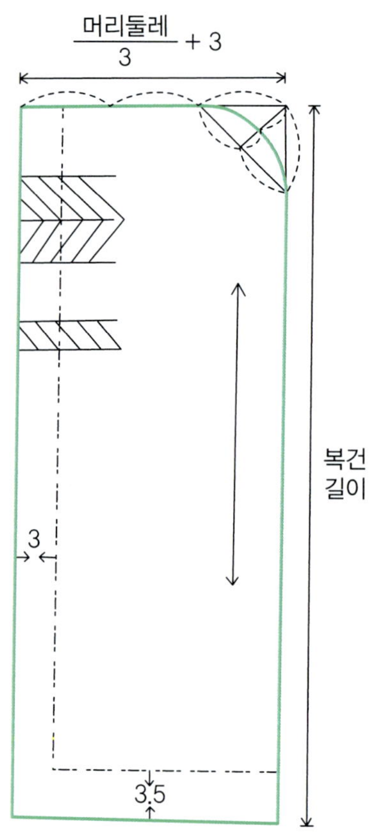

마름질

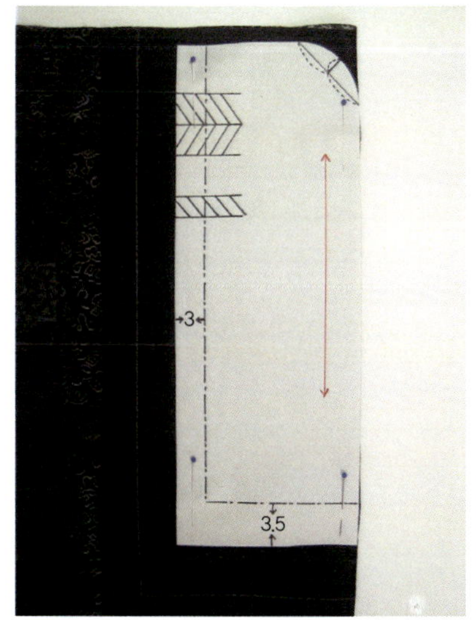

01 머리 위는 통솔 처리를 하므로 옷감의 안끼리 맞대고 접은 후 복건 본을 올려놓는다. 머리 위는 시접 1cm, 선단 4cm, 밑단을 4.5cm의 시접을 두고 자르는 선을 표시한다.

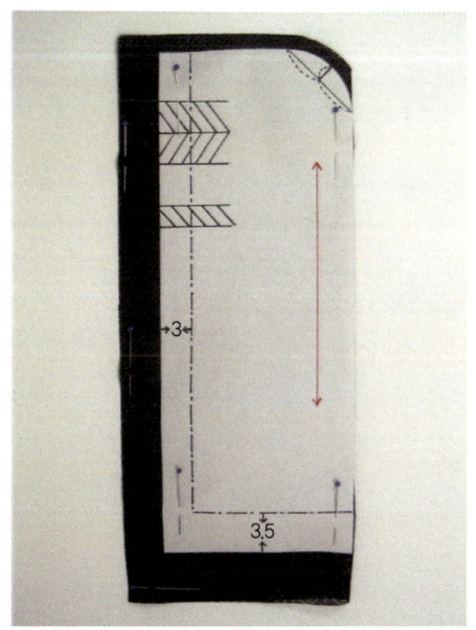

02 시접을 표시한 선을 자른다.

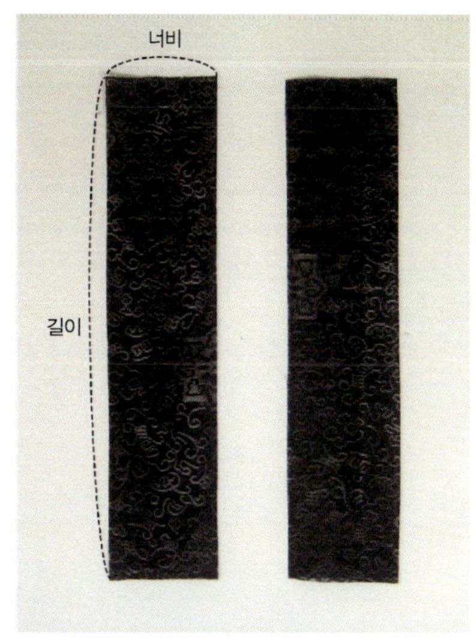

03 끈을 마름질한다.

> **끈**
> 길이=(끈 길이)+2cm(위아래 시접)
> 너비=(끈 너비×2)+2cm(양쪽 시접)

박음질

01 복건을 반으로 접어 머리 위를 통솔 처리하고 시접은 오른쪽 방향으로 가도록 꺾어 다린다.

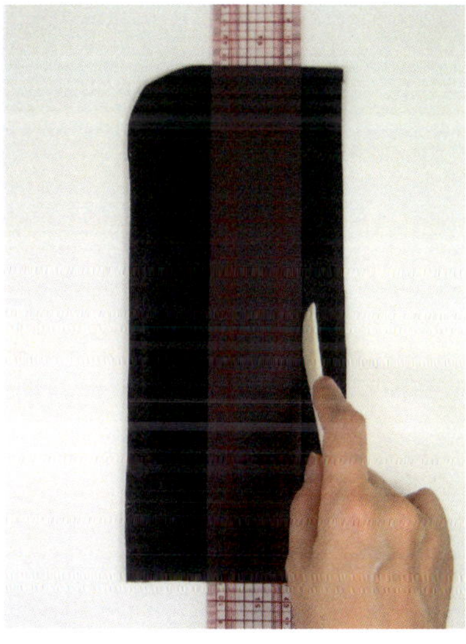

02 선단과 밑단의 단을 헤라로 표시한다.

03 선단과 밑단을 꺾어 넘겨 핀 시침한다.

04 단을 곱게 공그르기한다.

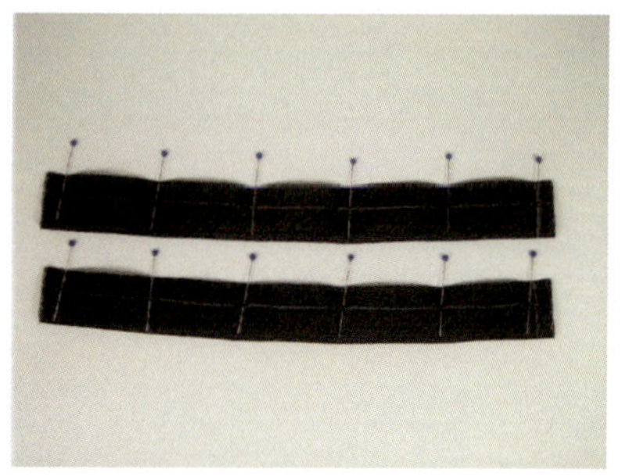

05 끈은 접어 완성선을 박음질하고 뒤집어서 다림질한다.

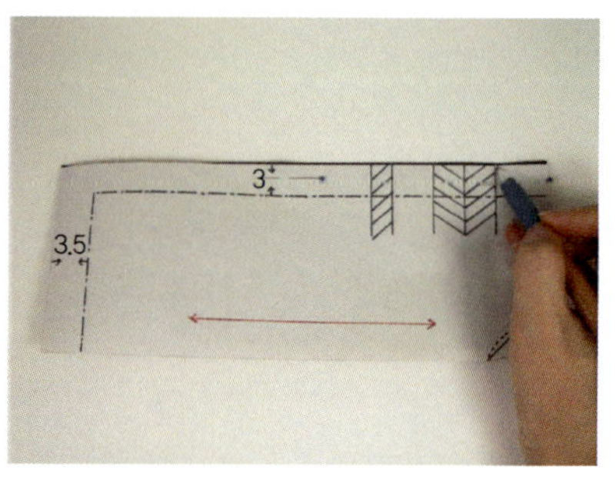

06 본을 대고 복건 좌우에 맞주름과 외주름을 표시한다.

07 사진의 왼쪽과 같이 맞주름을 잡고 오른쪽 주름에 네모로 선을 그려 박음질로 고정한다.

08 맞주름의 4cm 아래에 외주름에는 끈을 끼워 넣고 네모로 박음질한다.

09 금박을 찍는다.

여자 한복 짓기

치마

치마는 여자 옷 중에서 저고리와 함께 기본이 되는 옷이다. 전통적인 방식은 재래식 치마허리를 매어 입었으나 가슴을 꼭 매어 입는 불편함을 보완하기 위해 조끼허리를 만들어 달아 입게 되었다. 치마는 형태에 따라 자락치마(풀치마)와 통치마가 있다.

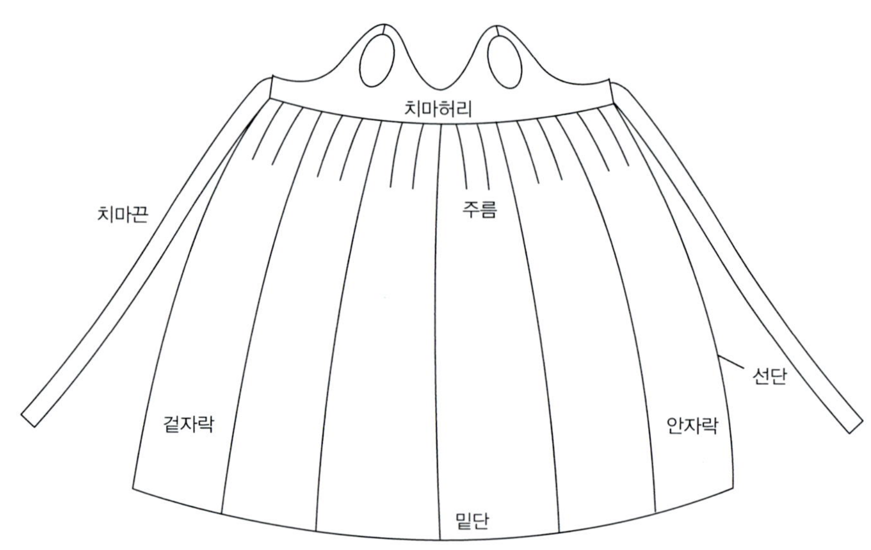

자락치마의 구조와 명칭

본뜨기

치마는 옷감 너비에 따라 치마폭이 정해지며 치마 길이에 시접을 두고 바로 마름질하기 때문에 본뜰 필요가 없다.

1) 치마 필요 치수
필요한 치수는 가슴둘레, 치마 길이, 저고리 길이이다.

- 가슴둘레: 가슴의 가장 굵은 부위를 수평 둘레로 여유분을 두지 않고 잰다.
- 치마 길이: 총 길이에서 저고리 길이를 빼고 -2cm를 한다.
- 저고리 길이: 뒤 목뼈에서 내려 재어 저고리 길이를 정해준다.

2) 치마 참고 치수

치마 길이는 신장이 같은 경우라도 저고리 길이와 입는 사람의 취향에 따라 달라질 수 있다.

여자 치마 참고 치수(단위: cm)

항목 \ 크기	소	중	대	저고리와의 관계
가슴둘레	82	88	94	
조끼허리 길이	24	25	26	저고리 길이-2
치마 길이 (총 길이-치마허리 길이+굽 높이)	115	120	127	
허리끈 너비	2~2.5	2~2.5	2~2.5	

3) 치마허리

(1) 허리말기 본뜨기

허리말기(끈허리)는 가슴둘레+10~15cm로 하고 허리 너비는 8cm로 한다.

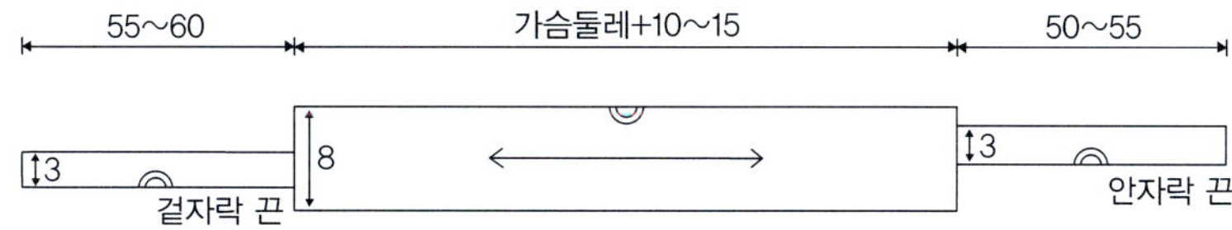

(2) 뒤트임 조끼허리 본뜨기

가슴둘레와 저고리 길이를 재서 조끼허리 본을 뜬다. 뒤트임 조끼허리는 앞을 골로 하여 마름질한다.

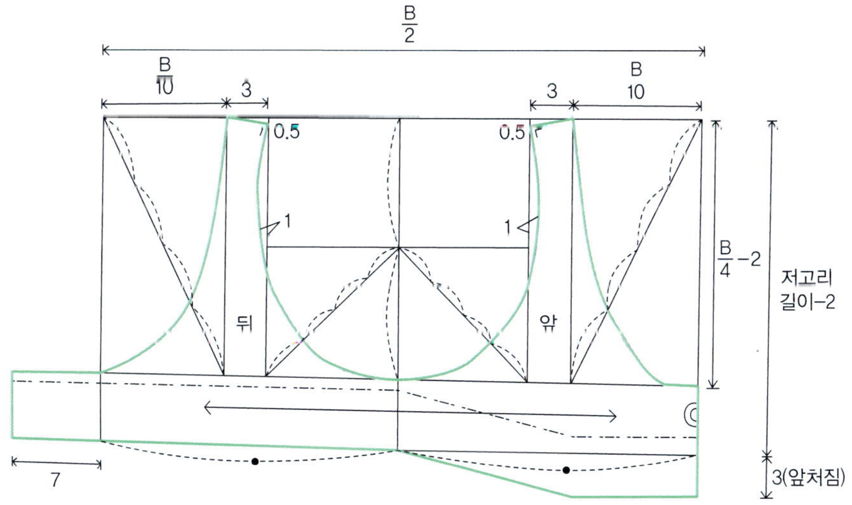

(3) 앞트임 조끼허리 본뜨기

가슴둘레와 저고리 길이를 재서 조끼허리 본을 뜬다. 앞트임 조끼허리는 뒤를 골로 하여 마름질한다.

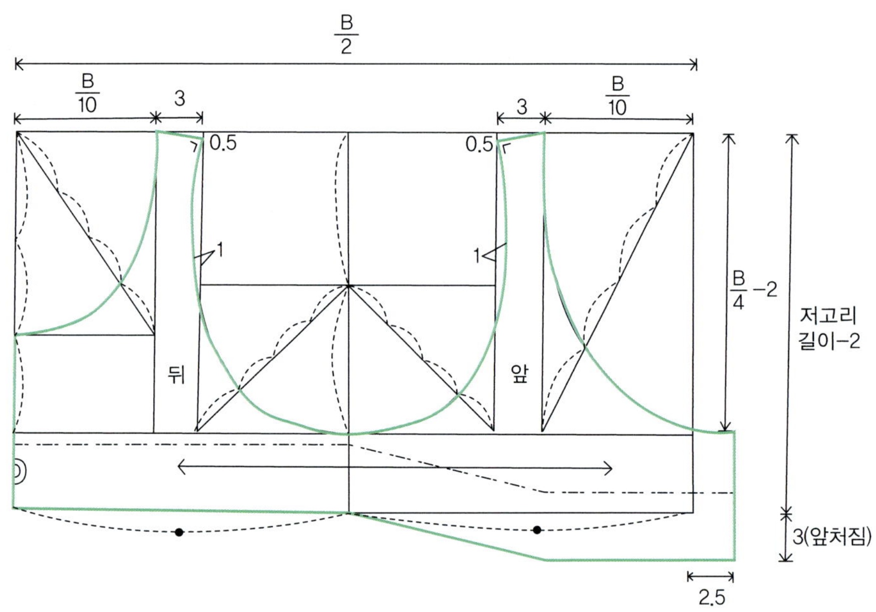

(4) 여아 뒤트임 조끼허리 본뜨기

여아 조끼허리와 치마 참고 치수를 참고하여 조끼허리 본을 뜬다. 여아 치마의 뒤트임 조끼허리는 앞을 골로 하여 마름질한다.

✂ 옷감 소요량

110cm 폭: 치마 길이×3+시접

55cm 폭: 치마 길이×6+시접

여아 치마의 참고 치수(단위: cm)

항목 \ 연령	1~2세	3~4세	5~6세	7~8세
치마 길이	50	55	65	75
치마허리 길이	14	16	18	20
치마허리 둘레	56	60	64	68
허리끈 길이	40~45	40~45	40~45	40~45
허리끈 너비	2	2	2	2

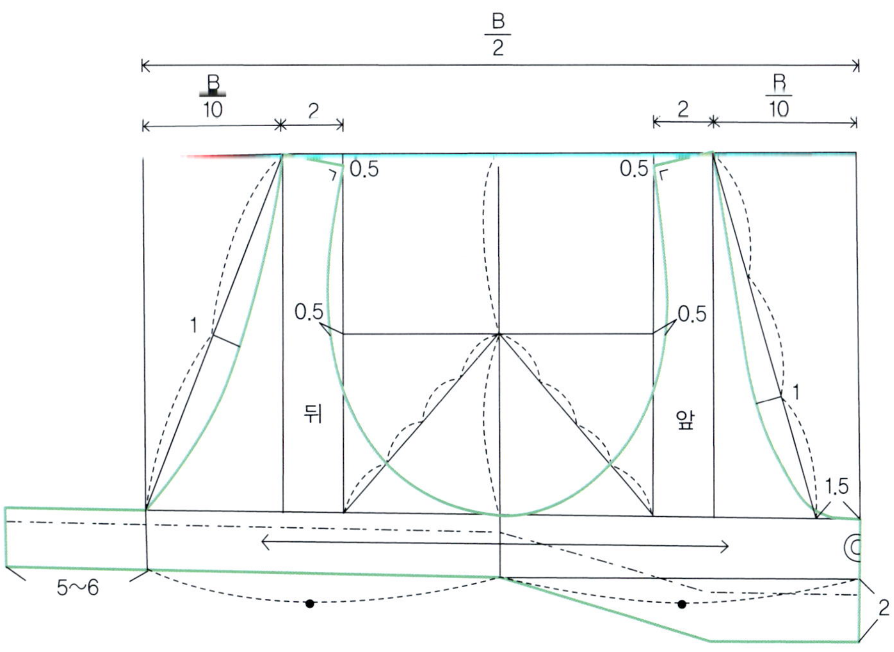

마름질

1) 잘라낼 분량 계산법

치마는 옷감의 너비에 따라 치마폭 수가 정해지고 폭 옆의 잘라내는 치수도 달라진다.
치마의 겉자락과 안자락은 직선이 되게 하고, 치마의 주름 분량은 가슴둘레의 2.5~3배 너비를 둔다.

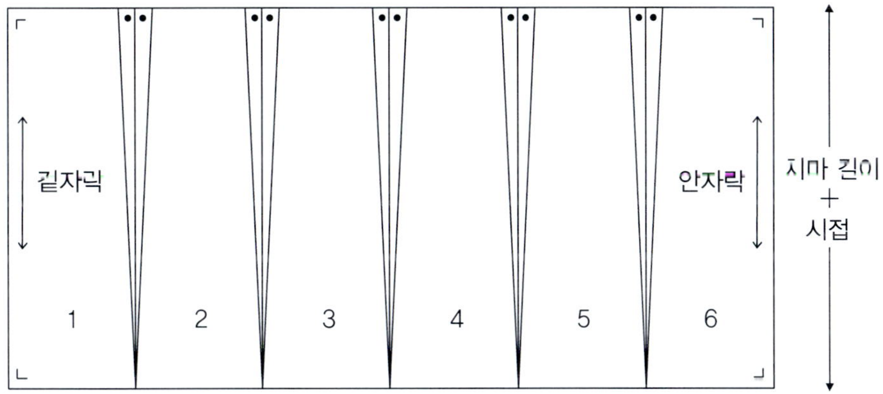

예) 6폭일 경우
가슴둘레 82cm×2.5배(주름 분량 포함)=205cm(주름 부분의 실제 필요량)
치마폭 너비 55cm×5폭-330cm(전체 치마폭)
전체 치마폭 330-205cm(실제 필요량)=125cm(잘라낼 분량)
잘라낼 분량 125cm÷10쪽(겉자락, 안자락을 제외한 봉제 부분)=12.5cm

예) 5폭일 경우
가슴둘레 82cm×2.5배(주름 분량 포함)=205cm(주름 부분의 실제 필요량)
치마폭 너비 55cm×5폭=275cm(전체 치마폭)
전체 치마폭 275-205cm(실제 필요량)=70cm(잘라낼 분량)
잘라낼 분량 70cm÷8쪽(겉자락, 안자락을 제외한 봉제 부분)=8.75cm

2) 치마 마름질
자락치마는 치마 길이+5cm(허리 2cm, 밑단 3cm) 시접을 두고 마름질한다.

(1) 110cm 폭 마름질

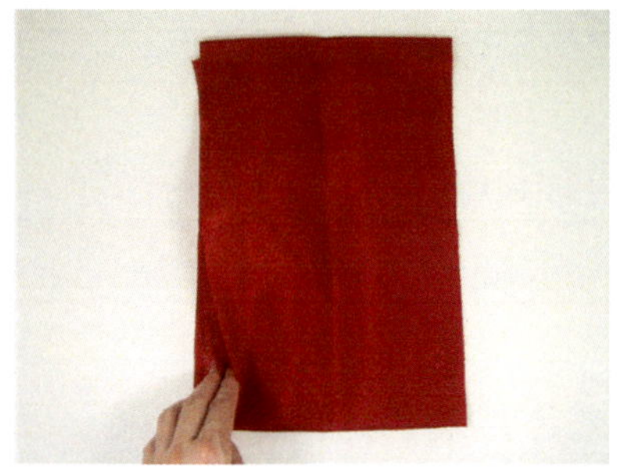
01 겉감에 치마 길이와 시접을 두고 길이 방향으로 병풍 접기를 하여 세 겹을 만든다.

02 폭을 반으로 접어 여섯 겹을 만들고 핀 시침한다.

03 안감도 겉감과 같은 방식으로 접어 겉감 위에 골선이 같은 방향으로 겹치도록 올려놓고 핀 시침한다. 열두 겹이 되므로 핀을 촘촘히 꽂아준다.

04 치마허리의 골선 방향에서 잘라낼 분량을 계산해서 나온 수치만큼 초크로 표시하고, 밑단의 모서리와 선을 긋는다.

05 초크로 그은 선의 양쪽으로 핀을 촘촘히 꽂고 잘라낸다. **잘라낸 옷감은 조끼허리의 겉단으로 사용한다.**

06 허리(위)와 밑단(아래)의 붙어 있는 곳을 가른다.

07 핀을 모두 빼고 겉감과 안감의 겉자락, 안자락 폭을 빼낸다. **이때 겉감은 반드시 겉끼리 마주 보고 있는 두 장을 빼내도록 한다.**

08 겉감 네 장과 안감 네 장을 핀 시침하고 잘라낸 방향의 반대편 사선에 핀을 촘촘히 꽂은 후 반대쪽에도 잘라낼 분량을 표시하고 밑단의 모서리와 선을 긋는다.

09 겉감(네 겹)과 안감(네 겹)이 여덟 겹이므로 양쪽에 핀을 촘촘히 꽂고 잘라낸다.

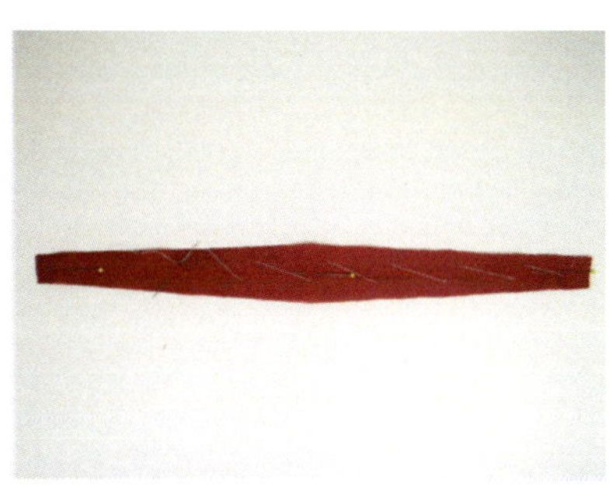

10 잘라낸 부분은 치마의 겉단으로 사용하므로 겉감에 안감을 대고 시침해둔다.

3) 조끼허리 마름질

조끼허리감은 옥양목, 포플린, 아사 등을 사용한다.

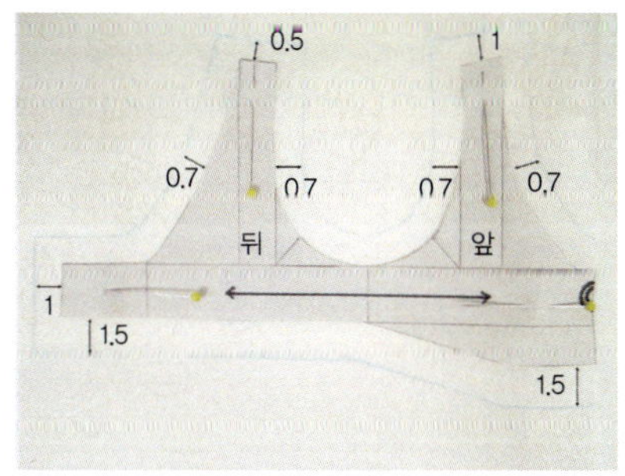

01 조끼허리 본을 식서 방향에 맞추고 앞길 중심이 골선이 되도록 배치한다. 사진과 같이 시접 분량을 두고 선을 표시한다.

박음질

조끼허리를 먼저 만들어놓고 치마를 만든다.

1) 조끼허리 박음질

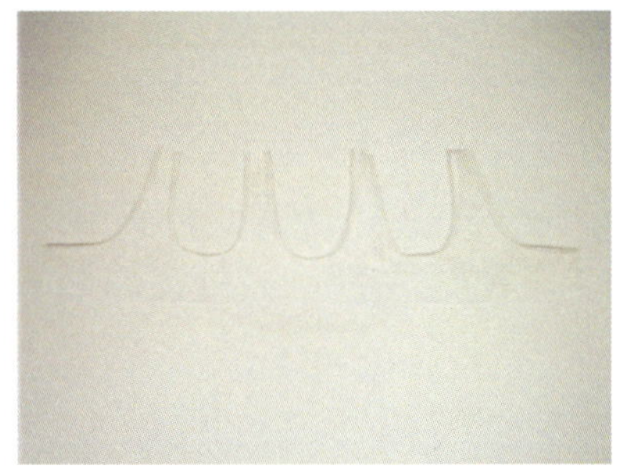

01 조끼허리의 곡선을 가늘게 안쪽 방향으로 두 번 접어 다림질한다.

02 곡선이 늘어나지 않도록 주의하면서 박음질한다.

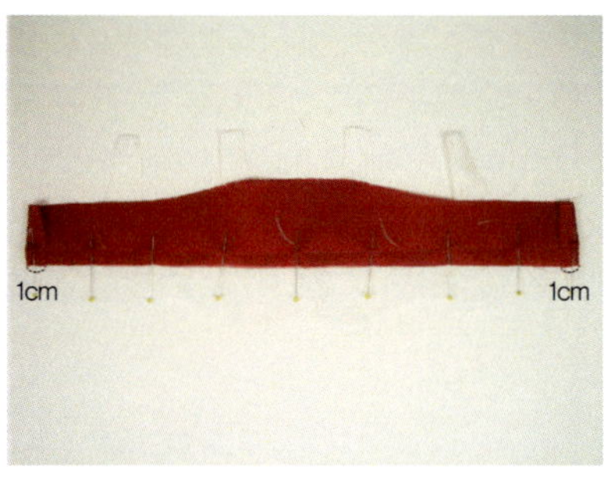

03 조끼허리의 겉에 겉단을 대고 양쪽 끝은 1cm 접어 넣고 박음질한다.

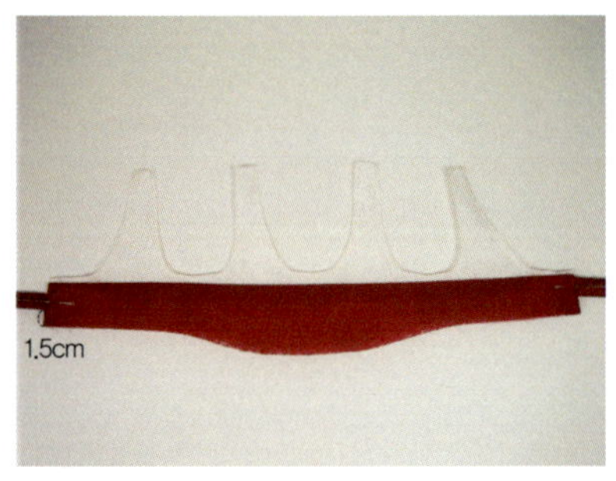

04 겉단을 아래로 내려 다림질한다. 안자락 끈은 위에 바짝 붙여 넣고 겉자락 끈은 아래에서 1.5cm 위에 솔기가 위로 가도록 끼워 넣은 후 박음질한다.

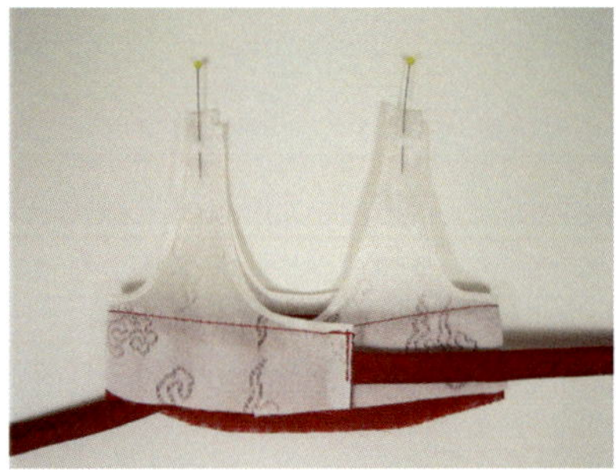

05 어깨는 겉끼리 맞대고 쌈솔이나 가름솔로 연결한다.

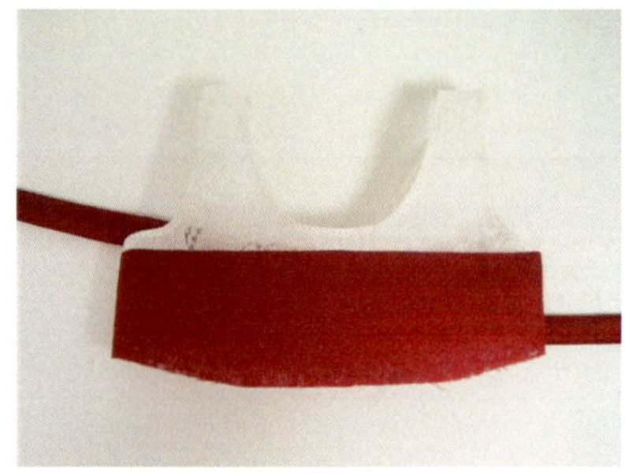

06 겉단을 대고 홑으로 만든 조끼허리 완성 모습

2) 치마 만들기

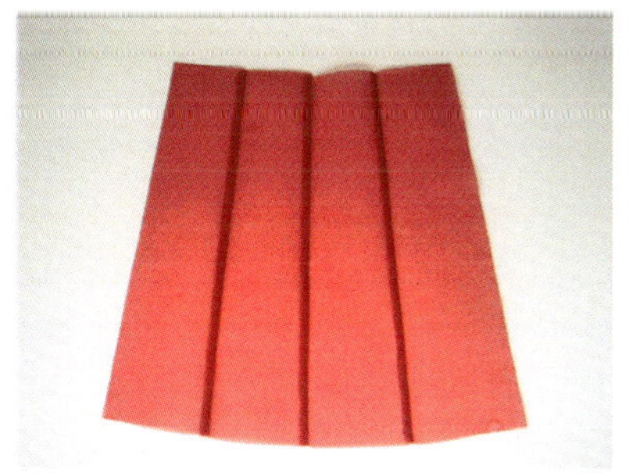

01 치마 안감은 겉자락 안자락을 빼낸 네 장을 늘어나지 않도록 **밑단에서부터** 박음질한다.

02 안감의 솔기는 허리를 왼손으로 잡고 뒤로 넘겨 다린다.

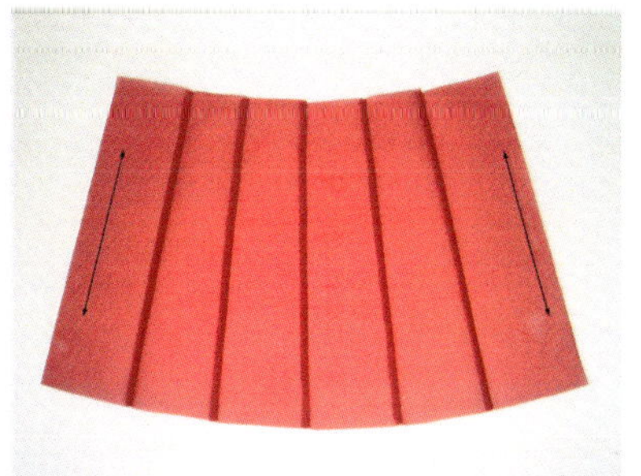

03 양쪽 끝에 겉자락, 안자락을 박음질한다. 이때 **식서 부분이 양쪽 가장자리**에 가도록 달아준다.

04 겉감은 안감과 동일하게 박음질하고 시접 방향을 안감과 반대로 **허리를 오른손으로 잡고 뒤로 넘겨 다린다. 이때 시접은 안자락 방향으로 향하도록 한다.**

05 겉감의 겉을 아래에 놓고 위에 안감의 겉을 올려놓는다. 이때 솔기가 같은 방향으로 놓였는지 확인한다(옷감의 두께에 따라 시접을 반대 방향으로 꺾기도 한다). 폭을 이은 솔기가 곡선이 되도록 밑단을 정리한다.

06 겉자락, 안자락의 안감을 겉감보다 2cm 작게 잘라낸다.

07 밑단 시접은 1cm로 선을 그리고 박음질한다. 이때 시작과 끝은 1cm를 남기고 되돌아 박음질한다.

08 겉자락과 안자락 겉감에 1cm의 선을 그리고 밑단 시접의 3배(3cm)선에서 점을 ×로 표시한다.

09 밑단을 박은 점과 ×표시점은 핀을 꽂아 사진과 같이 모서리가 뾰족하게 만든다. 안감은 겉감의 끝으로 당겨 핀을 꽂고 선단을 박음질한다. 이때 ×표시점까지만 박음질하고 반드시 되돌아 박기를 한다.

10 밑단과 선단을 박음질한 후 뾰족하게 나온 모서리를 직각 처리하고 박음질한다.

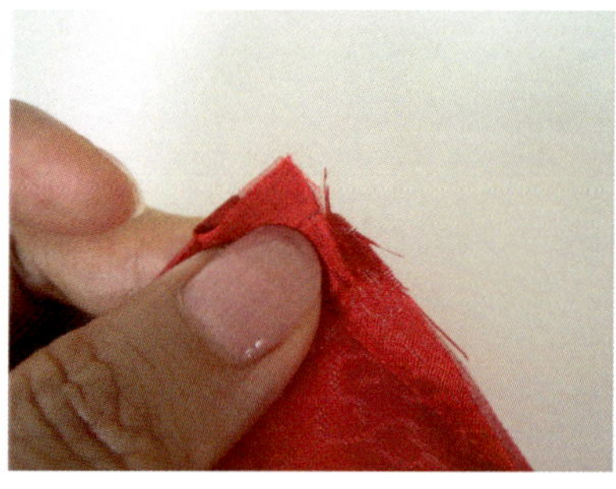

11 밑단과 선단을 겉감 쪽으로 다림질하고 모서리를 접고 뒤집는다.

12 밑단과 선단의 겉감이 안감 쪽으로 1cm 들어와 모서리가 사선으로 나와야 한다.

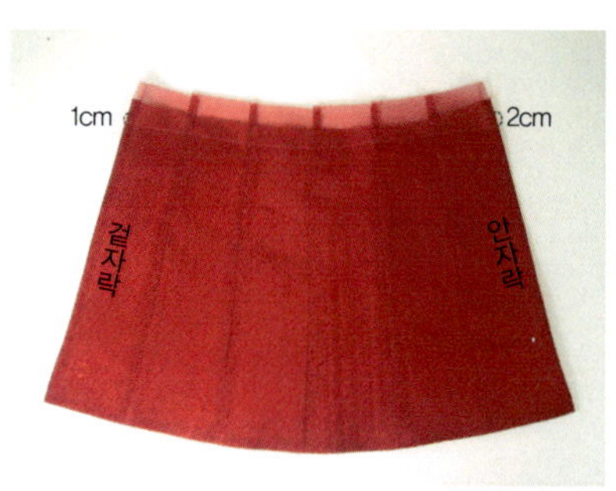

13 치마 밑단에서부터 치마 길이를 일정하게 잰 후 안자락은 2cm, 겉자락은 1cm 내려 선을 표시하고 박음질한다.

3) 치마 주름 잡기

조끼허리 둘레에 맞추어 주름을 잡는다.

* 주름 계산 방법

예) 조끼허리 둘레: 96cm

치마허리 둘레: 213cm

겉주름 너비: 2cm

치마의 안자락은 주름을 잡지 않는 분량 6cm를 각각 빼준다.

조끼허리 둘레: 96-6=90cm

치마허리 둘레: 213-6=207cm

주름 수: 90÷2= 45개

주름 1 분량: 207÷45=4.6

속주름 너비: 4.6-2(겉주름 너비)=2.6cm

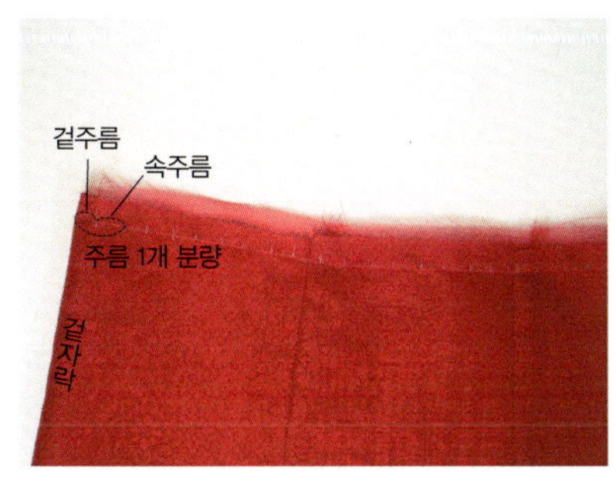

01 겉자락부터 겉주름, 속주름을 표시한다.

02 속주름 분량을 접어 핀 시침하고 주름은 안자락 방향으로 잡는다.

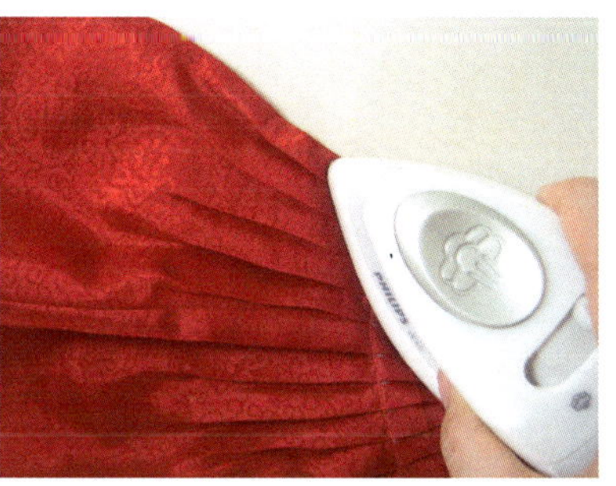

03 주름을 고정시키기 위해 박음선 아래를 박음질하고 핀을 모두 뺀 후 박음선 아래 15cm까지 주름을 다림질한다.

4) 조끼허리와 치마 연결

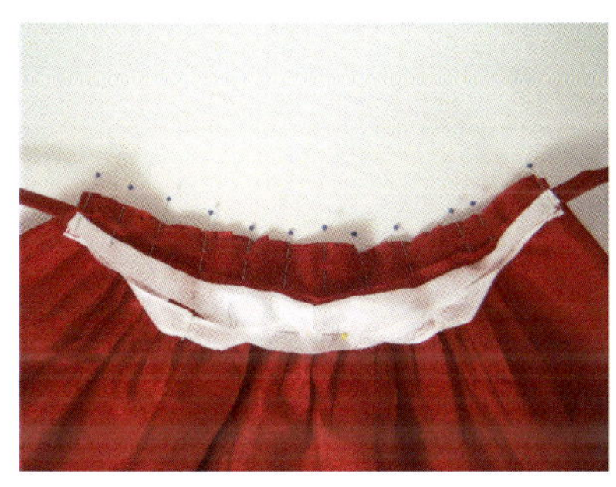

01 조끼허리의 겉과 치마의 겉을 대고 조끼허리의 안쪽에서 박음질한다.

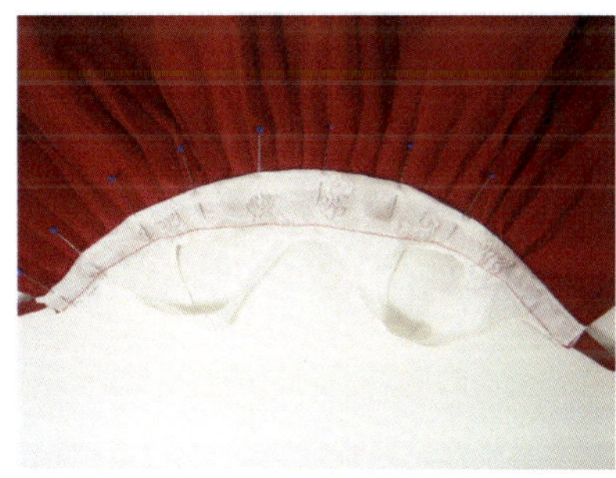

02 조끼허리의 안감 시접을 접고 공구르기나 시침질을 한다.

03 치마 완성 모습

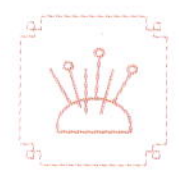

삼회장저고리

삼회장저고리는 깃, 끝동, 고름, 곁마기를 길과 다른 색으로 만든 것이다. 회장감은 한 가지 색을 사용하지만 두 가지 색을 사용하기도 한다. 곁마기나 회장의 넓이는 유행이나 개인의 취향, 체형에 따라 다르게 할 수 있다.

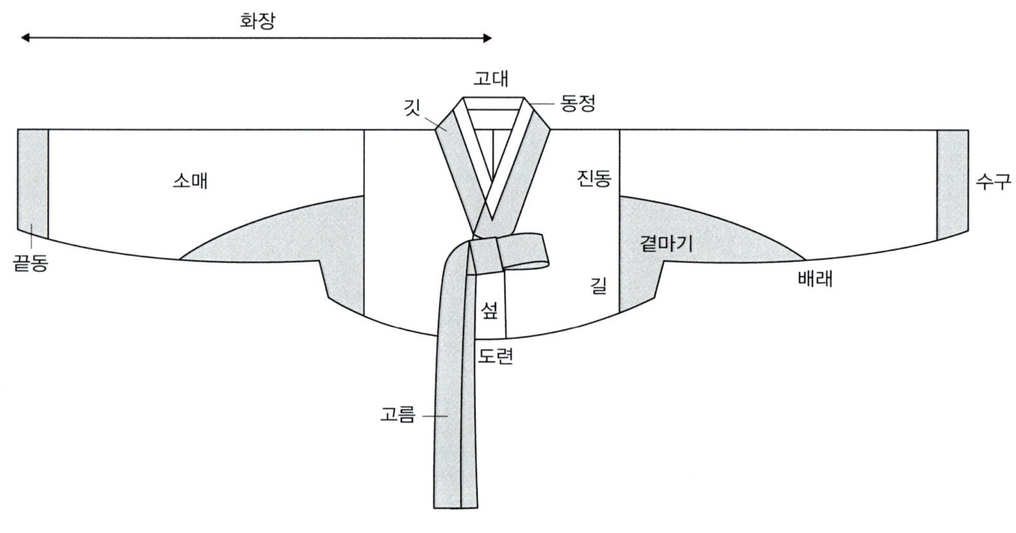

삼회장저고리의 구조와 명칭

-------- 본뜨기 --------

삼회장저고리 본뜨기에 필요한 치수는 가슴둘레, 화장, 저고리 길이이다.

1) 저고리 필요 치수

- 가슴둘레: 겨드랑이점을 중심으로 수평으로 돌려 잰다.
- 화장: 뒤 목점에서 어깨 끝점을 지나 손목점까지 잰다.
- 저고리 길이: 뒤 목뼈에서 내려 재어 저고리 길이를 정해준다.

2) 저고리 참고 치수

여아 저고리 참고 치수(단위: cm)

부위 / 연령	가슴둘레	저고리 길이	화장	진동 (B/4 +0.5)	고대/2 (B/10)	겉깃 길이 (진동 +1)	겉섶		안섶		깃 너비	고름 너비	고름 길이	
							위 (깃 너비 +1)	아래 (깃 너비 +2)	위 (깃 너비 −1.5)	아래 (깃 너비)			긴 고름	짧은 고름
돌	52	16	36	13.5	5.2	15.5	4.5	4.7	2	2.8	3.5	4	50	45
3~4세	54	17	37~42	14	5.5~5.6	16.5	4.5	4.7	2	2.8	3.5	4	55	50
5~6세	56	18	43~48	14.5	5.8~6.0	17	5	5.2	2.5	3	4.0	4.5	60	55
7~8세	60	19	49~52	15.5	6.2~6.4	18.5	5	5.2	2.5	3	4.0	4.5	65	60

여자 저고리 참고 치수(단위: cm)

항목 / 크기		소	중	대
가슴둘레(B)		82	86	90
저고리 길이		25	26	27
화장		72	74	76
진동(B/4+0.5)		21	22	23
고대/2(B/10)		7.7	8.1	8.5
겉섶	윗너비(깃 너비+1)	5.5	5.8	6
	아랫너비(깃 너비+1.2)	5.7	6	6.2
안섶	윗너비	2	2.2	2.4
	아랫너비(깃 너비−1.4)	3.1	3.4	3.6
깃 너비		4.5	4.8	5
겉깃 길이(B/4+0.5)+0.5		21.5	22.5	23.5
고름 너비		5	5.5	6
고름 길이	긴 고름	75	85	90
	짧은 고름	70	80	85

3) 삼회장저고리 본뜨기

성인 여자는 가슴을 고려하여 앞처짐을 두고 제도한다. 또한 앞길 오른쪽의 안섶선을 2cm 밖으로 내어 저고리가 벌어지지 않도록 해야 한다.

✂ 옷감 소요량

110cm 폭 길감: 저고리 길이×4+시접

회장감: 고름 길이+시접

55cm 폭 길감: 저고리 길이×2+소매 너비×4+시접

회장감: 고름 길이+곁마기 너비×2+시접

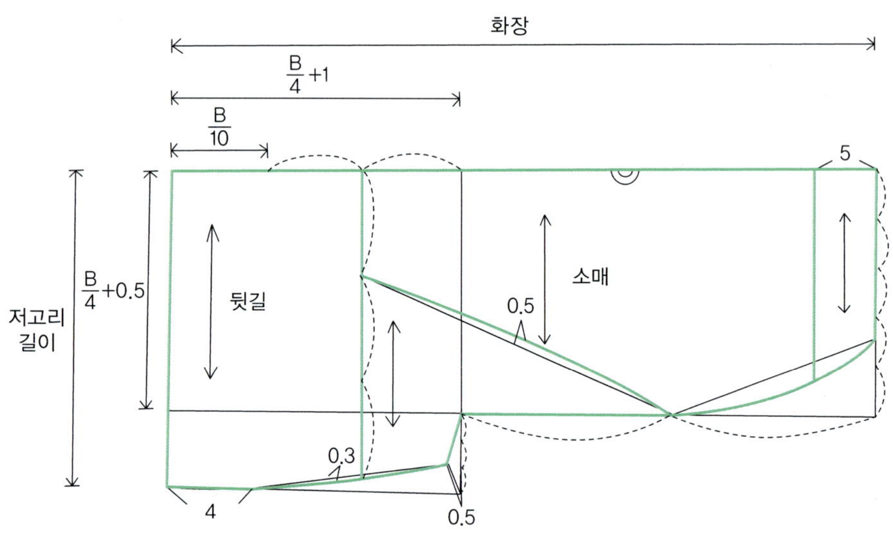

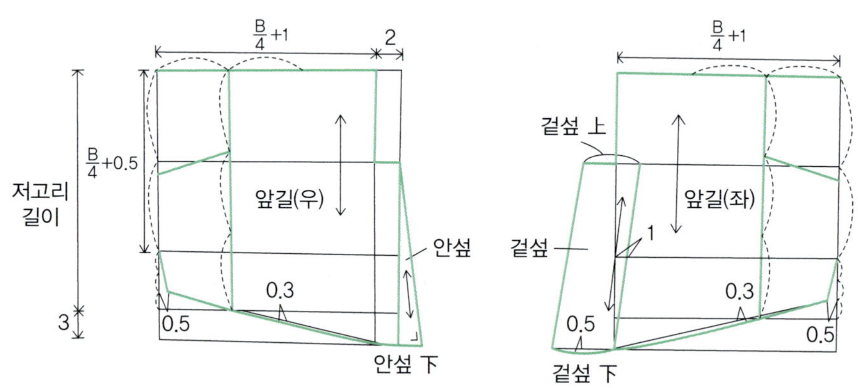

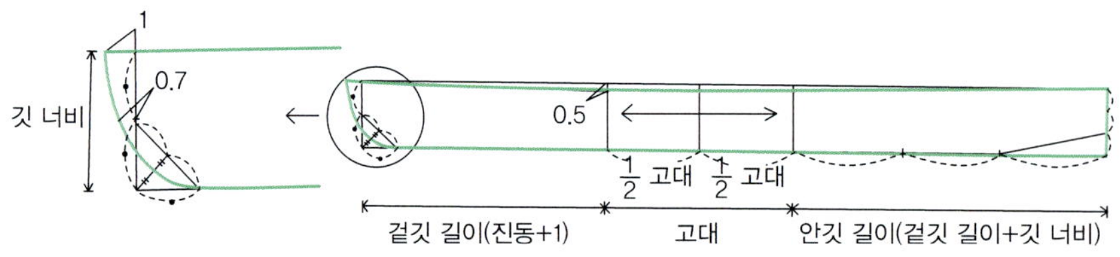

-------- 마름질 --------

1) 겉감 마름질

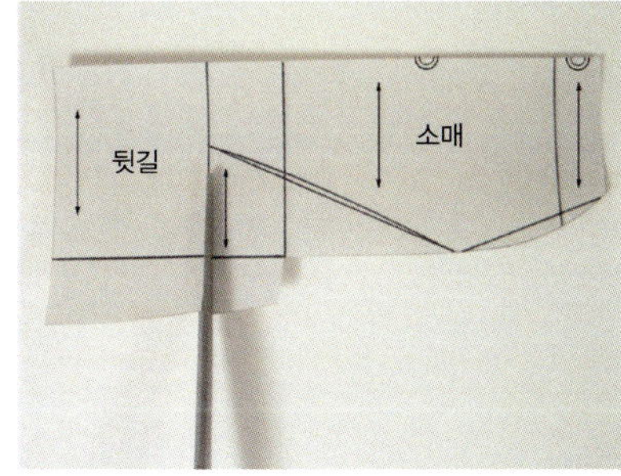
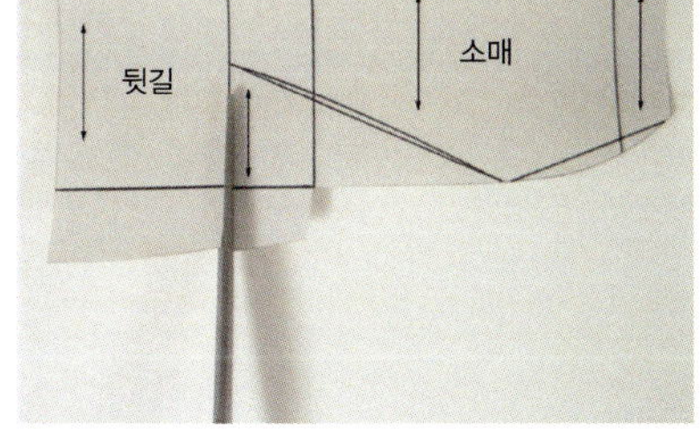

01 뒷길과 소매가 연결된 본에서 진동선을 자르지 않고 **곁마기선**을 살려낸다.

02 겉감의 겉끼리 접고 식서와 평행하도록 뒷길 본을 올려놓는다. 등솔, 소매, 어깨, 도련에 시접을 두고 뒷길 두 장을 마름질한다.

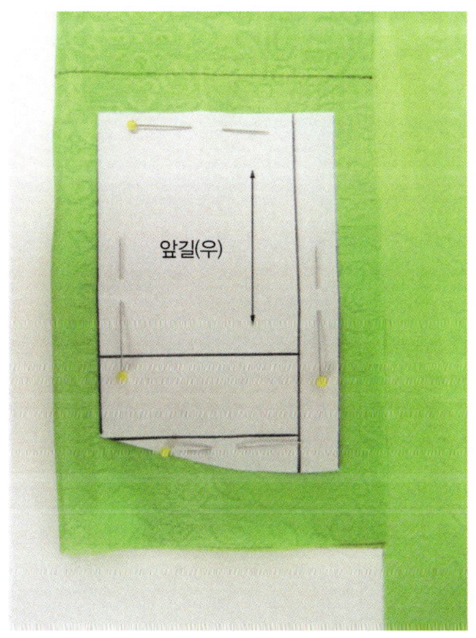

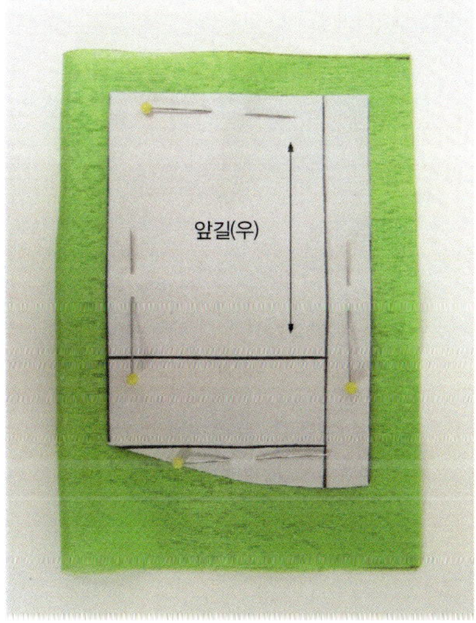

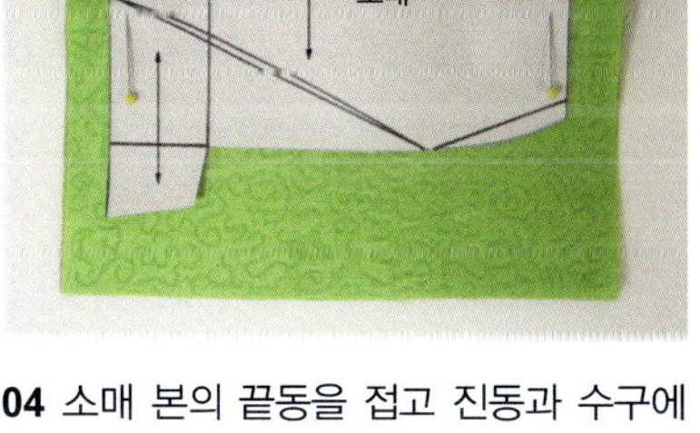

03 겉감의 겉끼리 접고 앞길 오른쪽 본에서 섶선과 곁마기선을 접고 올려놓는다. 어깨, 도련, 소매, 섶에 시접을 두고 앞길 두 장을 마름질한다.

04 소매 본의 끝동을 접고 진동과 수구에 시접을 둔다. 배래의 곡선은 시접을 넉넉히 두고 반드시 직선으로 마름질한다. 중심이 되는 골선에 반드시 꼭지각을 준다.

05 겉섶과 안섶에는 심감이 필요하므로 심감도 겉감과 같은 치수로 마름질하고 시침한다.

겉섶 마름질 치수
길이=겉섶 길이+2cm(아래 시접)
너비=겉섶 아래 너비+4cm(양쪽 시접)
안섶 마름질 치수
길이=안섶 길이+2cm(아래 시접)
너비=안섶 아래 너비+4cm(양쪽 시접)

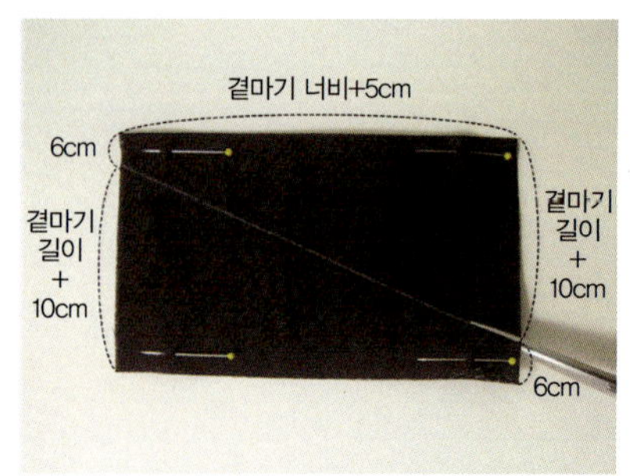

06 곁마기감은 네 장을 마름질한다.

07 끝동 너비는 소매 시접(2cm)+끝동 너비(5cm)+시접(2cm)=9cm로 마름질하고 심감을 대고 시침한다.

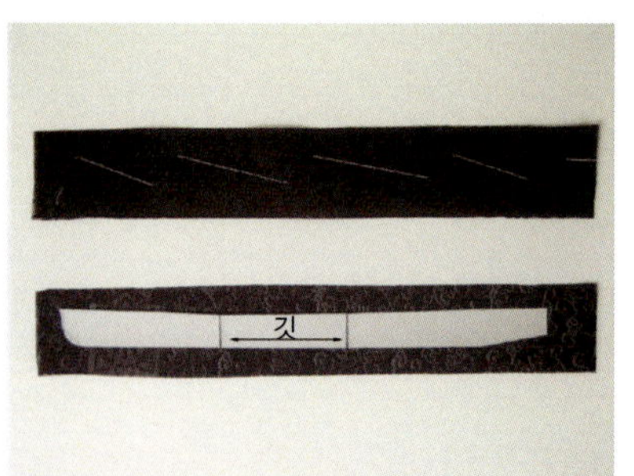

08 겉깃, 심감, 안깃에 시접을 두고 직선으로 마름질한다.
사진 위와 같이 겉깃 안에 심감을 대고 시침한다.

긴 고름
길이=길이+2cm(위아래 시접)
너비=(고름 너비×2)+2cm(양쪽 시접)
짧은 고름
길이=길이+2cm(위아래 시접)
너비=(고름 너비×2)+2cm(양쪽 시접)

2) 안감 마름질

안감은 앞길, 뒷길, 소매, 끝동, 섶을 모두 붙여서 마름질하는 라그란 방식으로 마름질한다.

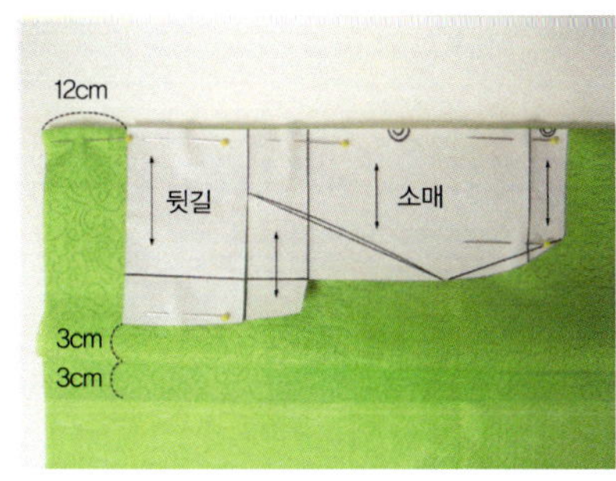

01 식서 방향에 주의하면서 뒷길과 앞길 도련에 3cm의 시접을 두고 안감을 두 번 접는다. 앞길의 섶 너비 분량 12cm를 떼고 뒷길과 소매 본을 배치한다.

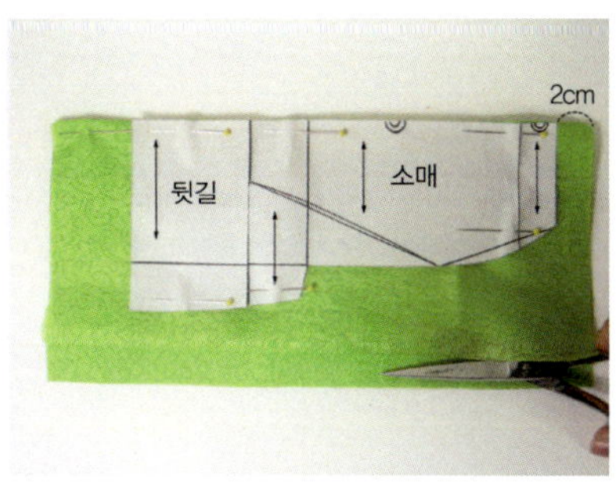

02 수구에 2cm의 시접을 두고 앞길에 맞추어 마름질한다. 앞길, 뒷길의 중심에 꼭 지각을 두고 뒷길을 갈라준다.

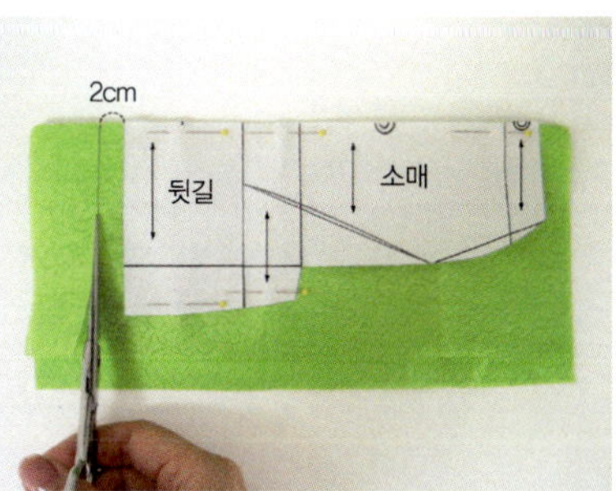

03 뒷길에 등솔 시접을 두고 중심까지 자른다.

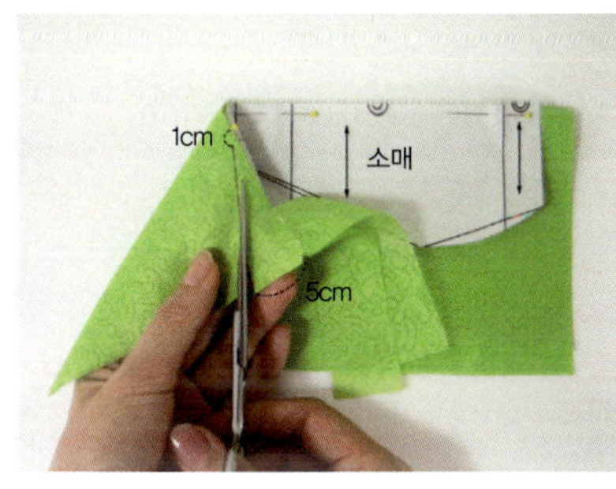

04 앞길 중심에서 5cm 내린 점에서 고대의 1cm 앞까지 선을 긋고 자른다.

05 뒷길을 펴서 앞길, 뒷길의 중심에 실표뜨기를 한다.

박음질

1) 겉감 박음질

01 겉감과 동일하게 마름질한 심을 대고 어슷시침을 한다.

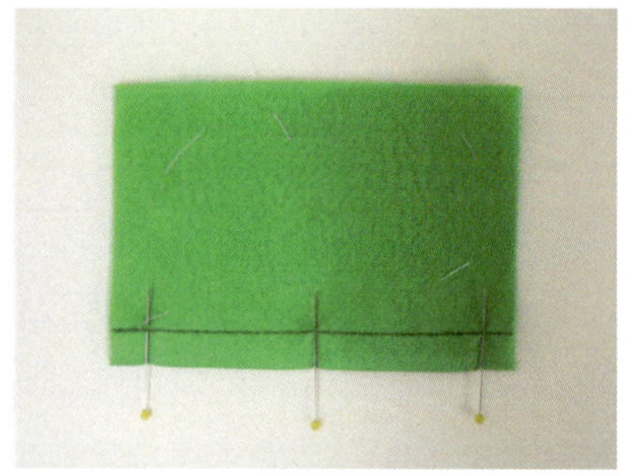

02 겉감은 겉끼리 접고 등솔을 박음질한다. 시접은 입어서 오른쪽으로 다린다.

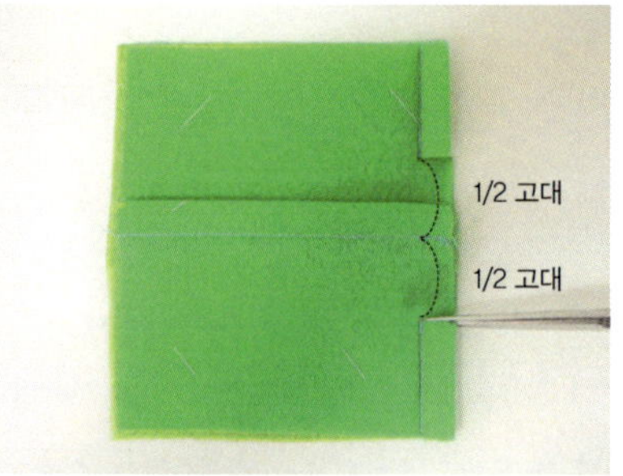

03 어깨솔 시접은 뒷길과 앞길 겉을 접고 등솔을 기준으로 양쪽의 1/2 고대를 정확히 표시하고 되돌아 박기를 한다. 고대에 가위집을 준다.

04 어깨솔은 뒤로 다림질한다.

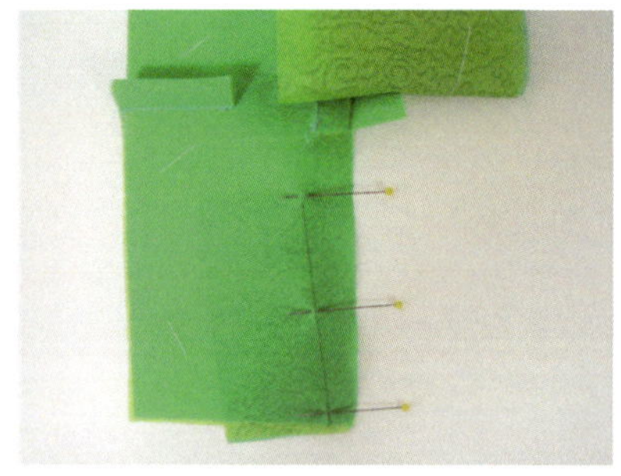

05 앞길 왼쪽에 겉섶을 달고 시접은 겉섶 쪽으로 다린다.

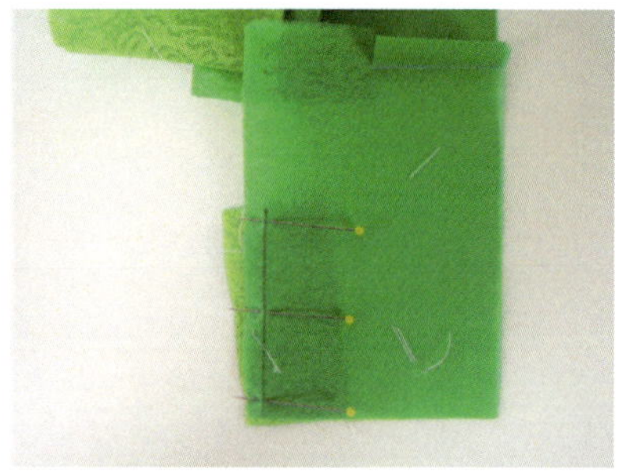

06 앞길 오른쪽에 안섶의 올 방향을 어슷하게 달고 시접은 길 쪽으로 다린다.

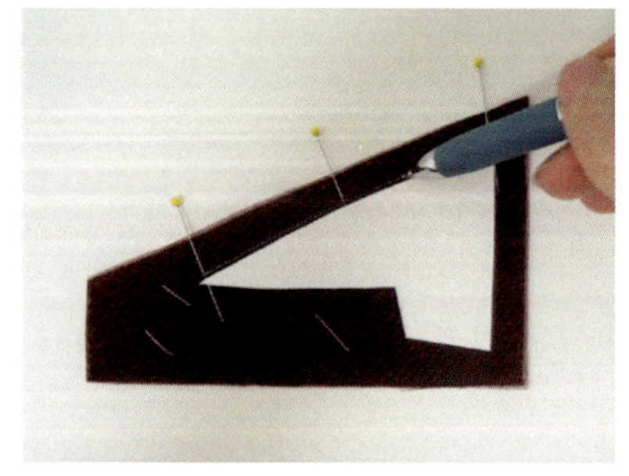

07 곁마기 올 방향에 맞추어 완성선을 그린다.

08 그린 선을 박음질하고 시접을 꺾어 다린다.

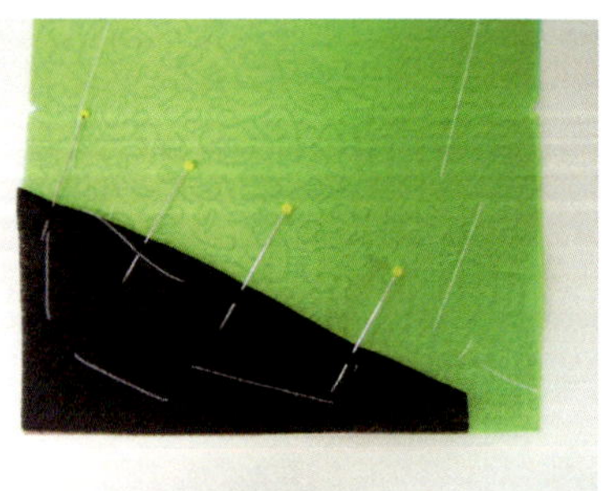

09 소매의 겉에 곁마기의 곡선을 곁마기선에 맞추어 올려놓는다.

10 곁마기선을 따라 소매에 시침질을 한다.

11 회장감을 젖히고 안쪽에서 박음질한다.

12 소매 부분은 잘라내고 시접은 곁마기 쪽으로 다린다.

13 끝동을 달고 끝동 시접은 가름솔로 다린다.

14 길에 소매를 달고 진동 시접은 가름솔로 다린다.

2) 안감 박음질

안감은 라그란 마름질을 하여 앞뒤 길, 소매, 끝동, 섶을 붙여서 마름질하였으므로 등솔만 박음질 한다.

01 안감의 겉끼리 등솔을 박음질하고 시접은 고대를 왼손으로 잡고 넘겨 다린다.

3) 겉감, 안감 맞추기

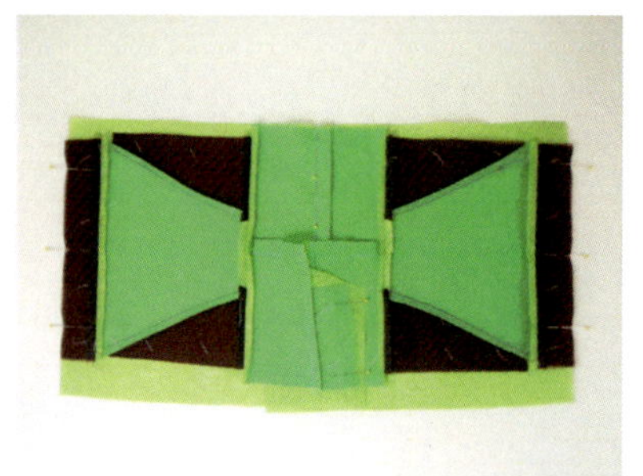

01 안감의 겉쪽 위에 겉감의 겉을 놓고 등솔선을 기준으로 어깨솔, 진동, 수구에 핀 시침한다.

겉감과 안감을 맞출 때는 겉감이 기준이 되어야 하므로 반드시 겉감 쪽에서 바느질한다.

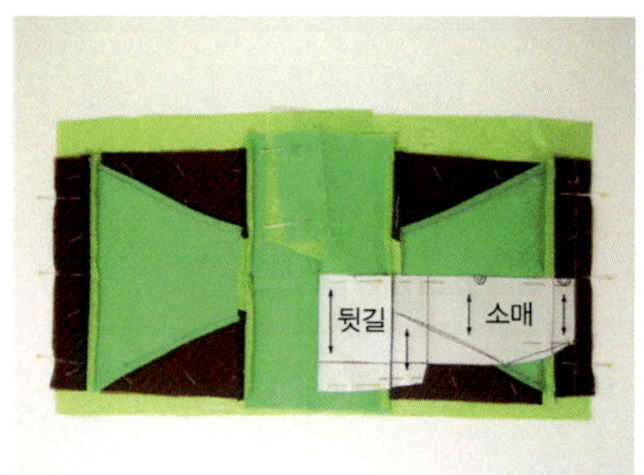

02 소매 본을 대고 수구선을 그리고 박음질한다.

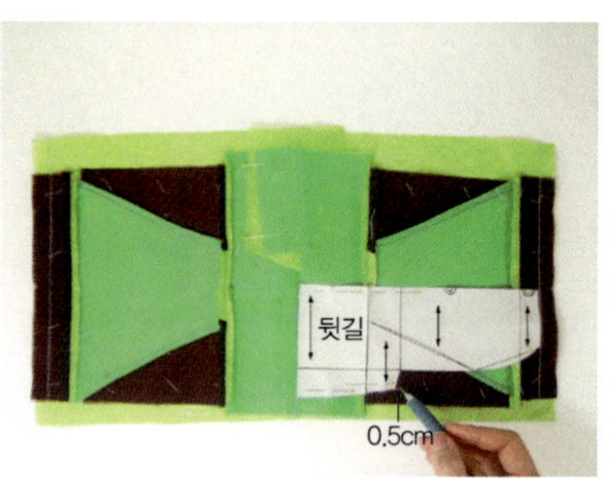

03 뒷도련은 동아래에서 밖으로 0.5cm 더 나아가 그리고 박음질한다.

04 앞길 왼쪽은 본을 뒤집어서 놓고 동아래에서 밖으로 0.5cm 더 나아가 도련과 섶선을 그리고 박음질한다.

05 앞길 오른쪽은 본을 뒤집어서 놓고 동아래에서 밖으로 0.5cm 더 나아가 도련과 섶선을 그리고 박음질한다.

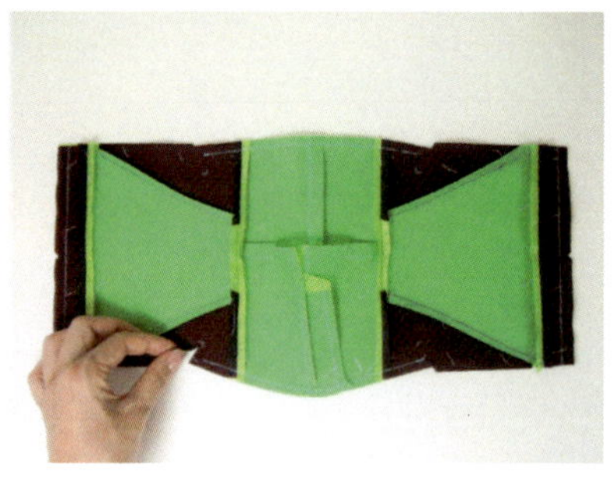

06 직선 시접은 1.5cm, 곡선 시접은 1cm로 두고 시접 정리를 한다. 동아래에서 밖으로 0.5cm 나가서 박은 점까지 가위집을 준다.

07 시접 정리한 부분(수구, 뒷길 도련, 앞길 좌우 도련과 섶선)을 겉감 쪽으로 박음선보다 0.2cm 넘겨 뉜솔로 다림질한다.

4) 겉섶 섶코 만들기

여자 저고리는 섶코를 예쁘게 빼주는 과정이 중요하다.

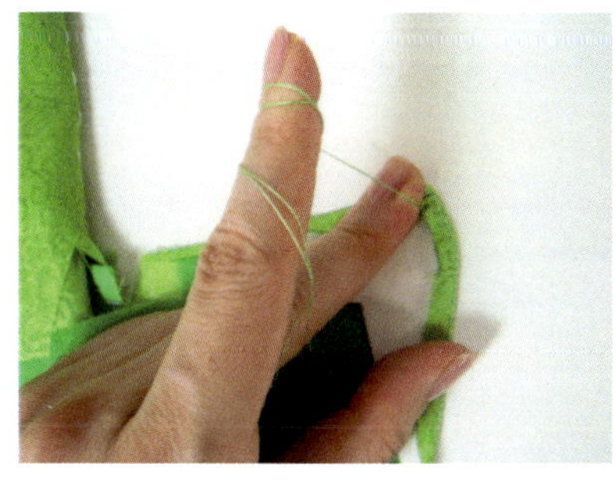

01 겉섶 코에 가위집을 주고 도련에는 박음선 0.2cm 아래에 고운 홈질을 하여 실을 당긴다.
도련 본을 만들어 대고 다림질하면 매끄러운 곡선을 만들 수 있다.

02 겉섶의 아래가 매끄러운 곡선이 되도록 모양을 만들어가며 다리고 겉으로 뒤집어서 다림질한다. 이때 섶코 모서리 부분은 잘 접어놓고 뒤집는다.

03 겉섶 코는 바늘에 실을 꿰어 잡아당겨 코를 빼낸다.

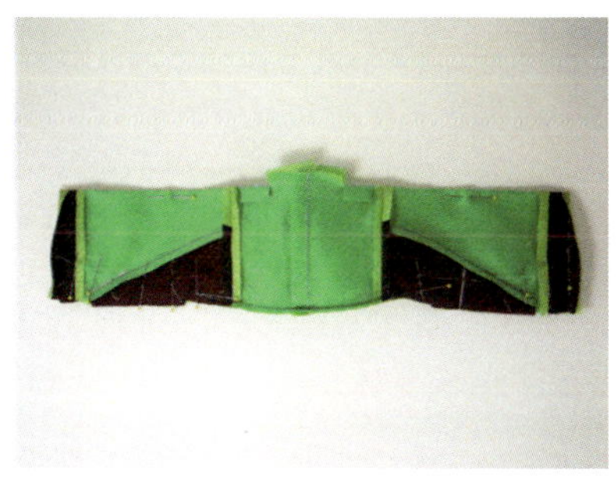

04 앞길을 뒷길 사이에 넣어 겉감은 겉감끼리, 안감은 안감끼리 맞닿게 하고 어깨와 진동에 핀을 꽂아둔다(남자 저고리 참고). 소매 본을 대고 배래와 동아래를 그려준다. 핀 시침을 할 때 수구, 끝동, 곁마기를 잘 맞추고 박음질한다.

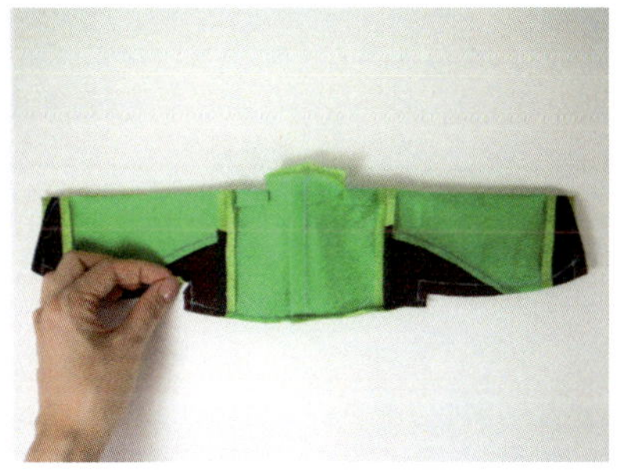

05 배래 시접은 1cm로 시접 정리를 하고 겉감 쪽으로 접어 다린다. 진동은 박음선 바로 앞까지 가위집을 준다.

06 겉감의 고대 쪽으로 손을 넣어 뒤집고 배래의 솔기가 앞에서 보이지 않도록 다림질한다.
도련 부분이 늘어나지 않도록 눌러 다리고 스팀은 사용하지 않는다.

5) 깃 만들기와 깃 달기

01 깃을 달기 전에 저고리를 편평하게 놓고 겉감과 안감이 밀리지 않도록 고정시키는 어슷시침을 한다.

02 둥근 깃을 만들어놓는다(남자 저고리 참고).

03 겉깃의 고대점을 길의 고대에 핀으로 고정시키고 깃머리 위치를 정한다. 깃이 편안하게 놓이도록 겉깃, 고대, 안깃 순으로 핀 시침한다. 안깃 시접은 반드시 1.5cm 남겨놓는다.

※ 다음 제작 과정은 남자 저고리와 동일하므로 남자 저고리의 깃 달기와 고름 달기, 동정 달기를 참고한다.

04 깃을 달아준다.

05 고름과 동정을 달아준다.
고름의 너비와 길이는 유행과 디자인에 따라 변화를 주기도 한다.

색동저고리

색동저고리는 소매를 여러 가지 색으로 만든 저고리이다. 색동은 색을 동(한 칸) 달았다는 뜻으로 오방색 중에서 검정을 제외하고 정색과 간색을 모두 사용하였다. 어린아이의 무병장수를 기원하기 위해 색동저고리를 입혔다고도 전해진다. 요즘은 현대적인 감각에 맞게 색동으로 짜인 옷감이나 파스텔 계열 색동을 사용하기도 한다.

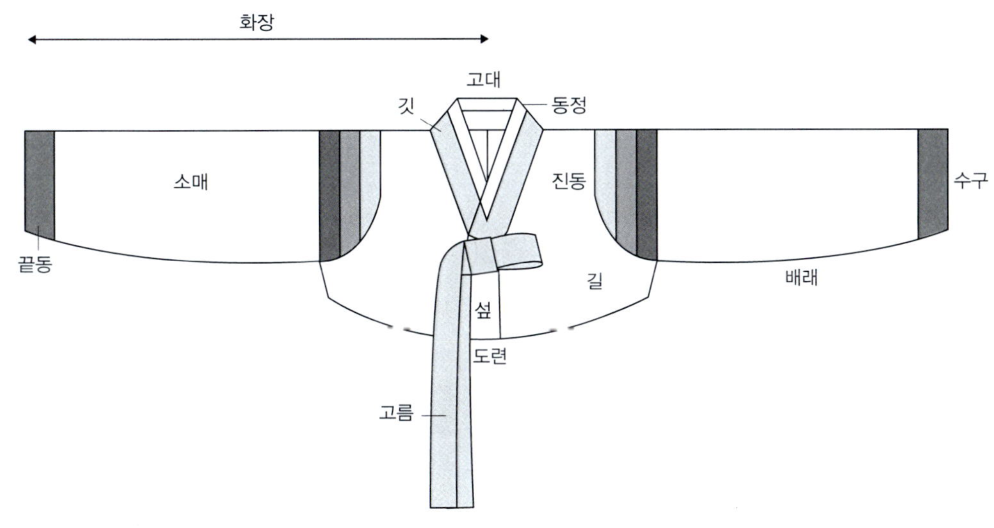

색동저고리의 구조와 명칭

본뜨기

색동저고리 본뜨기에 필요한 치수는 가슴둘레, 화장, 저고리 길이이며, 필요 치수와 참고 치수는 삼회장저고리를 참고한다. 둥근 깃은 삼회장저고리에서 제작을 하였으므로 목판 당코 깃을 만들고자 한다.

1) 색동저고리 본뜨기

앞길 오른쪽 본에서 여아 저고리는 B/4에 여유분으로 +2cm를 주고 앞길 오른쪽 안섶을 중심선에 달아준다. 그러나 성인 여자는 가슴을 고려하여 B/4에 여유분을 +1cm만 주고 앞길 오른쪽 안섶선을 중심에서 2cm 내서 달아준다.

✂ 옷감 소요량

110cm 폭 길감: 저고리 길이×2+시접

55cm 폭 길감: 저고리 길이×2+시접

고름 길이: 긴 고름 길이+시접

색동감: 소매 너비×2+시접

(1) 여아 색동저고리 본뜨기

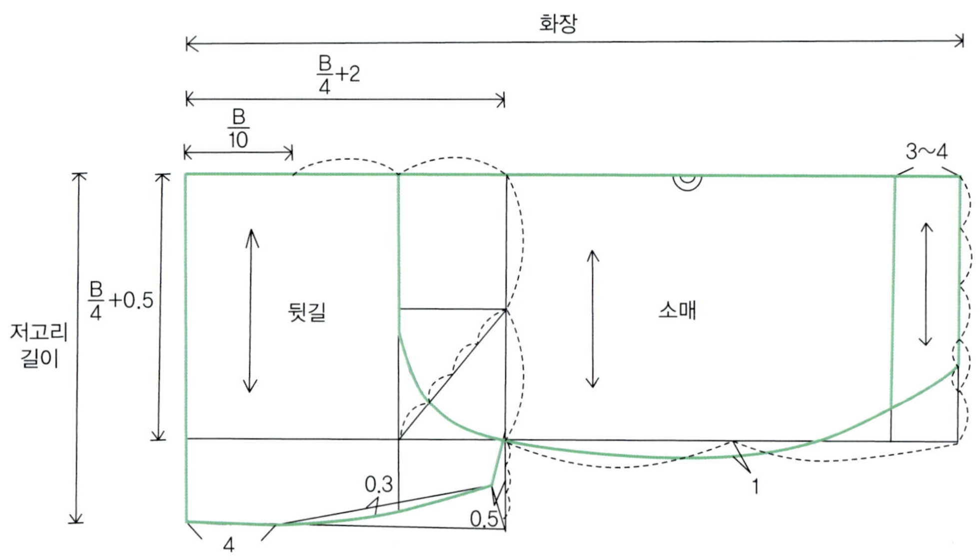

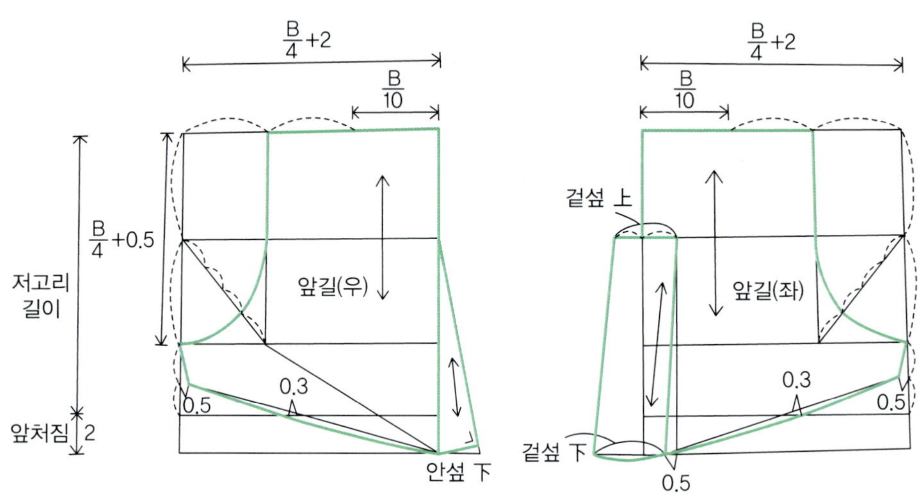

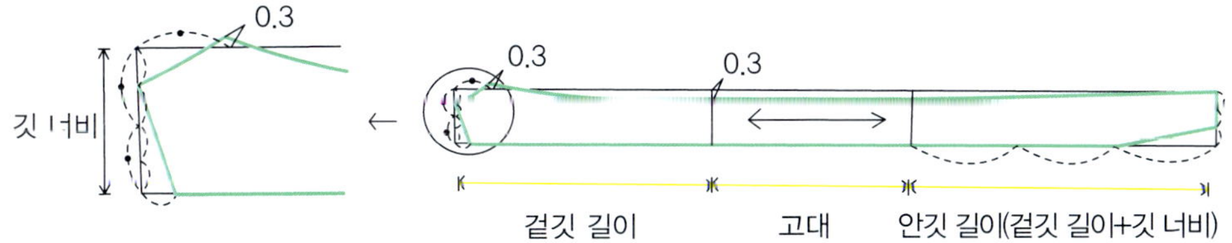

(2) 여자 색동저고리 본뜨기

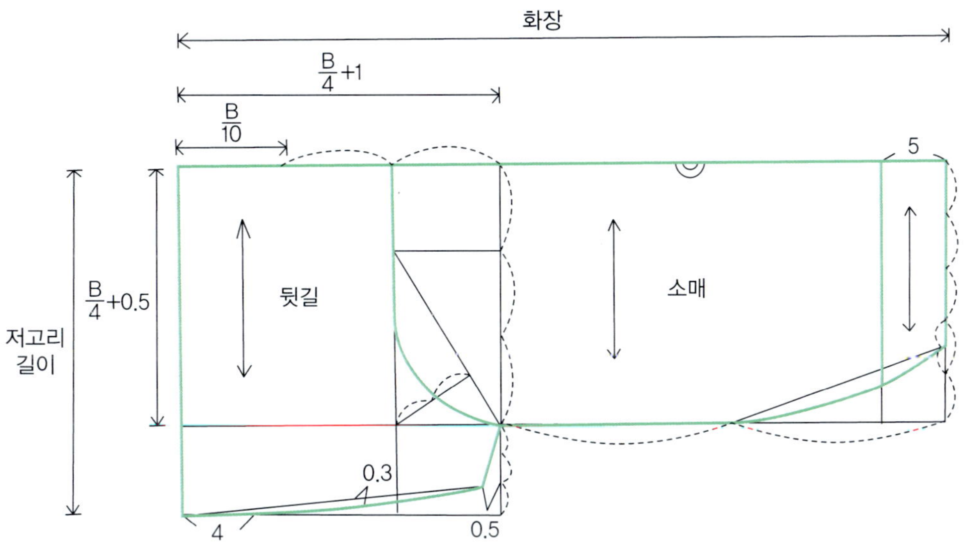

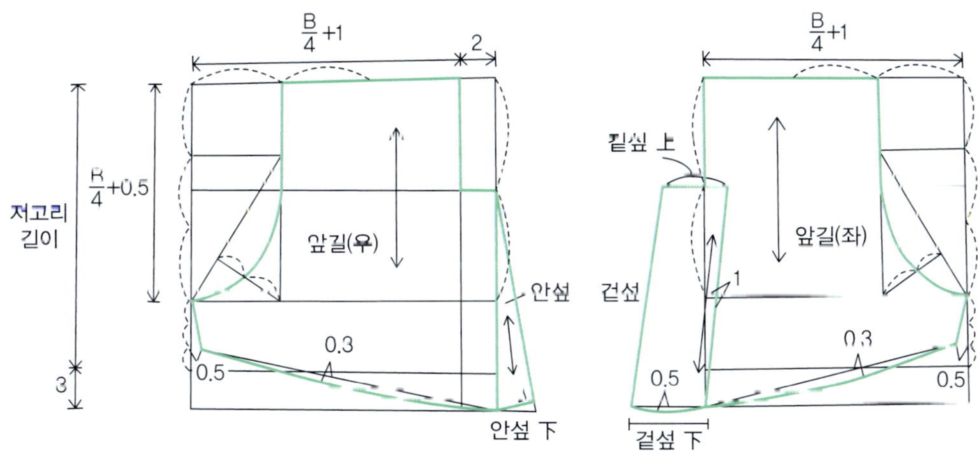

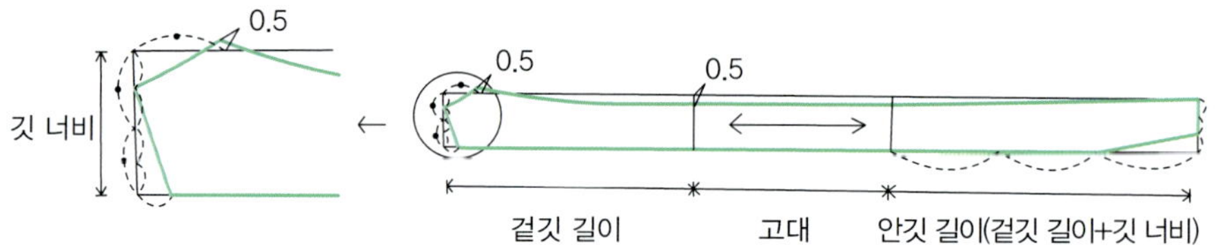

마름질

1) 겉감 마름질

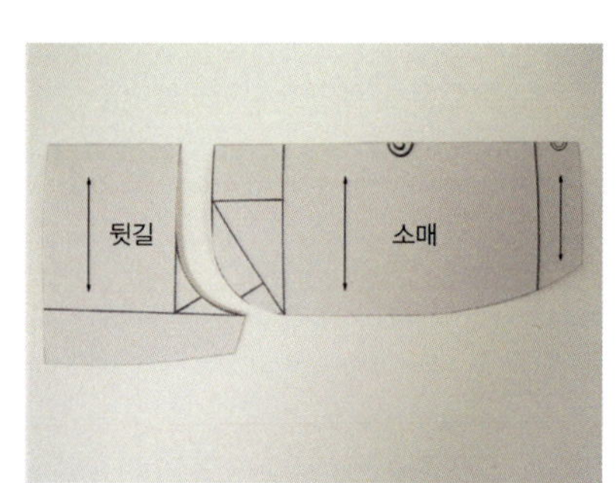

01 뒷길 본에서 소매 본을 잘라낸다.

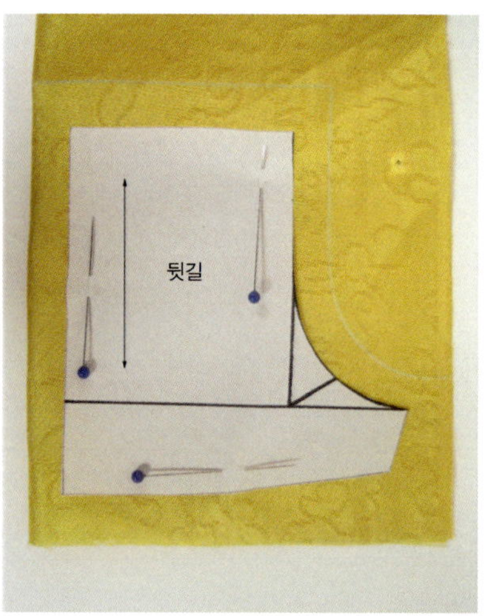

02 겉감의 겉끼리 접고 식서와 평행하도록 뒷길 본을 올려놓는다. 등솔, 어깨솔, 뒷길 도련, 동아래에 시접 분량을 둔다.

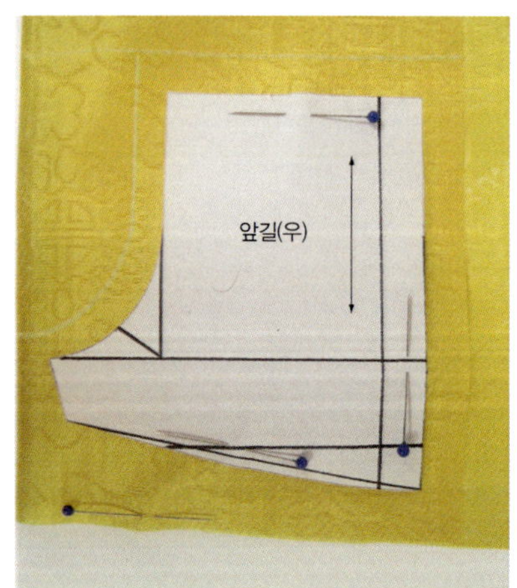

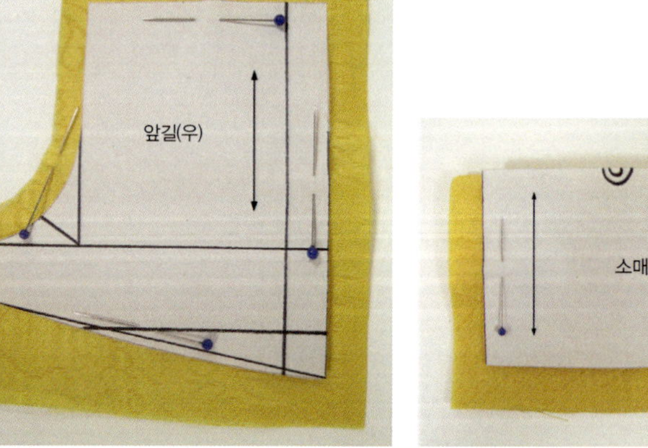

03 겉감의 겉끼리 접고 식서와 평행하도록 앞길 오른쪽 본에서 섶선을 접고 올려놓는다. 어깨, 도련, 소매, 섶에 시접 분량을 두고 앞길 두 장을 마름질한다.

04 소매는 색동이 달리는 부분을 제외한 진동선과 끝동을 접는다. 시접을 두고 마름질한 후 중심에 꼭지각을 준다.

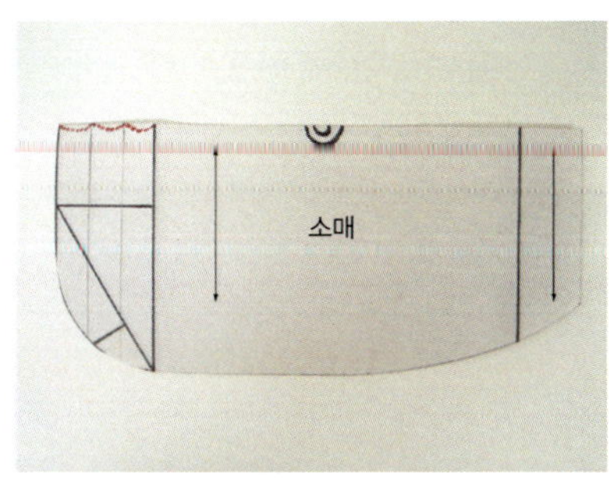

05 색동은 세 가지 색을 사용하므로 삼등분하여 색동 하나의 너비를 계산한다.
색동은 시접을 작게 두면 비치기도 하고 입체감이 떨어지므로 색동 너비×2+1cm로 마름질한다. 예를 들어, 색동 너비가 1.5cm일 경우 1.5×2+1로 계산한다.

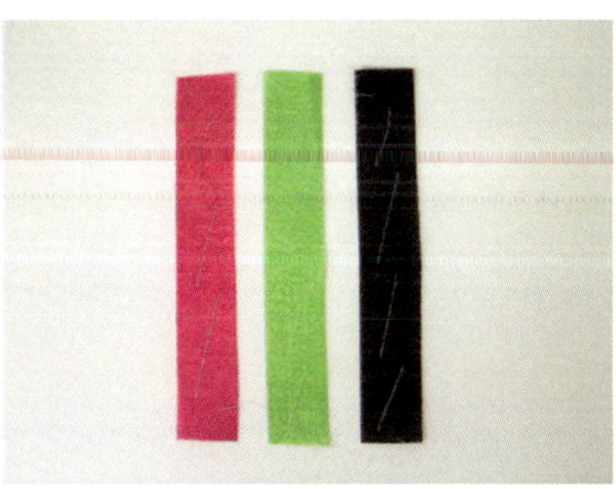

06 심감을 대고 시침한다.

07 뒷길, 앞길, 소매, 겉섶, 안섶, 깃, 끝동에 심감을 대고 시침한다.

2) 안감 마름질

01 안감은 앞길, 뒷길, 소매, 끝동, 섶을 모두 붙여서 마름질하는 라그란 방식으로 마름질한다.

※ 삼회장저고리의 안감 마름질을 참고한다.

-------- 박음질 --------

1) 겉감 박음질

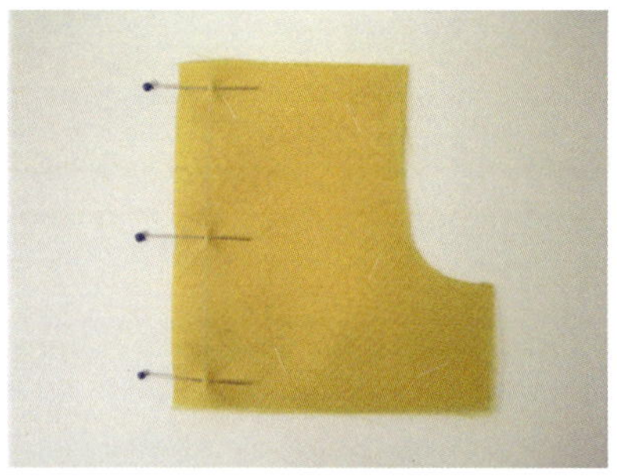

01 등솔을 박음질하고 시접은 입어서 오른쪽으로 다린다.

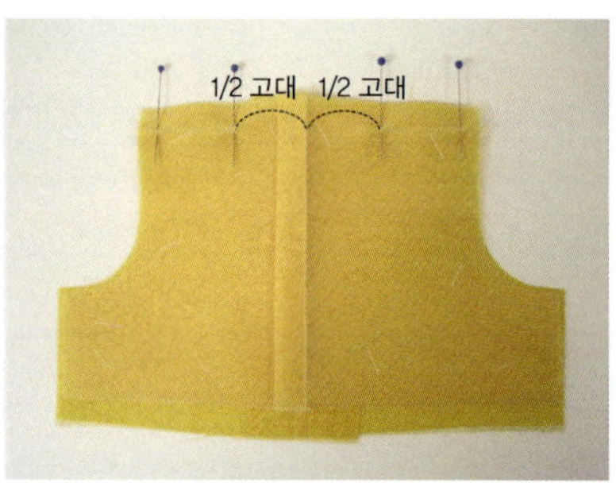

02 뒷길과 앞길 겉을 맞대고 어깨솔 시접을 그리고 핀을 꽂는다. 등솔을 기준으로 양쪽의 1/2 고대를 정확히 표시하고 되돌아박기를 한다. 고대에 가위집을 준다.

03 어깨솔은 뒤로 다림질하고 겉에서 한 번 다려준다.

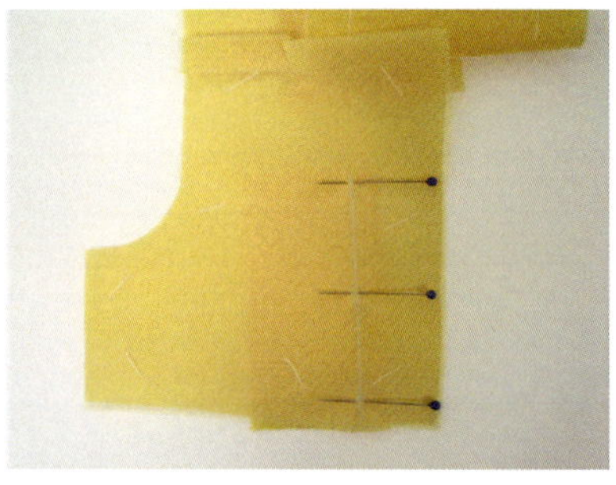

04 앞길 왼쪽에 겉섶을 달고 시접은 겉섶 쪽으로 다린다.

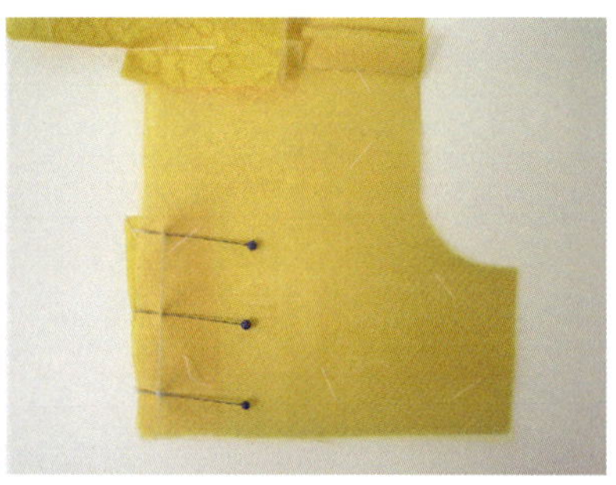

05 앞길 오른쪽에 안섶의 올 방향을 어슷하게 달고 시접은 길 쪽으로 다린다.

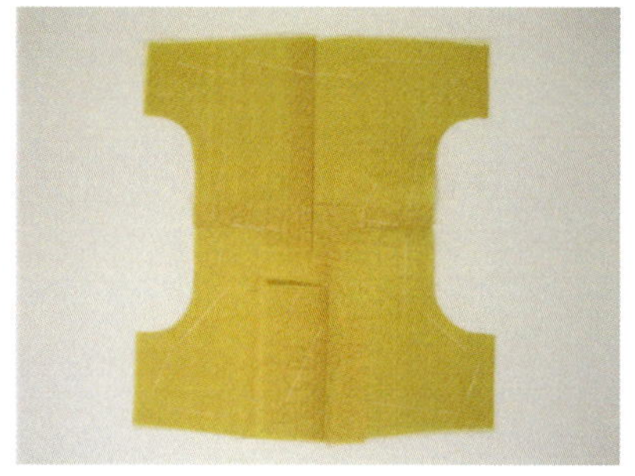

06 겉에서 다림질을 한다.

07 색동, 소매, 끝동의 중심을 연결하고 가름솔로 다림질한다. 소매 중심 표시를 위해 꼭지각을 준다.

끝동 시접은 소매 쪽으로 다림질하는 것이 올바른 방식이다. 그러나 끝동 색이 소매 색보다 더 진하므로 얇은 감일 경우 끝동 쪽으로 꺾고 두꺼운 감일 경우 가름솔을 한다.

08 소매를 달기 위해 길의 진동 부분을 다림질하고 진동점을 정확히 표시한다.

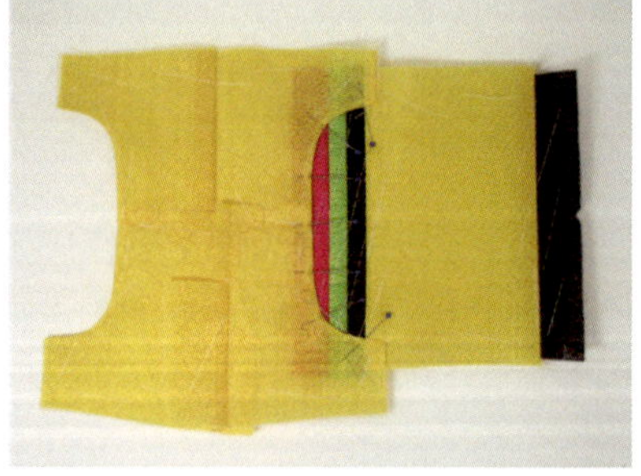

09 소매 위에 진동선을 꺾어 다림질한 길을 올려놓고 어깨솔과 소매의 꼭지각을 먼저 맞추고 양쪽으로 진동점까지 핀을 꽂는다.

10 길과 소매를 연결하기 위해 길의 끝부분을 시침한다.

11 길의 안쪽에서 뒤 진동점에서 앞 진동점까지 정확하게 박는다. 진동점은 반드시 되돌아 박기를 한다.

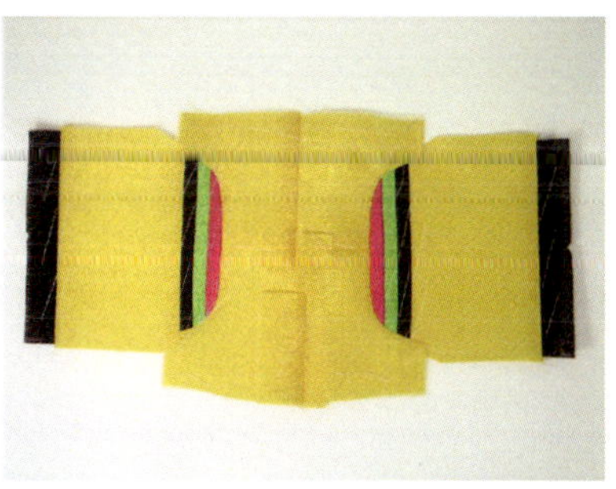

12 소매의 시접을 자르고 겉에서 다려준다.

2) 안감 박음질

안감은 라그란 마름질을 하여 앞뒤 길, 소매, 끝동, 섶을 붙여서 마름질하였으므로 등솔만 박음질 한다.

01 안감의 겉끼리 등솔을 박음질하고 시접은 고대를 왼손으로 잡고 넘겨 다린다.

3) 겉감, 안감 맞추기

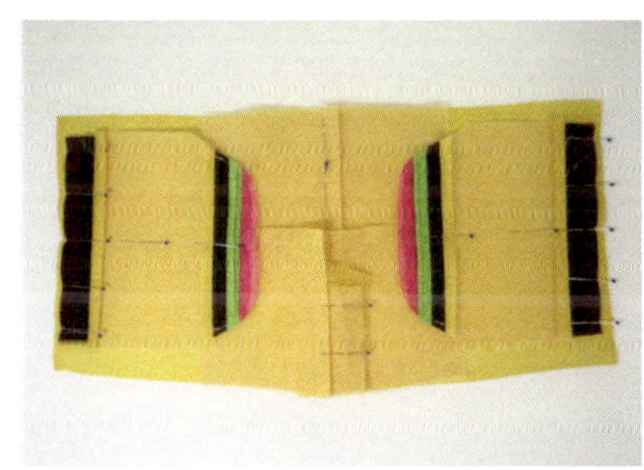

01 안감의 겉 위에 겉감의 겉을 놓고 등솔선을 기준으로 어깨솔, 진동, 수구를 핀 시침한다.
겉감과 안감을 맞출 때는 겉감이 기준이 되어야 하므로 반드시 겉감 쪽에서 바느질한다.

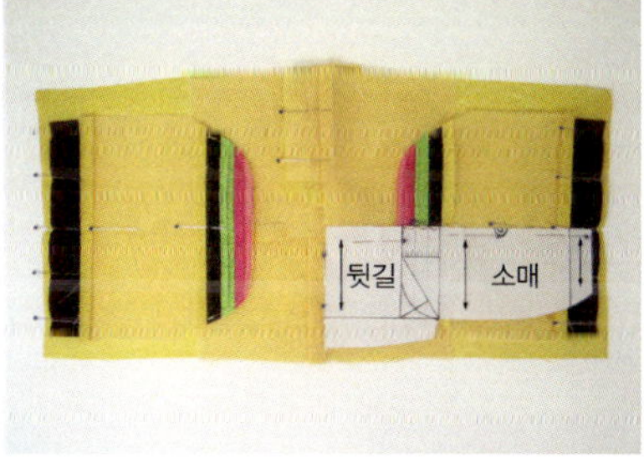

02 소매 본을 대고 수[illegible]선을 그리고 박음질한다.

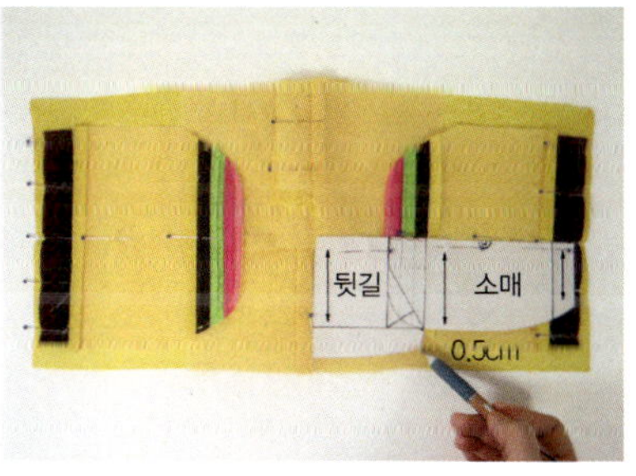

03 뒷도련은 동아래에서 옆으로 0.5cm 더 나아가 그리고 박음질한다.

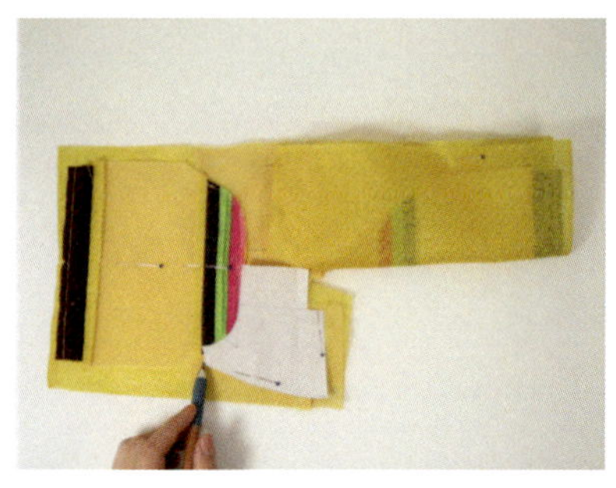

04 앞길 왼쪽은 본을 뒤집어서 동아래에서 옆으로 0.5cm 더 나아가 도련을 그리고 박음질한다.

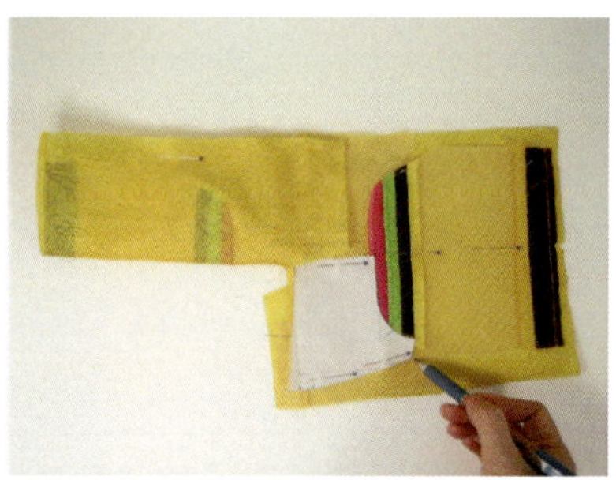

05 앞길 오른쪽은 본을 뒤집어서 동아래에서 옆으로 0.5cm 더 나아가 도련을 그리고 박음질한다.

06 직선 시접은 1.5cm, 곡선 시접은 1cm로 두고 시접 정리를 한다. 안감 진동점에 0.5cm 앞까지 가위집을 준다.

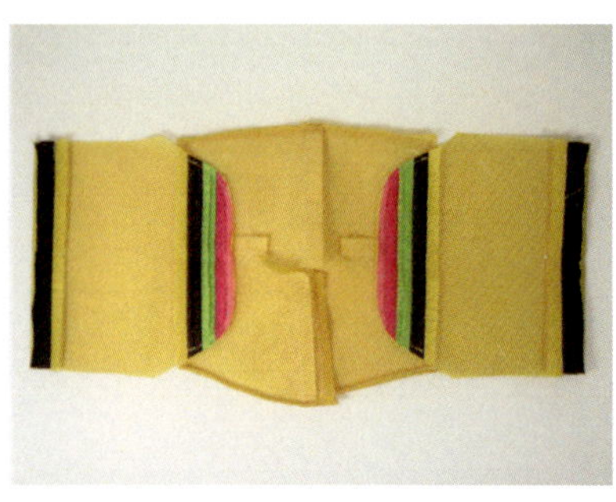

07 시접 정리한 부분(수구, 뒷길 도련, 앞길 좌우 도련과 섶선)을 겉감 쪽으로 박음선보다 0.2cm 넘겨 뉜솔로 다림질한다.

4) 겉섶 섶코 만들기

01 겉섶 코에 가위집을 주고 도련에는 박음선 0.2cm 아래에 고운 홈질을 하여 실을 당긴다.
도련 본을 만들어 대고 다림질하면 매끄러운 곡선을 만들 수 있다.

02 겉섶의 아래가 매끄러운 곡선이 되도록 모양을 만들며 다리고, 겉으로 뒤집어서 다림질한다. 이때 섶코 모서리 부분은 잘 접어놓고 뒤집는다.

03 겉섶 코는 바늘에 실을 꿰어 잡아당겨 코를 빼낸다.

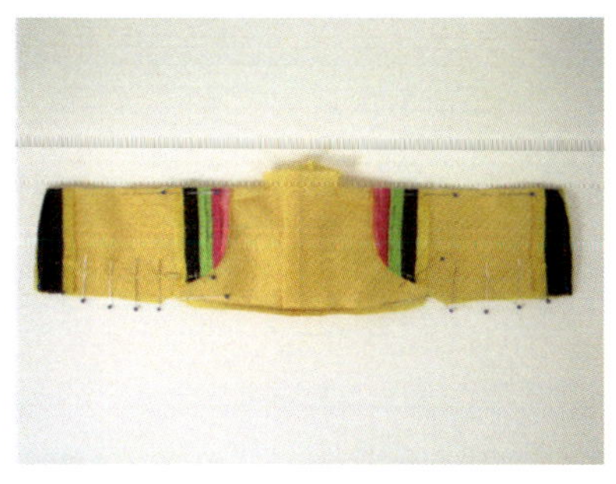

04 앞길을 뒷길 사이에 넣어 겉감은 겉감끼리, 안감은 안감끼리 맞닿게 하고 어깨와 진동에 핀을 꽂아둔다.
소매 본을 대고 배래와 동아래를 그려준다. 핀 시침을 할 때 수구, 끝동을 잘 맞추고 박음질한다.

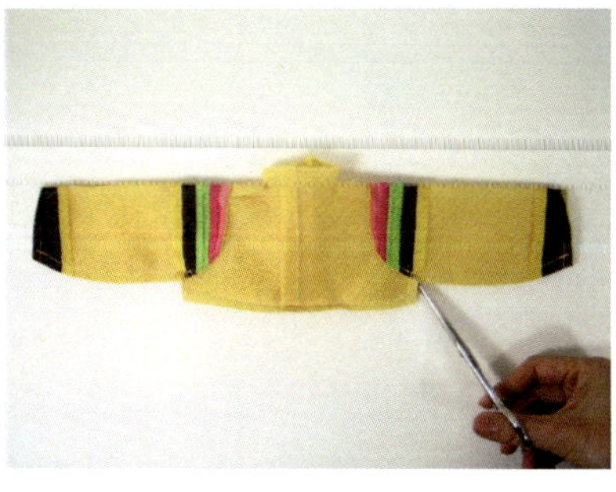

05 배래 시접은 1cm로 시접 정리를 하고 겉감 쪽으로 접어 다린다. 안감 진동은 박음선 바로 앞까지 가위집을 준다.

06 겉감의 고대 쪽으로 손을 넣어 뒤집고 배래의 솔기가 앞에서 보이지 않도록 다림질한다.
도련 부분이 늘어나지 않도록 눌러 다리고 스팀은 사용하지 않는다.

07 깃을 달기 전에 저고리를 편평하게 놓고 겉감과 안감이 밀리지 않도록 고정시키는 어슷시침을 한다.

5) 목판 당코 깃 만들기와 깃 달기

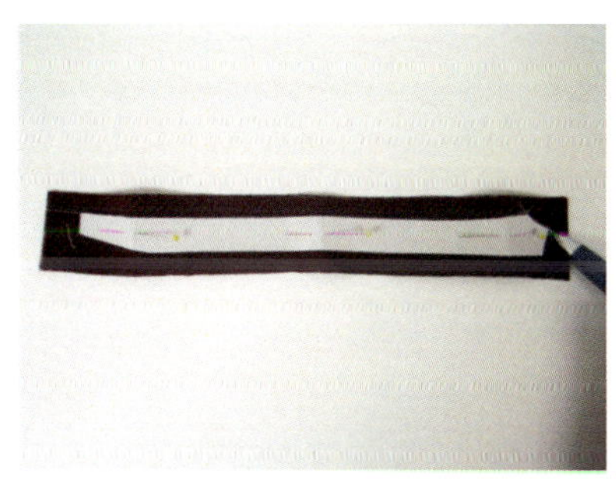

01 아래의 안감 깃과 위의 겉감 깃을 겉끼리 마주 대고 깃본을 뒤집어서 당코 깃머리가 오른쪽으로 오도록 배치한다. 고대 부분(동정이 달리는 쪽)에 선을 그린다.

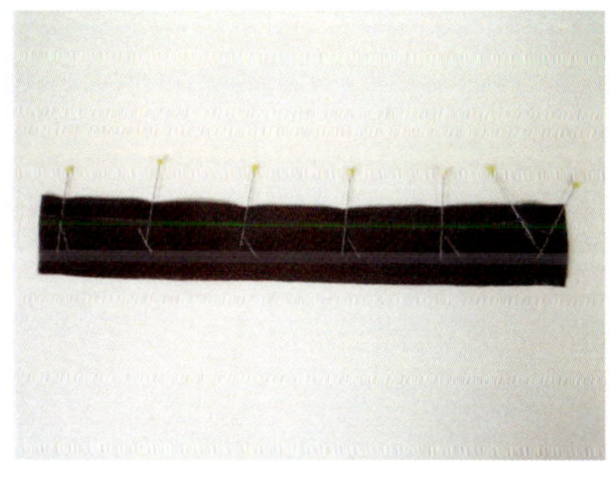

02 핀 시침을 하고 펜으로 표시한 부분까지 되돌아 박음질한다.

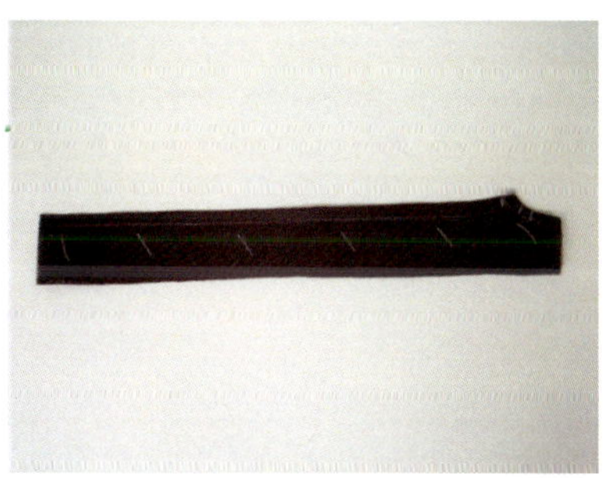

03 당코 깃의 시접을 잘라내고 펜으로 표시한 세 곳에 가위집을 준다.

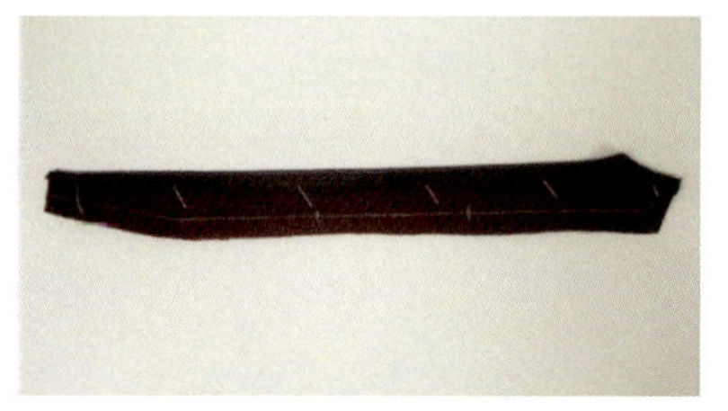

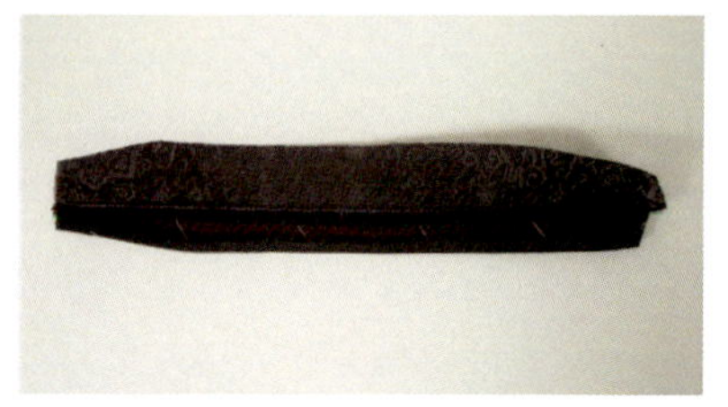

04 겉깃 방향으로 뉜솔 다림질하고 겉깃에 깃본을 대고 완성선을 그린다.

05 겉감 깃과 깃머리의 시접을 심감과 함께 접어 다린다.

06 겉깃의 고대점을 길의 고대에 핀으로 고정시키고 깃머리 위치를 정한다. 깃이 편안하게 놓이도록 겉깃, 고대, 안깃 순으로 핀 시침을 한다. 안깃 시접은 반드시 1.5cm 남겨 놓는다.

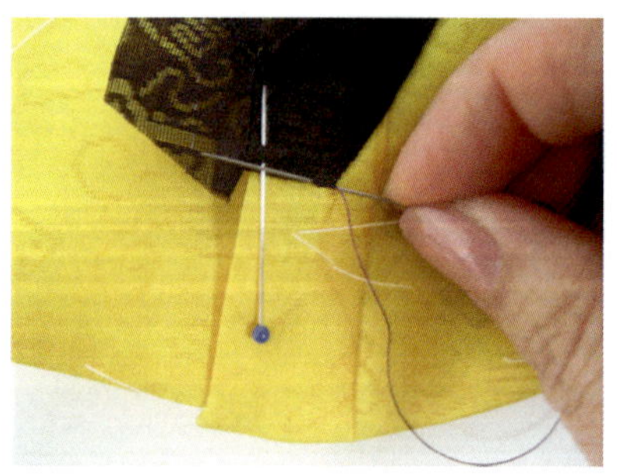

07 깃 끝에서부터 가장자리를 1cm 간격으로 어슷시침한다. **이때 겉깃의 심감과 같이 시침이 되도록 한다.**

08 깃의 안쪽에서 시침선을 따라 깃 끝에서 시작하여 고대, 안깃 쪽으로 박음질한다. **고대를 박을 때는 길의 고대가 집히지 않도록 펴고 박음질한다.**

09 박음질이 되지 않은 깃은 핀으로 고정하고 실이 겉으로 나오지 않도록 숨은 공그르기를 한다.

10 깃 너비에 맞추어 길의 시접을 정리하고 안감의 깃은 겉깃의 박은 선이 보이도록 핀 시침하고 새발뜨기한다.

6) 고름 달기와 동정 달기

고름은 유행과 디자인에 따라 너비와 길이를 다르게 할 수 있다.

※ 남자 저고리의 고름 달기를 참고하여 고름을 만들어놓는다.

01 긴 고름은 박음 솔기가 위로 놓이도록 앞길 왼쪽 겉깃 끝에 고름의 중심이 놓이게 박음질한다. 짧은 고름은 앞길 오른쪽 고대에서 1cm 진동 쪽으로 나와 수직으로 내려 긴 고름과 평행되는 점에서 달아준다.

02 깃 끝에서 1cm 위에 동정을 달아준다. 다리미의 열로 동정을 부드럽게 만들어 깃 형태를 잡아주고 고름을 매어준다.

당의

당의(唐衣)는 조선시대 궁중이나 양반층에서 여자들이 입었던 소례복으로 평복 위에 착용하는 옷이다. 계절에 따라 겹당의와 홑당의 두 종류가 있다.
헌종의 후궁 경빈 김씨가 쓴 《사절 복색 자장요람》이라는 고서에 따르면, 조선시대 궁중에서는 오월 단오 전날 왕비가 흰 당한삼으로 갈아입으면 단옷날부터 모든 궁중의 여인들은 당한삼으로 갈아입었으며, 추석 전날 왕비가 다시 겹당의로 갈아입으면 추석날부터 궁중의 여인들은 일제히 겹당의로 갈아입었다는 기록이 있다.
당의의 소매 끝에는 거들지를 다는 것이 특징이다.

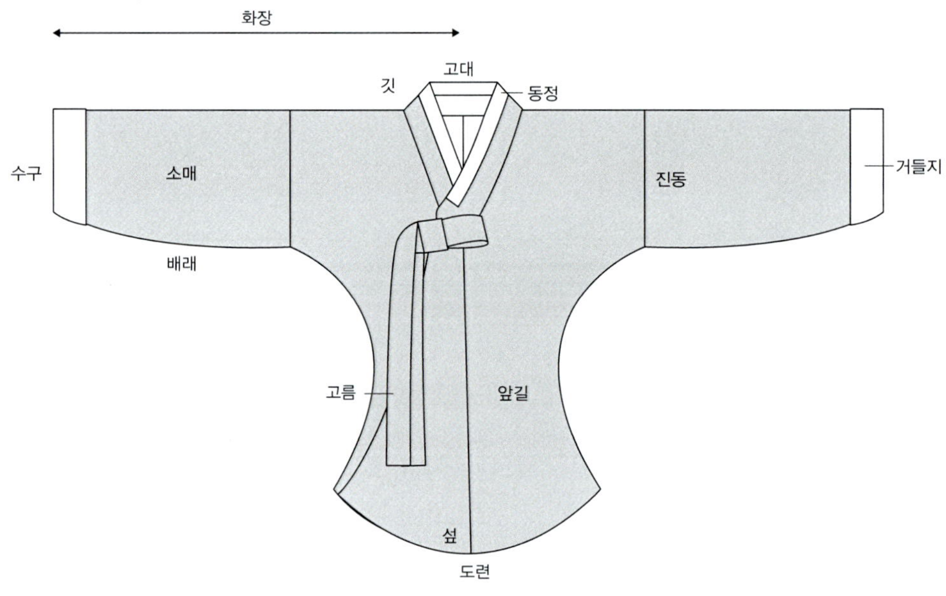

당의의 구조와 명칭

본뜨기

당의 본뜨기에 필요한 치수는 가슴둘레, 화장, 당의 길이이다.

1) 저고리 필요 치수

- 가슴둘레: 겨드랑이점을 중심으로 수평으로 돌려 잰다.

- 화장: 뒤 목점에서 어깨 끝점을 지나 손목점까지 잰다.
- 당의 길이: 착용자의 신장/2-12~15cm로 정한다.

2) 당의 참고 치수

여아 당의 참고 치수(단위: cm)

부위 / 연령	가슴둘레	당의 길이	화장	진동 (B/4+0.5)	고대/2 (B/10)	겉깃 길이 (진동+1)	겉섶		안섶		깃 너비	고름 너비	고름 길이	
							위 (깃너비+1)	아래	위	아래			긴 고름	짧은 고름
돌	52	32	36	13.5	5.2	15.5	4	8	3	8	3.5	4	50	45
3~4세	54	37	38~43	14	5.5~5.6	16.5	4.2	10	3.3	10	3.7	4	55	50
5~6세	56	45	44~49	14.5	5.8~6.0	17	4.3	11	3.3	11	4.0	4.5	60	55
7~8세	60	52	50~53	15.5	6.2~6.4	18.5	4.4	12	3.4	12	4.0	4.5	65	60

여자 당의 참고 치수(단위: cm)

크기 / 항목		소	중	내
가슴둘레(B)		82	86	90
당의 길이		67	70	73
화장		72	74	76
진동(B/4+0.5)		21	22	23
고대/2(B/10)		7.7	8.1	8.5
겉섶	윗너비	5.5	5.8	6
	아랫너비	18	18	19
안섶	윗너비	4	4	5
	아랫너비	18	18	19
깃 너비		5	5.3	5.5
겉깃 길이(B/4+0.5)+0.5		21.5	22.5	23.5
고름 너비		5	5.5	6
고름 길이	긴 고름	75	85	90
	짧은 고름	70	80	85

3) 당의 본뜨기

당의는 앞길 왼쪽만 제도하여 뒷길과 앞길 왼쪽, 오른쪽을 모두 사용하는 것이 당의의 곡선이 가장 잘 맞게 완성되므로 업체에서는 앞길 왼쪽만 제도하여 제작하기도 한다.

옷감 소요량

110cm 폭: 당의 길이+소매 너비×4+시접

55cm 폭: 당의 길이×2+소매 너비×4+깃 길이+시접

고름 길이: 긴 고름 길이+시접

거들지감: 거들지 길이+시접

(1) 여아 당의 본뜨기

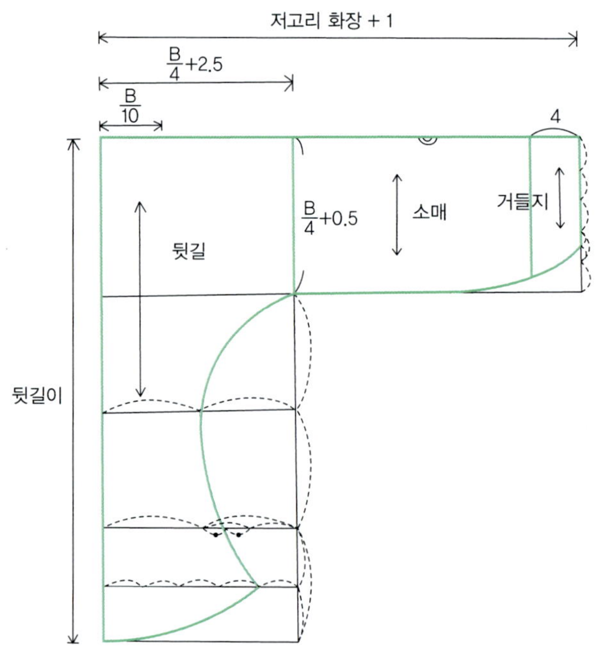

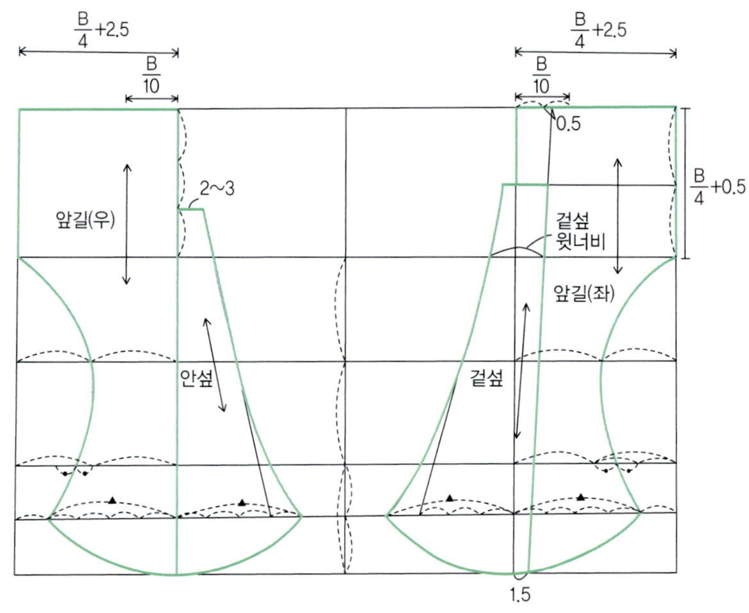

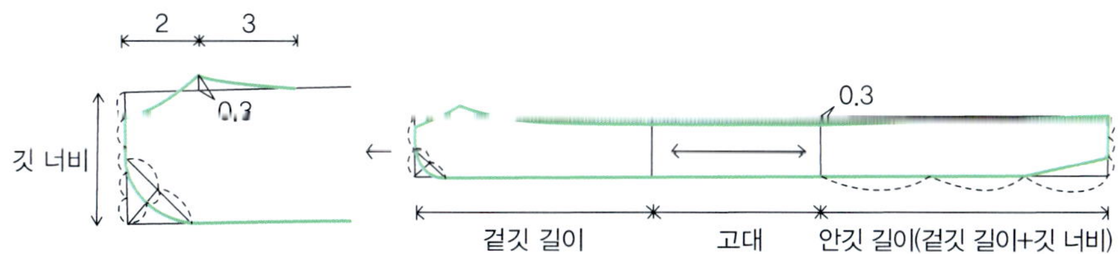
2
3
0.3
깃 너비
0.3
겉깃 길이
고대
안깃 길이(겉깃 길이+깃 너비)

(2) 여자 당의 본뜨기

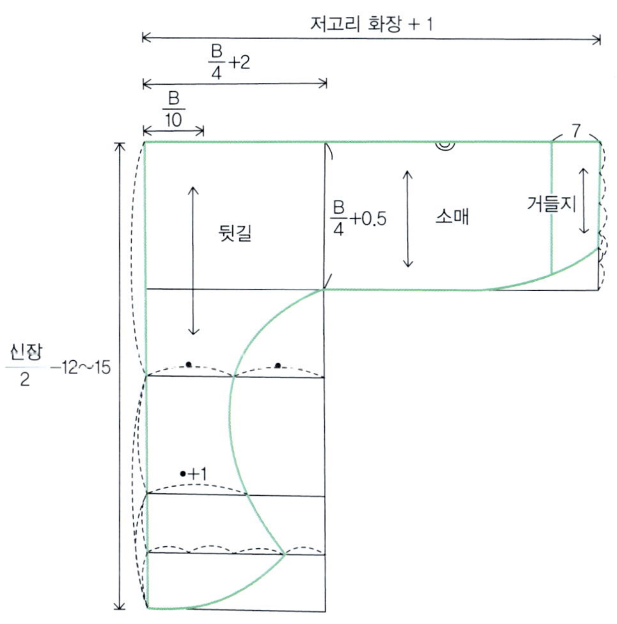
저고리 화장 + 1
B/4+2
B/10
7
뒷길
B/4+0.5
소매
거들지
신장/2 −12~15
•+1

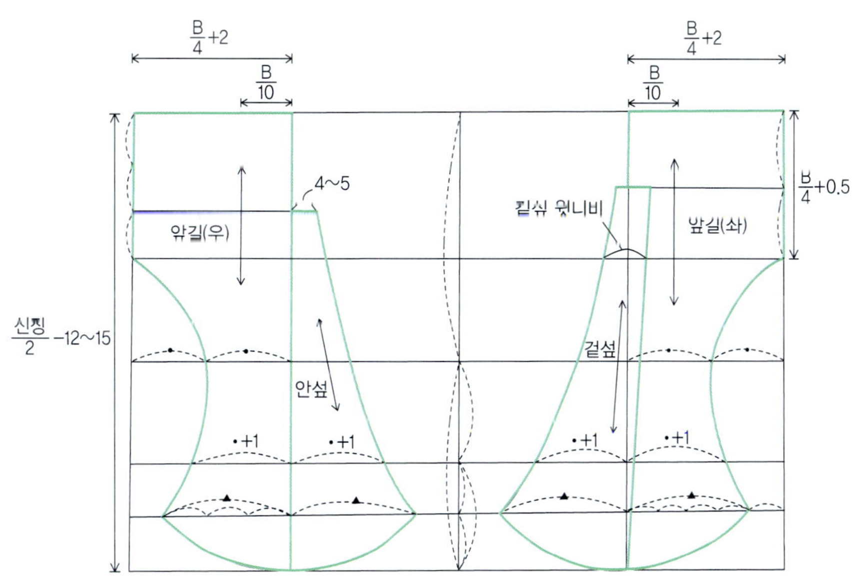
B/4+2
B/10
4~5
앞길(우)
신장/2 −12~15
안섶
•+1
•+1
B/4+2
B/10
B/4+0.5
앞길(좌)
겉섶
•+1
•+1

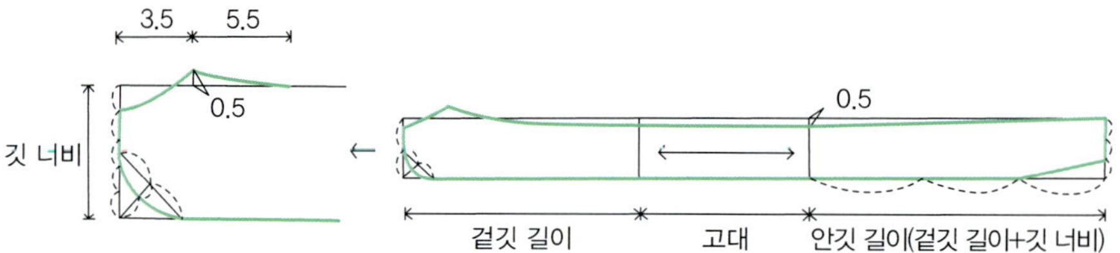

마름질

1) 겉감 마름질

01 겉감의 겉끼리 접고 식서와 평행하도록 뒷길 본을 올려놓는다. 등솔, 뒷길 도련, 진동에 시접 분량을 둔다.

02 어깨솔에 시접을 두고 핀을 꽂아 핀이 꽂힌 부분까지 마름질한다.

03 어깨솔에 꽂은 핀을 기준으로 뒷길을 앞으로 접어 네 겹을 잘라낸다. 이와 같이 뒷길 두 장과 앞길 두 장을 한 번에 마름질할 수 있다.

04 핀을 꽂은 기준선에서 너비의 반을 가르고 어깨솔과 길 중심에도 꼭지각을 준다.

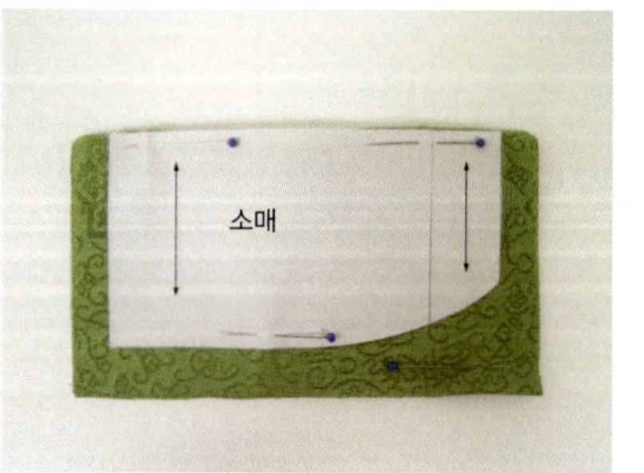

05 소매 본의 골선 표시를 접은 선에 대고 진동과 수구에 시접을 두고 마름질한다. 배래의 곡선 부분도 반드시 직선으로 마름질한다.

06 겉섶과 안섶에는 심감이 필요하므로 심감도 겉감과 같은 치수로 마름질하고 시침한다.

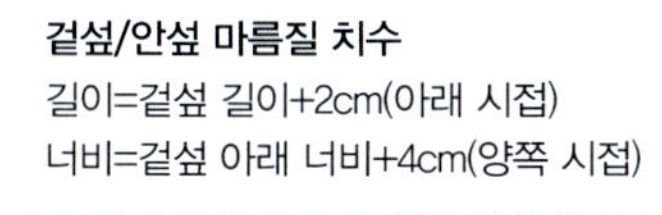

겉섶/안섶 마름질 치수
길이=겉섶 길이+2cm(아래 시접)
너비=겉섶 아래 너비+4cm(양쪽 시접)

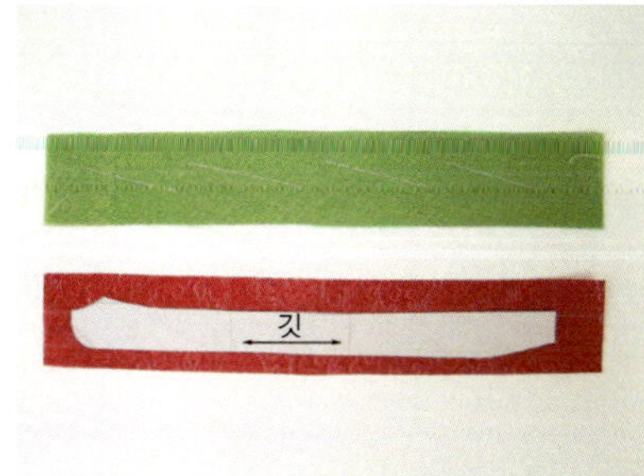

07 겉깃, 심감, 안깃에 시접을 두고 직선으로 마름질한다.
사진 위와 같이 겉깃 안에 심감을 대고 시침한다.

긴 고름
길이= 길이+2cm(위아래 시접)
너비=(고름 너비×2)+2cm(양쪽 시접)
짧은 고름
길이= 길이+2cm(위아래 시접)
너비=(고름 너비×2)+2cm(양쪽 시접)

2) 안감 마름질

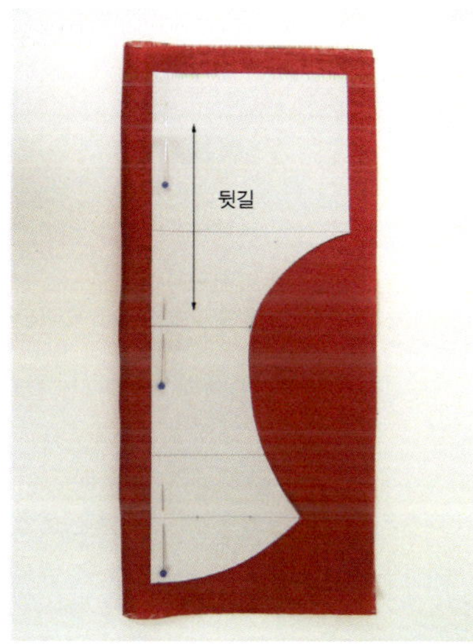

01 안감 등솔은 겉감과 동일한 시접을 두고 마름질한다. 좌우 두 장을 마름질한다.

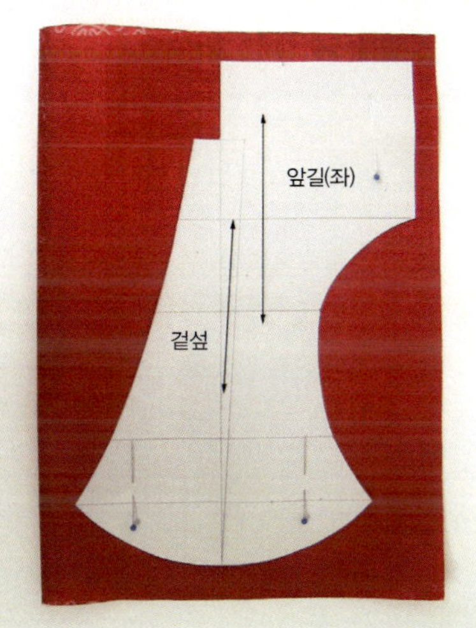

02 앞길은 섶을 길에 포함해서 마름질하므로 앞길 왼쪽 본을 대고 시접을 두고 좌우 두 장을 마름질한다.

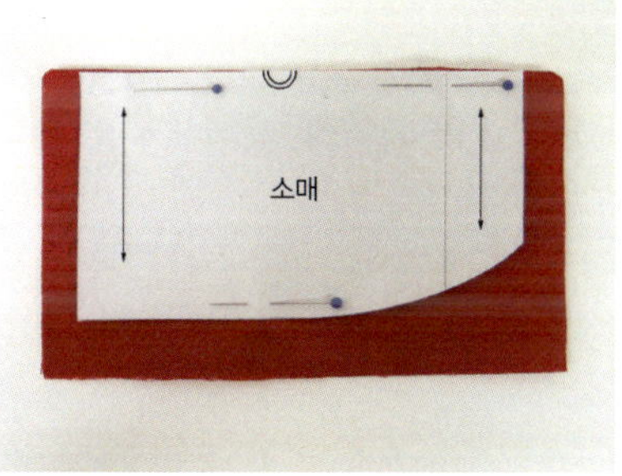

03 소매 안감은 겉감과 동일하다.

-------- 박음질 --------

1) 겉감 박음질

겉감과 동일하게 심감을 마름질하고 겉감의 안에 심을 대고 어슷시침을 한다.
당의의 박음질에서 등솔, 어깨솔, 소매 달기는 여자 저고리와 같아 중복되는 과정이므로 생략한다.

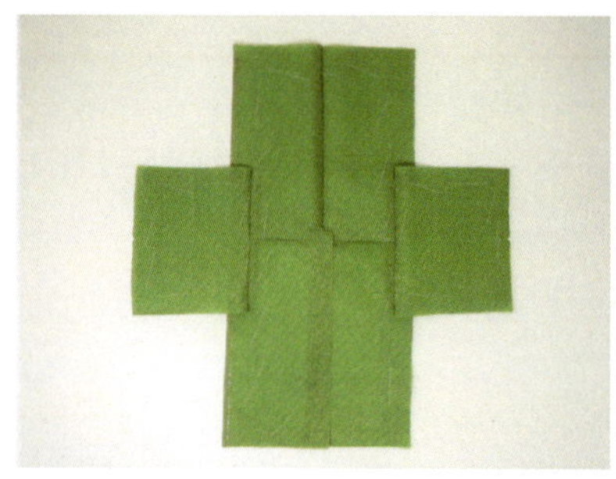

01 등솔과 어깨솔, 소매를 달고 시접 방향도 저고리와 같게 한다.

02 앞길 왼쪽 안에 본을 뒤집고 겉섶선을 접어 겉섶 아래 2cm까지 그려준다.

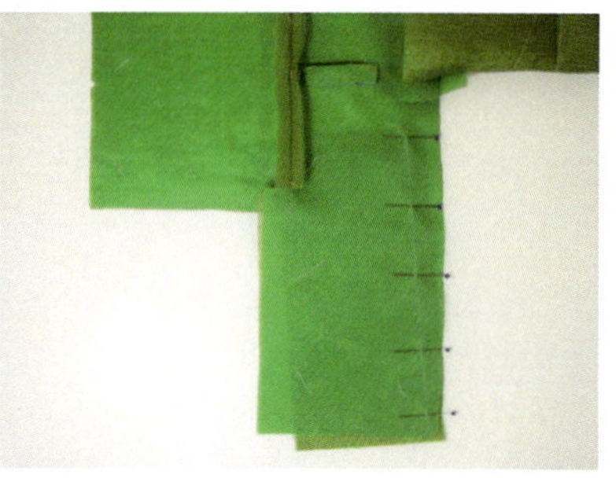

03 앞길의 겉과 겉섶의 겉을 마주 대고 겉섶선과 평행하도록 핀을 꽂는다.

04 시접을 잘라내고 섶 쪽으로 다림질한다.

05 앞길 오른쪽 안에 본을 뒤집고 안섶선을 접어 안섶 아래 2cm까지 그려준다.

06 앞길의 겉과 안섶의 겉을 마주 대고 안섶 위는 중심에서 5cm 나오도록 올 방향을 어긋나게 핀을 꽂는다.

07 시접을 잘라내고 길 쪽으로 다림질한다.

08 겉감을 모두 연결한 모습

2) 안감 박음질

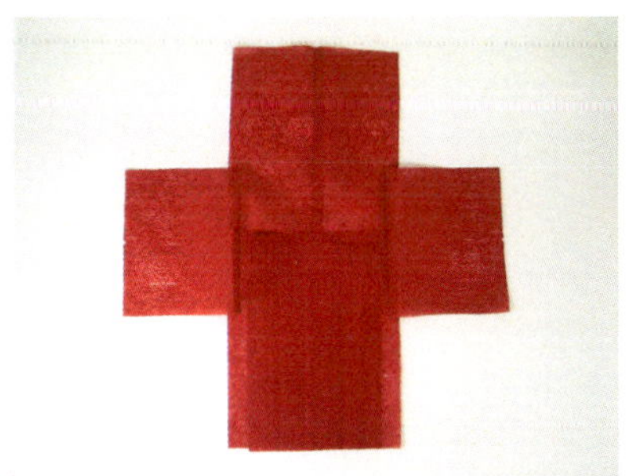

01 등솔과 어깨솔, 소매를 달고, 겉감과 동일하게 시접 정리를 한다.

3) 겉감, 안감 맞추기

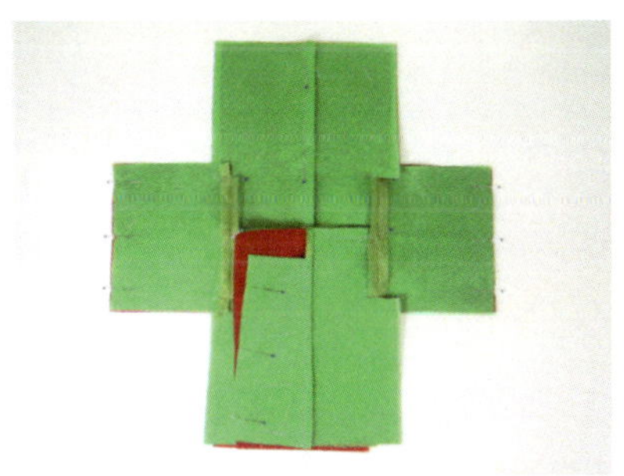

01 안감의 겉을 아래에, 겉감의 겉을 위에 맞대고 핀을 꽂는다. **이때 안감의 겉과 겉감의 겉을 반드시 점검한다.** 등솔, 어깨솔, 진동점, 수구, 뒷길, 앞길 순으로 중심에서 밖으로 핀을 꽂는다.

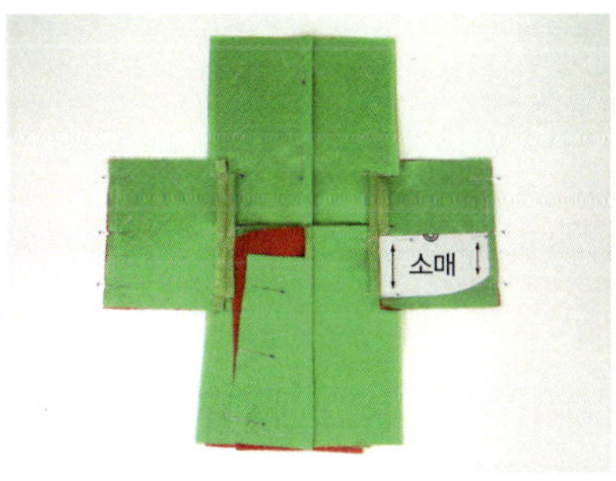

02 소매에 본을 대고 수구의 시접 끝까지 선을 그리고 박음질한다.

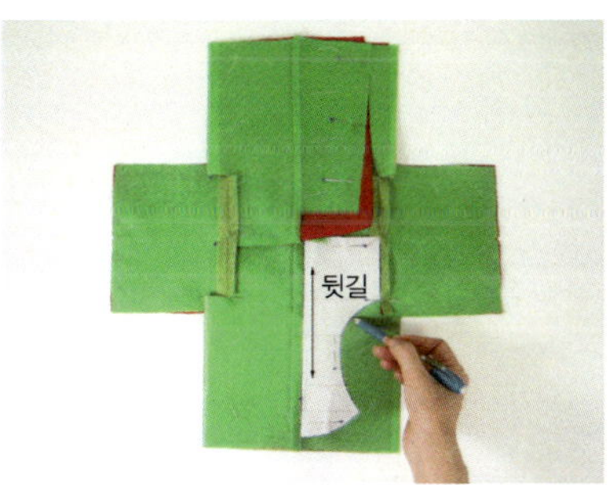

03 뒷길에 본을 대고 옆선과 도련선을 그리고 반대 방향의 뒷길은 본을 뒤집어서 그린다.

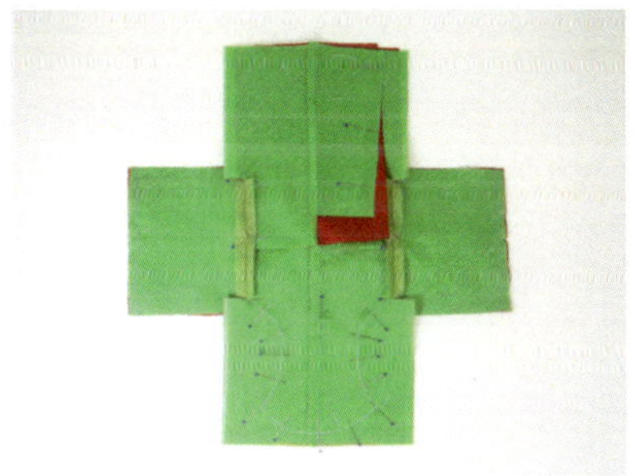

04 뒷길에 그린 곡선을 핀 시침하고 곡선이 늘어나지 않도록 박음질한다.

05 앞길 왼쪽 본을 뒤집어서 중심선과 섶선을 맞추고 겉섶과 도련, 옆선을 그린다.

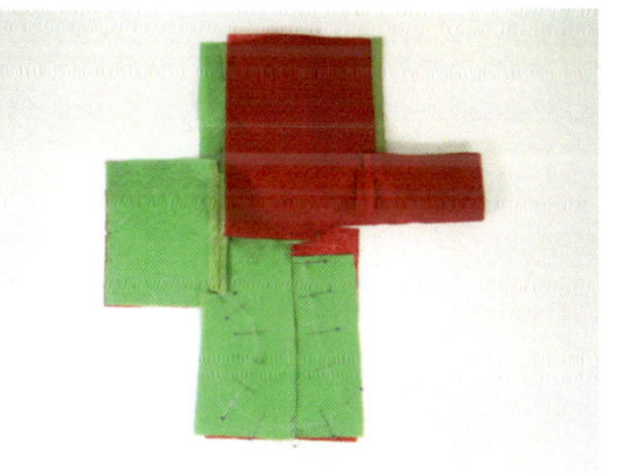

06 앞길 왼쪽에 그린 곡선을 핀 시침하고 곡선이 늘어나지 않도록 박음질한다.

07 앞길 오른쪽에 본을 뒤집어서 중심선을 맞추고 안섶과 도련, 옆선을 그린다.

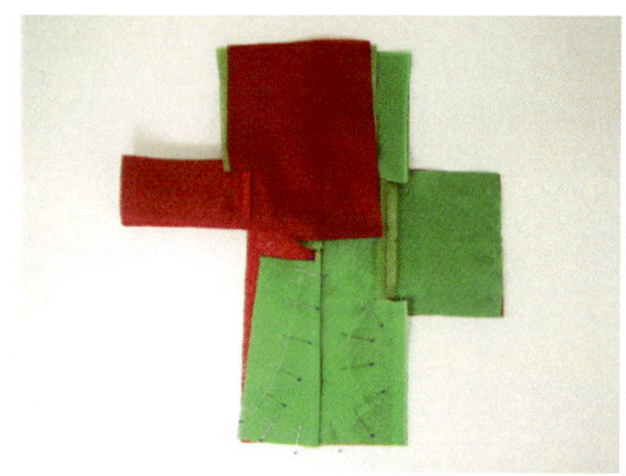

08 앞길 오른쪽에 그린 곡선을 핀 시침하고 곡선이 늘어나지 않도록 박음질한다.

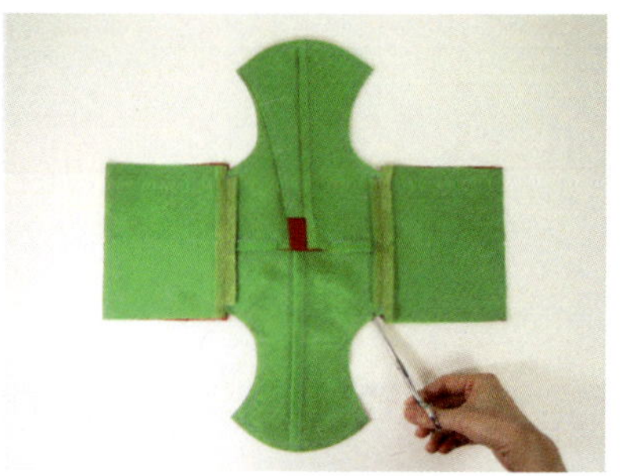

09 수구의 시접은 1.5cm, 배래와 도련의 곡선 시접은 1cm로 두고 시접을 정리한다. **당의의 곡선에는 1cm 간격의 가위집을 주어야 예쁘게 다림질할 수 있다.**

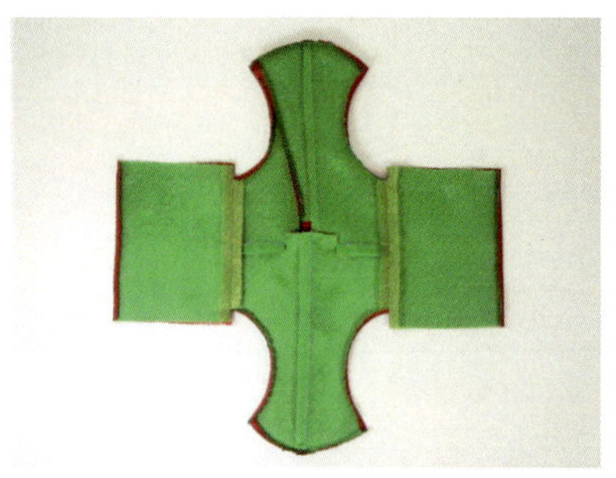

10 시접 정리한 부분(수구, 배래, 도련, 섶선)을 박음선보다 0.2cm 넘겨 뉜솔 처리하여 다림질한다.

11 앞길을 뒷길 사이에 넣어 겉감은 겉감끼리, 안감은 안감끼리 맞닿게 하고 어깨와 진동에 핀을 꽂아둔다. 소매에 본을 대고 배래선을 그리고 박음질한다.

12 배래선에 핀 시침을 하고 수구와 진동점은 되돌아 박음질한다. **배래는 네 겹이므로 접히는 부분이 없도록 주의해서 박음질한다.**

13 시접은 1cm로 정리하고 겉감 쪽으로 꺾어 다린다.

14 겉감의 고대 쪽으로 손을 넣어 뒤집고 배래의 솔기가 앞에서 보이지 않도록 다림질한다.
도련 부분이 늘어나지 않도록 눌러 다리고 스팀은 사용하지 않는다.

15 깃을 달기 전에 당의를 편평하게 놓고 겉감과 안감이 밀리지 않도록 고정시키는 어슷시침을 한다.

4) 깃 만들기와 깃 달기

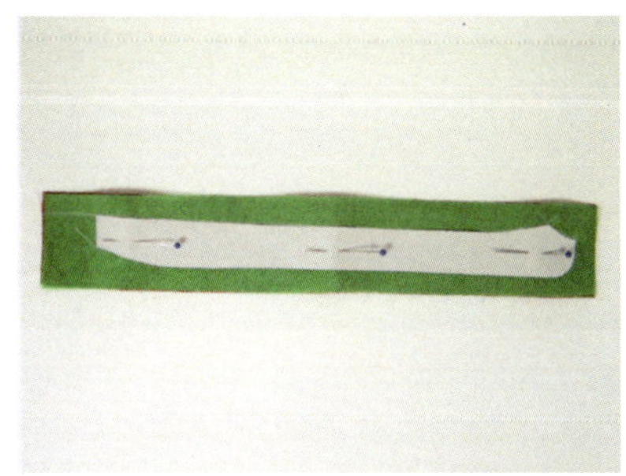

01 아래에 안감 깃과 위에 겉감 깃을 겉끼리 마주 대고 깃본을 뒤집어서 깃머리가 오른쪽으로 오도록 배치한다. 고대 부분(동정이 달리는 쪽)에 선을 그린다. 당코 깃머리의 뾰족한 부분은 교차되도록 그려준다.

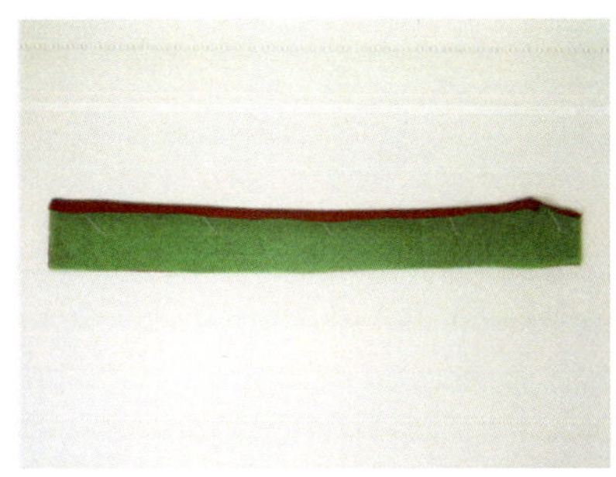

02 겉깃과 안깃의 중심선과 당코 부분을 박음질하고 당코 깃의 곡선에는 가위집을 준다. 겉깃 방향으로 뉜솔 처리하여 다림질한다.

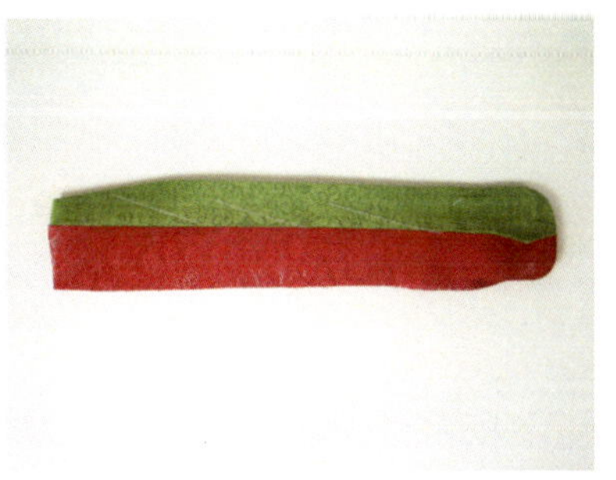

03 겉깃 방향으로 뉜솔 다림질하고 겉깃에 깃본을 대고 완성선을 그린다. 겉감 깃과 안감 깃의 깃머리에서 0.2cm 밖으로 고운 홈질을 하고 깃을 만들어놓는다.

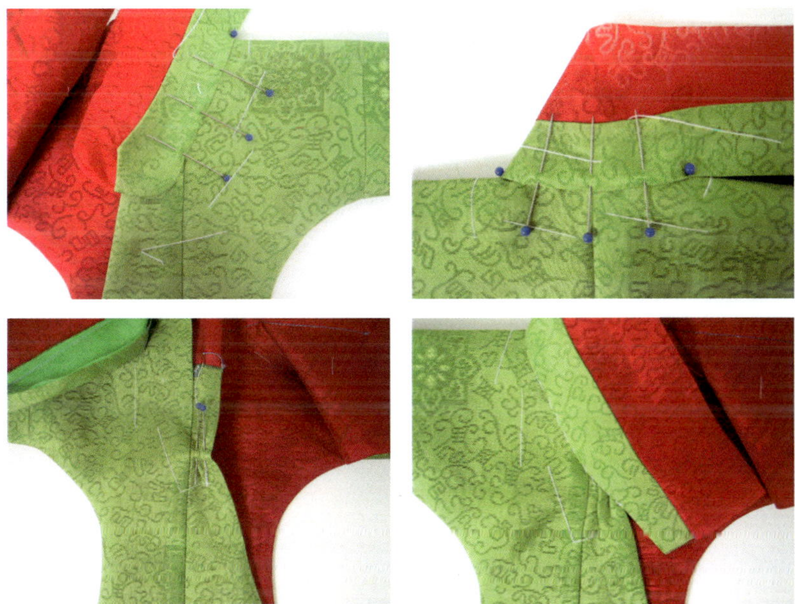

04 겉깃의 고대점을 길의 왼쪽 고대에 핀으로 고정시키고 깃머리 위치를 정한다. 깃이 편안하게 놓이도록 겉깃, 고대, 안깃 순으로 핀 시침한다. **당의를 입었을 때 안쪽 자락이 바깥쪽으로 나오지 않도록 안깃 윗부분은 주름을 두 개 잡아준다.** 안깃 시접은 반드시 1.5cm 남겨놓는다.

05 깃머리 위에서 시작하여 깃의 끝 가장자리를 1cm 간격으로 어슷시침한다. **이때 겉감의 심감과 같이 시침이 되도록 한다.**

06 핀을 빼고 깃의 안쪽에서 시침선을 따라 깃머리 위에서 시작하여 고대, 안깃 쪽으로 박음질한다.

고대를 박을 때는 길의 고대가 접히지 않도록 펴고 박음질한다.

07 깃머리는 핀 시침으로 고정하고 실이 겉으로 나오지 않도록 숨은 공그르기를 한다.

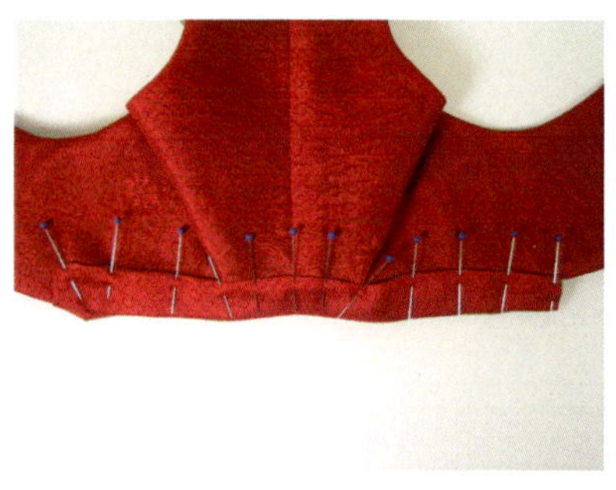

08 깃 너비에 맞추어 길의 시접을 정리하고 안감의 깃은 겉깃의 박은 선이 보이도록 핀 시침한다. 안깃의 끝 시접은 접어 넣고 새발뜨기나 공그르기를 한다.

5) 고름 달기와 동정 달기

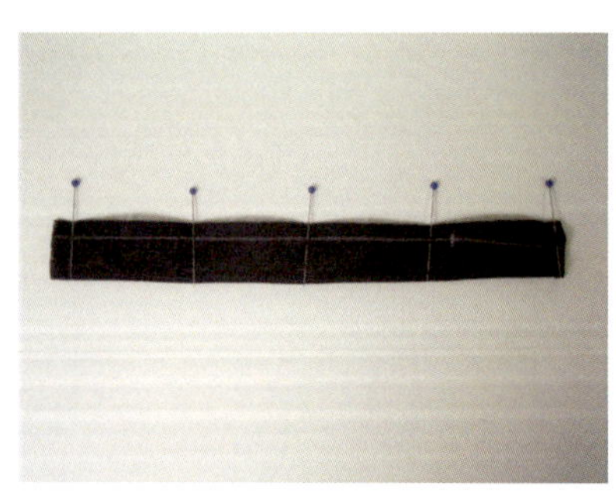

01 고름의 폭을 반으로 접어 저고리에 달리는 쪽은 1cm 접고, 사진과 같이 고름 너비의 2/3와 길이에서 15cm 아래의 점을 곡선으로 긋고 박음질한다.

고름의 너비가 넓을 경우 고름을 매기 쉽도록 곡선을 주는 것이다.

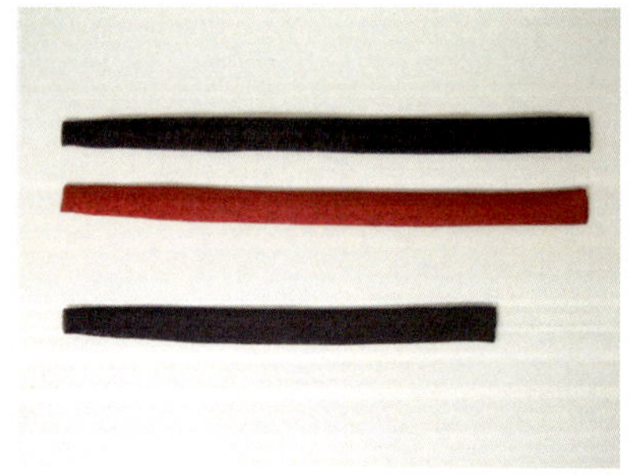

02 당의는 삼작 고름을 다는 것이 원칙이므로 안감으로 긴 고름을 하나 더 만들어놓는다.

03 고름은 박음 솔기가 위로 가도록 하고, 긴 고름 두 개는 앞길 왼쪽 겉깃 끝에 고름의 중심이 놓이게 박음질한다. 짧은 고름은 앞길 오른쪽 고대에서 1cm 진동 쪽으로 나와 수직으로 내려 긴 고름과 평행되는 점에 달아준다.

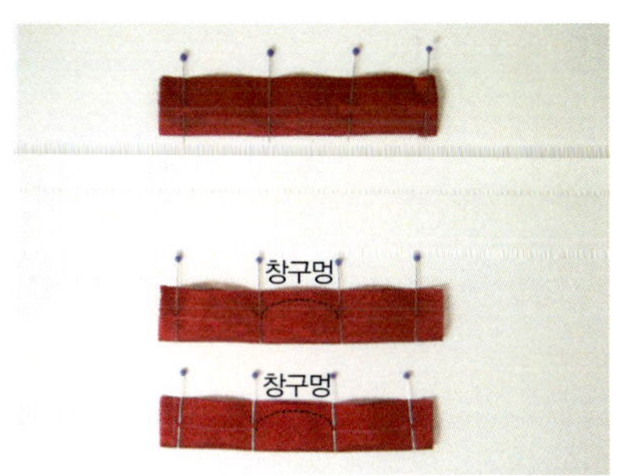

04 속고름도 세 개를 만들도록 한다. 사진 위의 하나는 겉고름과 같은 방식으로 박음질하고 아래의 두 개는 창구멍을 남기고 당의에 달리는 쪽은 1cm 접지 않고 박음질한다.

05 두 개의 속고름은 당의에 달리는 방향의 골선을 박음선에 접고 1cm 시접을 두고 박음질한다. 창구멍으로 뒤집어 공그르기로 바느질한다.

06 겉고름과 같이 만든 속고름은 앞길 우측 인깃 모서리 위에 놓고 솔기가 위로 가도록 사진과 같이 세모로 박음질한다.

07 나머지 두 개의 속고름은 실로 고정시키고 앞길 좌측 진동점에 달아준다.

08 동정을 달아준다.

6) 거들지 만들기

거들지는 완성된 당의의 소맷부리에 덧씌우는 것으로 소매 원형보다 0.2cm 크게 만든다.

01 진동의 두 배 길이와 폭은 거들지 너비의 두 배에 시접을 두고 마름질한다.

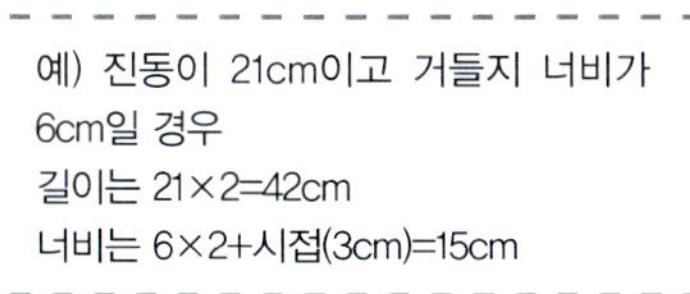
예) 진동이 21cm이고 거들지 너비가 6cm일 경우
길이는 21×2=42cm
너비는 6×2+시접(3cm)=15cm

02 너비를 반으로 접는다.

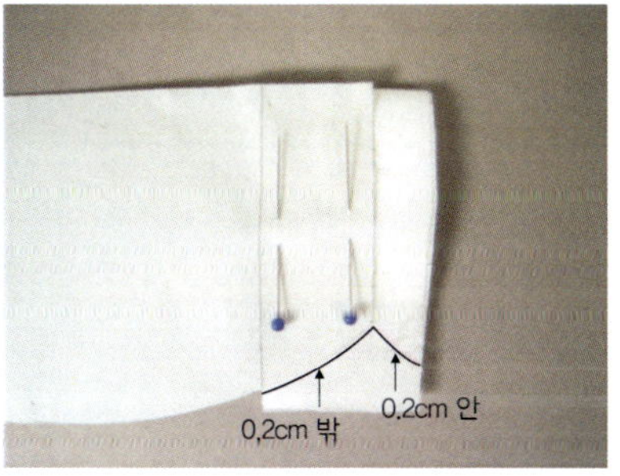

03 소매 안으로 들어가는 부분은 0.2cm 안으로 배래선을 그리고, 겉으로 나오는 부분은 0.2cm 밖으로 배래선을 그린다.

04 배래선을 박음질하고 시접은 0.5cm 남기고 홈 부분에 가위집을 준다.

05 소맷부리에 거들지를 넣고 홈질한다.

06 소매에 거들지를 꺾어 넘겨 공그르기 한다.

07 금박을 찍어 완성한다.

조선 중기 저고리

조선 중기(17세기) 저고리는 현대의 저고리와 달리 저고리 길이가 허리선까지 내려오고, 품에 여유분을 넉넉하게 주어 착용했을 때 편안하다.
최근에는 저고리 길이가 길어지는 것이 유행이므로 중기 저고리를 응용하여 전통한복이나 생활한복으로 만들어 입는 것을 볼 수 있다.

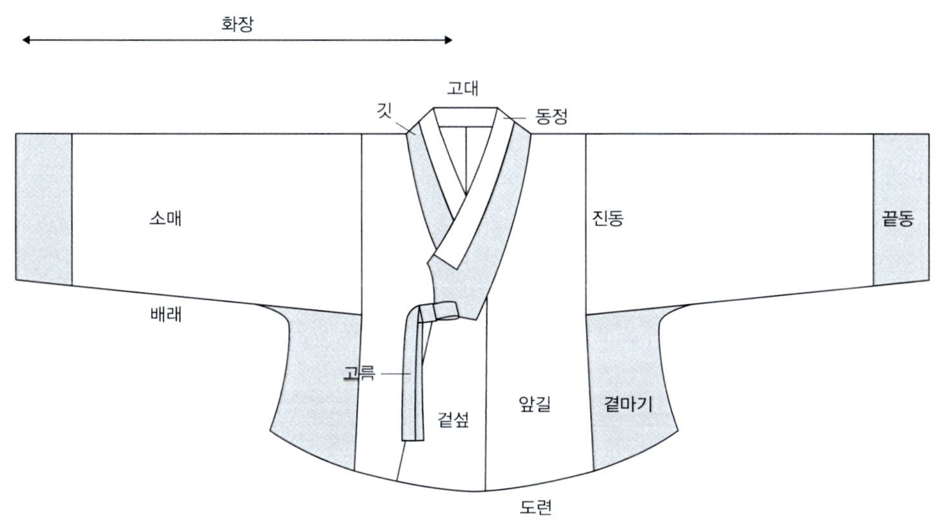

조선 중기 여자 저고리의 구조와 명칭

-------- 본뜨기 --------

1) 조선 중기 여자 저고리 본뜨기

✂ 옷감 소요량
110cm 폭 길감: 저고리 길이×3+시접
55cm 폭 길감: 저고리 길이×3+소매 너비×4+시접
회장감: 깃 길이

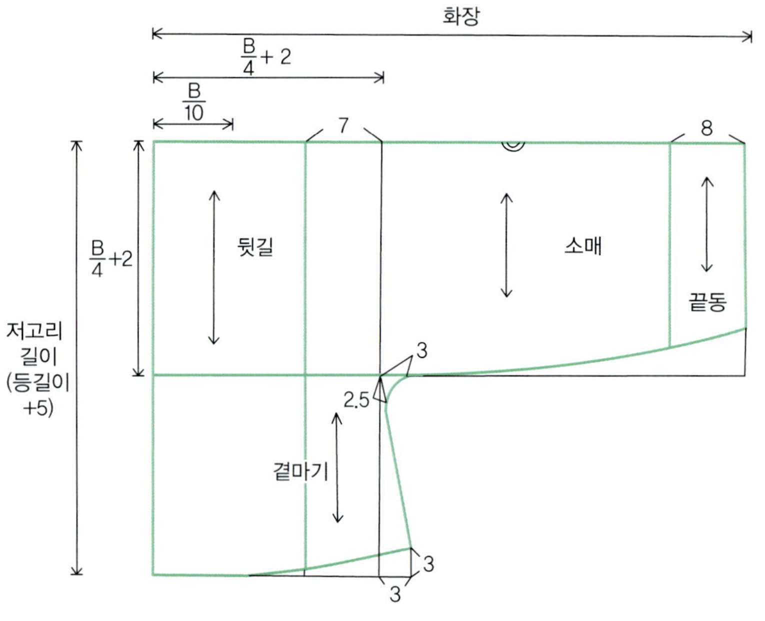
화장
B/4 + 2
B/10
7
8
B/4+2
뒷길
소매
끝동
저고리 길이 (등길이 +5)
3
2.5
곁마기
3
3

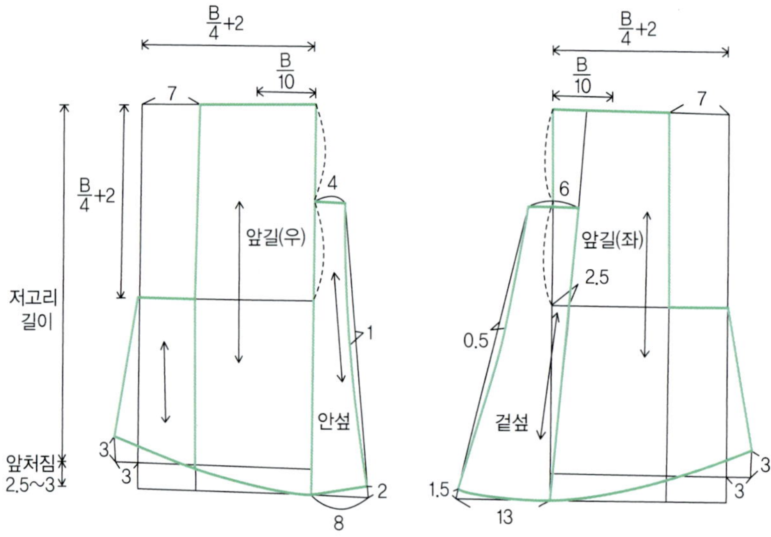
B/4+2
B/10
7
4
앞길(우)
1
안섶
저고리 길이
앞처짐 2.5~3
3
3
2
8
B/4+2
B/10
7
6
앞길(좌)
2.5
0.5
겉섶
1.5
13
3
3

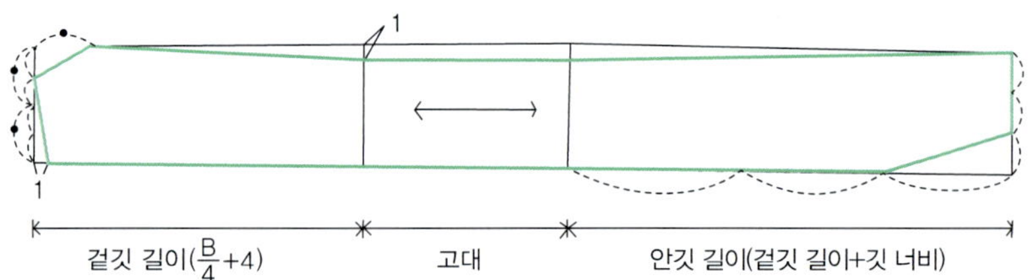
1
1
겉깃 길이(B/4+4)
고대
안깃 길이(겉깃 길이+깃 너비)

마름질

1) 겉감 마름질

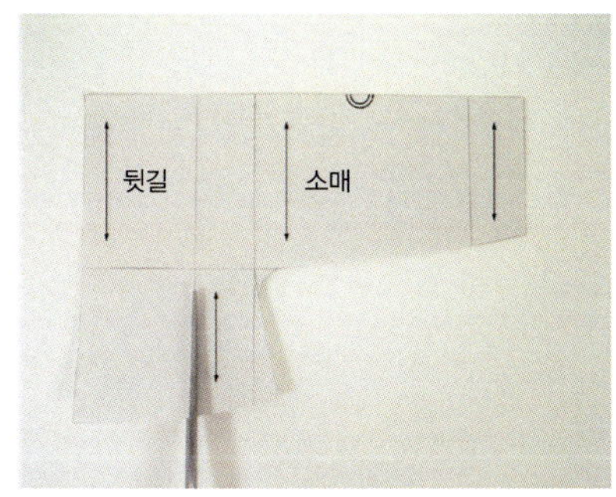

01 뒷길과 소매가 연결된 본에서 **곁마기선**을 잘라낸다.

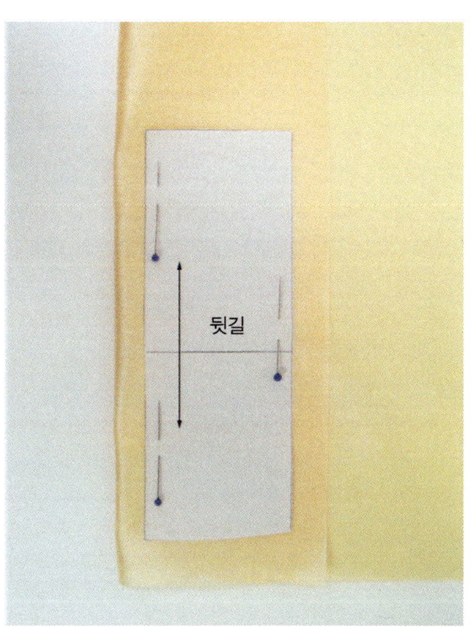

02 겉감의 겉끼리 접고 식서와 평행하도록 뒷길 본을 올려놓는다. 등솔, 뒷길 도련, 진동에 시접 분량을 둔다.

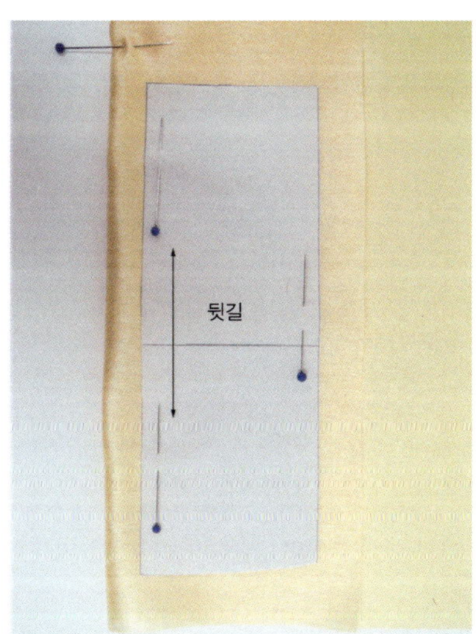

03 어깨솔에 시접을 두고 핀을 꽂아 핀이 꽂힌 부분까지 마름질한다.

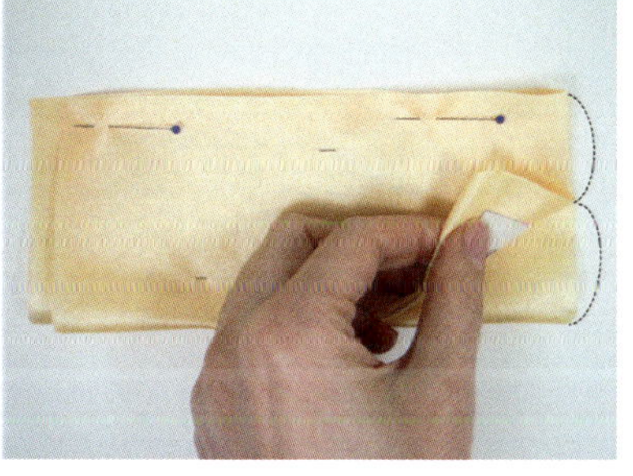

04 어깨솔에 꽂은 핀을 기준으로 뒷길을 앞으로 접어 뒷길 두 장과 앞길 두 장을 한 번에 마름질한다. **이때 앞길이는 뒷길보다 처짐 분량(2.5~3cm)을 더 주고 마름질한다.** 핀을 꽂은 기준선에서 너비의 반을 가르고 어깨솔과 길 중심에도 꼭지각을 준다.

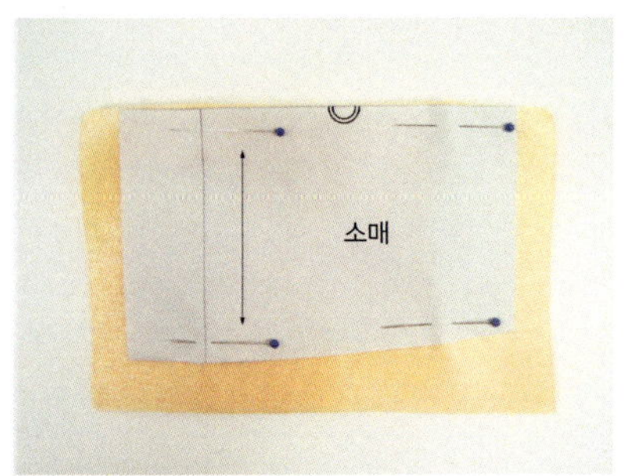

05 곁마기와 끝동선은 접고 소매 본의 골선 표시를 접은 선에 맞춘 후 진동과 끝동에 시접 분량을 두고 마름질한다. 배래의 곡선 부분도 반드시 직선으로 마름질한다.

06 17세기 저고리 깃은 겉깃이 많이 돌아가는 형태이므로 겉섶 길이보다 5cm 더 여유분을 두고 마름질한다. 심감도 겉감과 같은 치수로 마름질하고 시침한다.

겉섶 마름질 치수
길이=겉섶 길이+5cm(여유분)+2cm(아래 시접)
너비=겉섶 아래 너비+4cm(양쪽 시접)
안섶 마름질 치수
길이=겉섶 길이+2cm(아래 시접)
너비=겉섶 아래 너비+4cm(양쪽 시접)

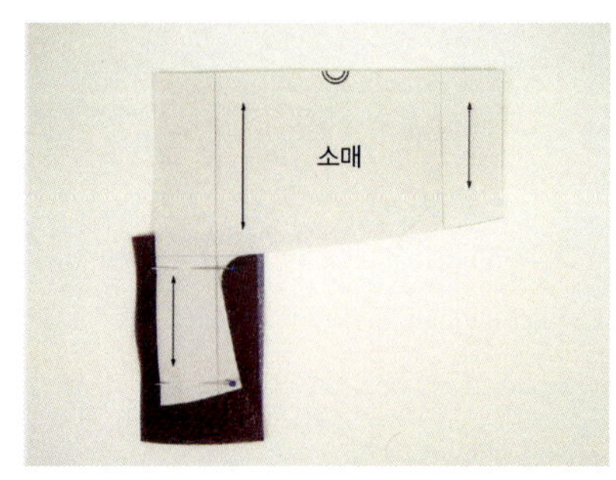

07 곁마기감 시접은 도련에 3cm, 나머지는 2cm의 시접을 두고 네 장 마름질한다. 심감도 동일하게 마름질하고 시침한다.

08 끝동 너비는 소매 시접(2cm)+끝동 너비(8cm)+시접(2cm)=12cm로 마름질하고 심감을 대고 시침한다.

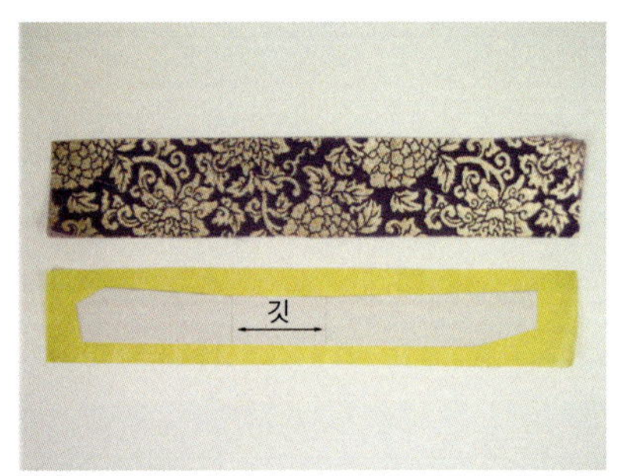

09 겉깃, 심감, 안깃에 시접을 두고 직선으로 마름질한다.
사진 위와 같이 겉깃 안에 심감을 대고 시침한다.

10 고름 길이는 35cm, 완성 너비는 2cm이며 두 개의 고름은 동일하다.

고름
길이=길이+2cm(위아래 시접)
너비=고름 너비×2+2cm(양쪽 시접)

2) 안감 마름질

안감은 앞길, 뒷길, 소매, 끝동, 섶을 모두 붙여서 마름질하는 라그란 방식으로 마름질한다.

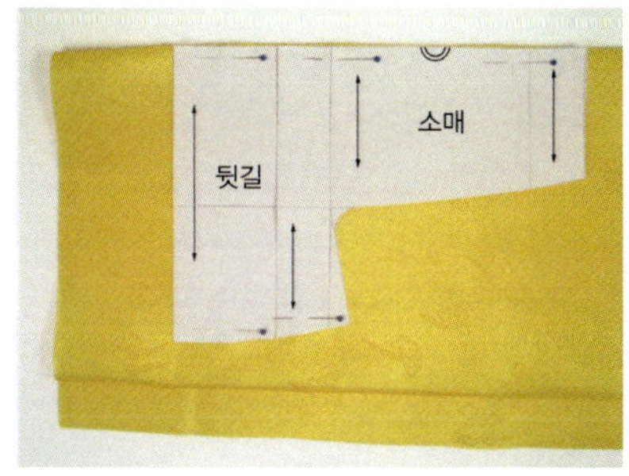

01 식서 방향에 주의하면서 뒷길과 앞길 도련에 3cm의 시접을 두고 안감을 두 번 접는다. 앞길의 섶 너비 분량과 시접 15cm를 떼고 뒷길과 소매 본을 배치한다.

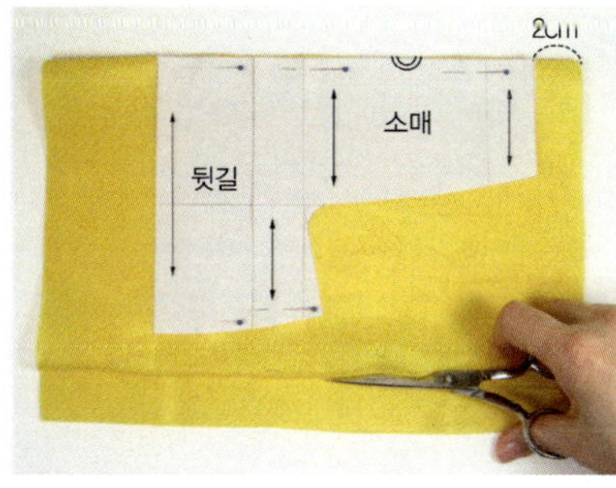

02 수구에 2cm의 시접을 두고 뒷길을 갈라준다.

03 뒷길에 등솔 시접을 두고 중심까지 자른다.

04 앞길 중심에서 2cm 내린 점에서 고대의 1cm 앞까지 선을 긋고 자른다.

05 뒷길을 펴서 앞길, 뒷길의 중심에 실표뜨기를 한다.

박음질

1) 겉감 박음질

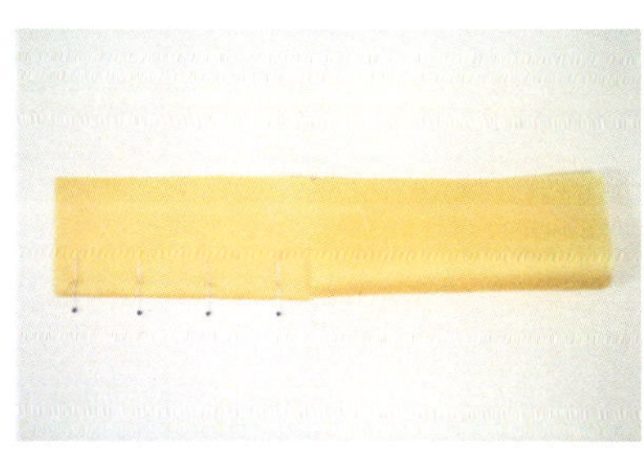

01 심감을 넣을 경우 겉감과 동일하게 마름질한 심감을 대고 어슷시침한다. 등솔을 박음질하고 시접은 입어서 오른쪽으로 다린다.

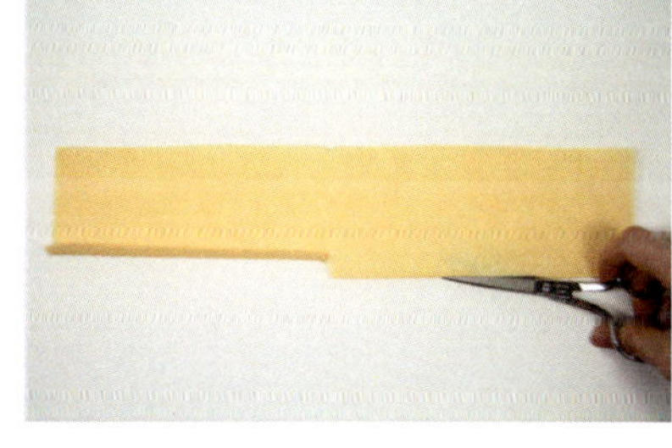

02 앞길은 다림질하고 앞 중심을 다리미로 다린 후 갈라준다.

03 뒷길과 앞길 겉을 접고 어깨솔 시접을 그리고 핀을 꽂는다. 등솔을 기준으로 양쪽의 1/2 고대를 정확히 표시하고 되돌아 박음질한다. 솔기는 뒤로 접어 다린다.

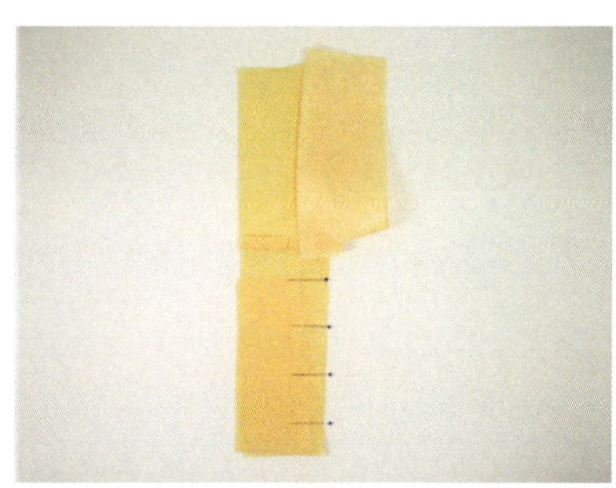

04 앞길 왼쪽에 겉섶을 달고 시접은 겉섶 쪽으로 다린다.

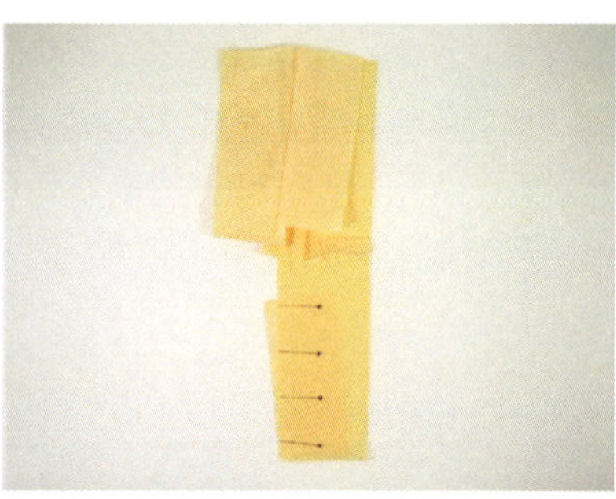

05 앞길 오른쪽에 안섶의 올 방향을 어슷하게 달고 시접은 길 쪽으로 다린다.

06 소매에 곁마기를 달고 시접은 곁마기 쪽으로 다린다.

07 끝동을 달고 시접은 가름솔로 다린다.

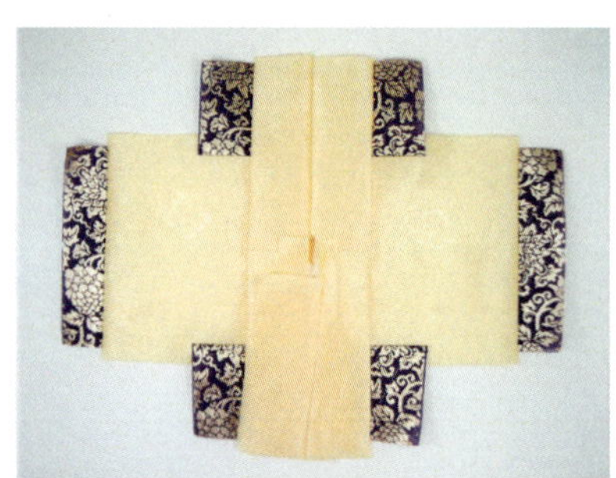

08 길에 소매를 달고 시접은 가름솔한다.

2) 안감 박음질

안감은 라그란 마름질을 하여 앞뒤 길, 소매, 곁마기, 끝동, 섶을 붙여서 마름질하였으므로 등솔만 박음질한다.

01 안감의 겉끼리 등솔을 박음질하고 시접은 고대를 왼손으로 잡고 넘겨 다린다.

3) 겉감, 안감 맞추기

01 안감의 겉쪽 위에 겉감의 겉을 놓고 등솔선을 기준으로 어깨솔, 진동, 수구를 핀 시침한다. **겉감과 안감을 맞출 때는 겉감이 기준이 되어야 하므로 반드시 겉감 쪽에서 바느질한다.**

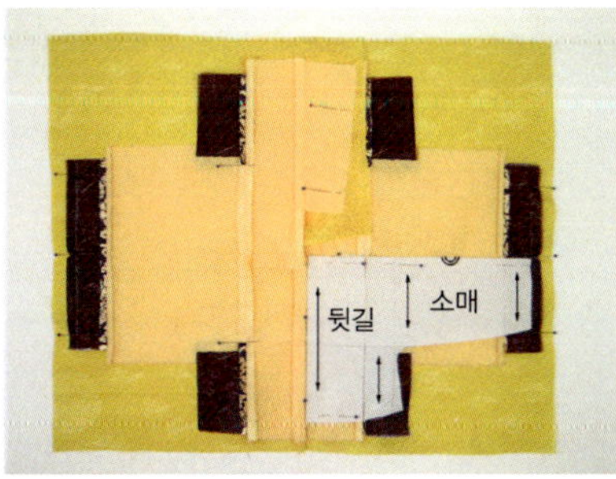

02 뒷길과 소매 본을 대고 수구선을 그리고 박음질한다.

03 뒷도련은 동아래에서 0.5cm 더 나아가 그리고 박음질한다.

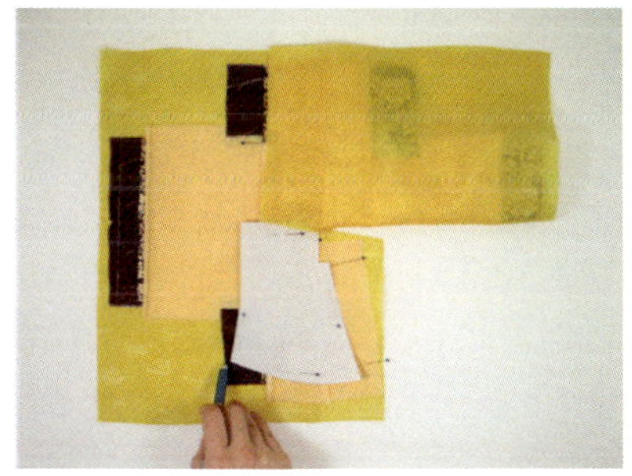

04 앞길 왼쪽은 본을 뒤집어서 놓고 동아래에서 0.5cm 더 나아가 도련과 섶선을 그리고 박음질한다.

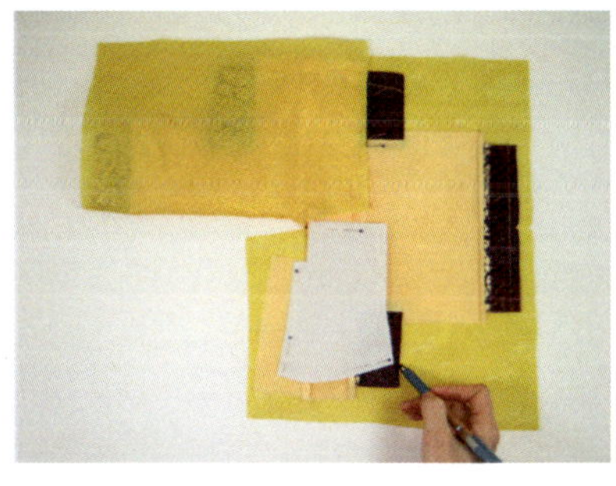

05 앞길 오른쪽은 본을 뒤집어서 놓고 동아래에서 0.5cm 더 나아가 도련과 섶선을 그리고 박음질한다.

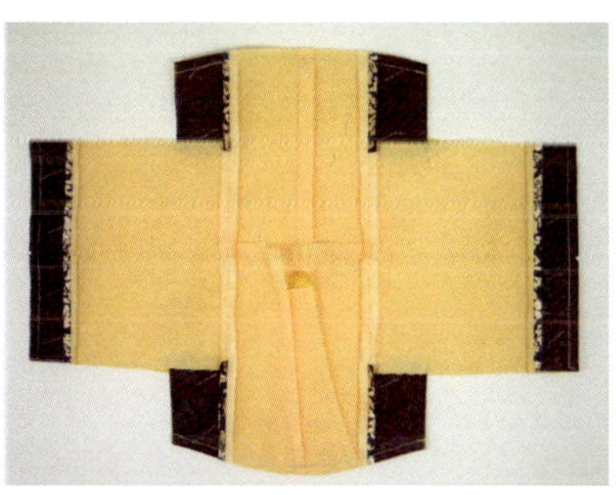

06 직선 시접은 1.5cm, 곡선 시접은 1cm로 두고 시접 정리를 한다. 진동점은 사선으로 0.5cm 앞까지 자른다.

07 시접 정리한 부분(수구, 뒷길 도련, 앞길 좌우 도련과 섶선)을 겉감으로 박음선보다 0.2cm 넘겨 뉜솔로 다림질한다.

08 겉섶 고는 실을 꿰어 잡아당겨 코를 빼낸다.

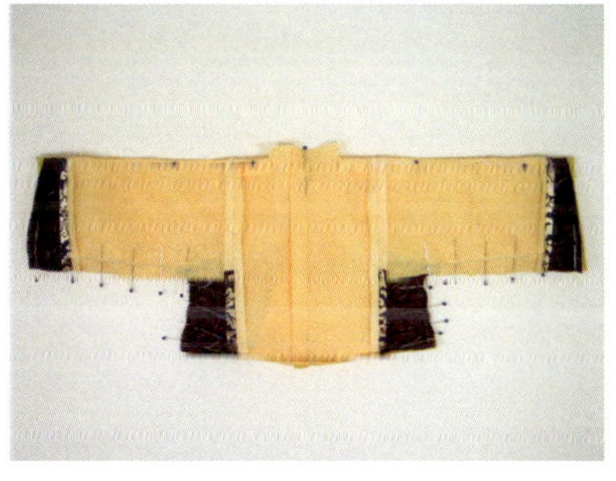

09 앞길을 뒷길 사이에 넣어 겉감은 겉감끼리, 안감은 안감끼리 맞닿게 하고 어깨와 진동에 핀을 꽂아둔다. 소매 본을 대고 배래와 동아래를 그려준다. 핀 시침을 할 때 수구, 끝동 곁마기를 잘 맞추고 박음질한다.

10 배래 시접은 1cm로 두고 시접 정리를 하고 겉감 쪽으로 접어 다린다. 진동은 박음선 바로 앞까지 가위집을 주고 겉감의 고대 쪽으로 손을 넣어 뒤집는다.
도련 부분이 늘어나지 않도록 눌러 다리고 스팀은 사용하지 않는다.

4) 깃 만들기와 깃 달기

01 깃을 달기 전에 저고리를 편평하게 놓고 겉감과 안감이 밀리지 않도록 고정시키는 어슷시침을 한다.

02 색동저고리의 당코 깃 만들기를 참고하여 깃을 만들어놓는다.

03 겉깃의 고대점을 길의 고대에 핀으로 고정시키고 깃머리 위치를 정한다. 깃이 편안하게 놓이도록 겉깃, 고대, 안깃 순으로 핀 시침한다. 안깃 시접은 반드시 1.5cm 남겨놓는다.

04 깃 끝에서부터 가장자리를 1cm 간격으로 어슷시침한다. **이때 겉깃의 심감과 같이 시침이 되도록 한다.**

05 깃의 안쪽에서 시침선을 따라 깃 끝에서 시작하여 고대, 안깃 쪽으로 박음질한다. **고대를 박을 때는 길의 고대가 집히지 않도록 펴고 박음질한다.**

06 박음질이 되지 않은 깃은 핀으로 고정하고 실이 겉으로 나오지 않도록 숨은 공그르기를 한다.

07 깃 너비에 맞추어 길의 시접을 정리하고 안감의 깃은 겉깃의 박은 선이 보이도록 핀 시침을 한 후 새발뜨기를 한다.

5) 고름 달기와 동정 달기

17세기 저고리의 고름은 후기의 저고리 고름보다 폭이 좁고 길이도 짧다.

※ 남자 저고리의 고름 달기를 참고하여 고름을 만들어놓는다.

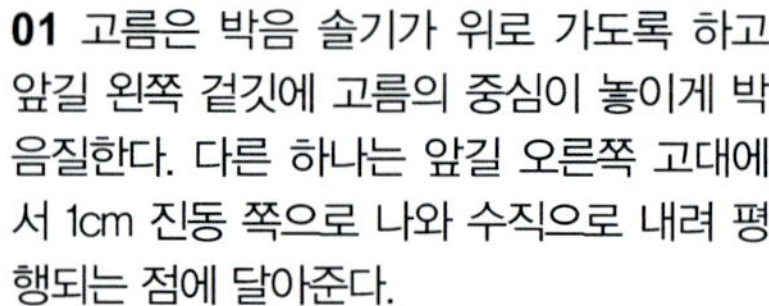

01 고름은 박음 솔기가 위로 가도록 하고 앞길 왼쪽 겉깃에 고름의 중심이 놓이게 박음질한다. 다른 하나는 앞길 오른쪽 고대에서 1cm 진동 쪽으로 나와 수직으로 내려 평행되는 점에 달아준다.

02 깃 끝에서 1cm 위에 동정을 달아준다. 다리미의 열로 동정을 부드럽게 만들어 깃 형태를 잡아주고 고름을 매어준다.

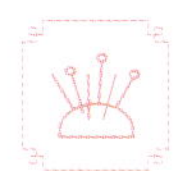

조선 중기 치마

조선 중기(17세기) 치마는 저고리의 길이가 허리까지 내려오므로 조선 후기의 치마와는 달리 허리선에서 매어 입는다.

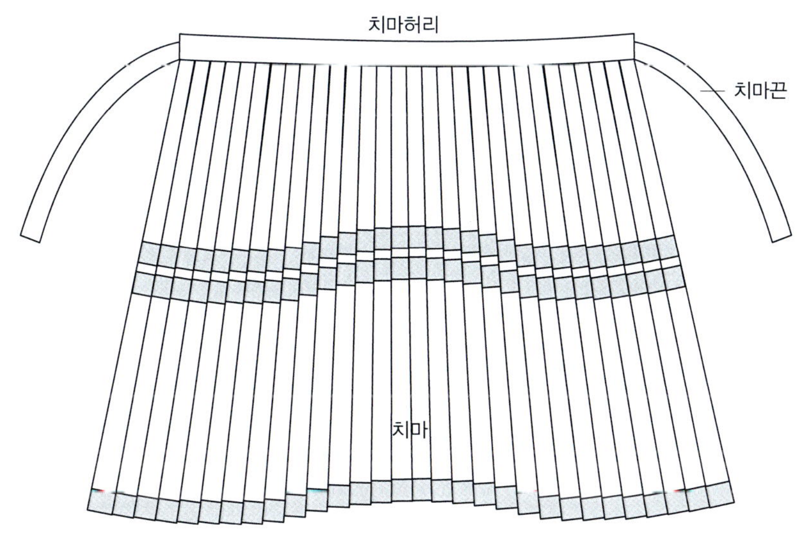

조선 중기 치마의 구조와 명칭

옷감 소요량

110cm 폭 세 폭: (치마 길이+시접)×3

55cm 폭 여섯 폭: (치마 길이+시접)×6

-------- 치마 길이 재기 --------

- 허리에서 바닥까지 치마 길이를 재고 앞의 접어 올리는 부분 30cm와 시접 5cm를 더해서 마름질한다

예) 치마 길이(90cm)+접어 올리는 부분(30cm)+시접(5cm)=125cm

- 치마폭은 허리둘레의 3배의 옷감이 소요된다

예) 허리둘레(85cm)×3=255cm

마름질

1) 겉감, 안감 마름질

01 조끼허리치마와 달리 사선 깎음분 없이 겉감과 안감을 같이 마름질한다.

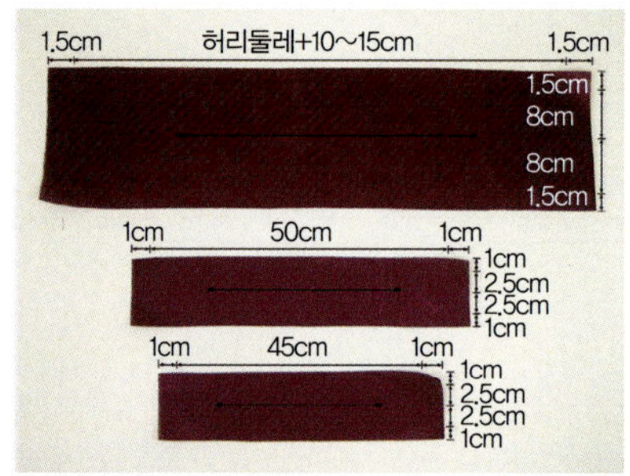

02 허리말기(끈허리) 완성 치수는 허리둘레+10~15cm, 허리 너비는 8cm로 한다. 끈 길이는 긴 끈 50cm, 짧은 끈 45cm, 너비는 2.5cm로 한다. 치마허리와 허리끈을 마름질한다.

박음질

치마허리를 먼저 만들고 그다음 치마를 만든다.

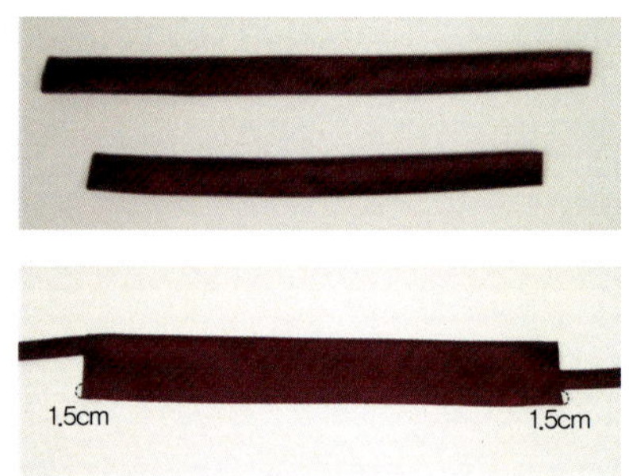

01 끈을 박음질하여 뒤집어놓는다.

02 허리 양쪽에 끈의 솔기가 위로 가도록 끼워 넣고 박음질한다.

03 겉감과 안감끼리 치마폭을 박음질하고 솔기를 다림질한다(조끼허리치마 참고). 겉감과 안감의 겉끼리 마주 대고 겉자락, 안자락의 안감을 겉감보다 2cm 작게 잘라 낸다.

04 밑단 시접은 1cm로 선을 그리고 박음질한다. 이때 시작과 끝은 1cm를 남기고 되돌아 박음질한다.

05 겉자락과 안자락 겉감에 1cm의 선을 그리고 밑단 시접의 3배(3cm)선에서 점을 × 표시한다.

06 밑단을 박은 점과 ×표시점은 핀을 꽂아 모서리가 뾰족하게 만든다. 인김은 겉감의 끝으로 당겨 핀을 꽂고 선단을 박음질한다. 이때 ×표시점까지만 박음질하고 반드시 되돌아 박기를 한다.

07 밑단과 선단을 박음질하고 뾰족하게 나온 모서리를 직각 처리하고 박음질한다.

08 밑단과 선단을 겉감 쪽으로 다림질하고 모서리를 접고 뒤집는다.

09 밑단과 선단의 겉감이 안감 쪽으로 1cm 들어와 모서리가 사선으로 나와야 한다. 치마 밑단에서부터 치마 길이를 일정하게 잰 후 안자락은 2cm, 겉자락은 1cm 내려 선을 표시하고 박음질한다(조끼허리치마 참고).

10 겉주름 너비는 5cm로 하여 주름을 잡고 허리를 달아준다.

11 시접을 접어 넣고 공그르기를 하여 완성한다.

12 밑단에 금박을 찍어준다.

13 치마의 앞을 접어 올려 공그르기한다.

털배자

여자 배자는 소매를 달지 않고 색동저고리와 같이 진동을 곡선으로 만들고 겨울에는 배자의 안쪽에 털을 넣어서 방한용으로 입었던 옷이다.
최근에는 이러한 방식으로 만들지 않고 털 트리밍을 하여 퓨전 한복이나 양장 위에도 입는 것을 볼 수 있다. 이 책에서는 후자의 방식으로 제시하고자 한다.

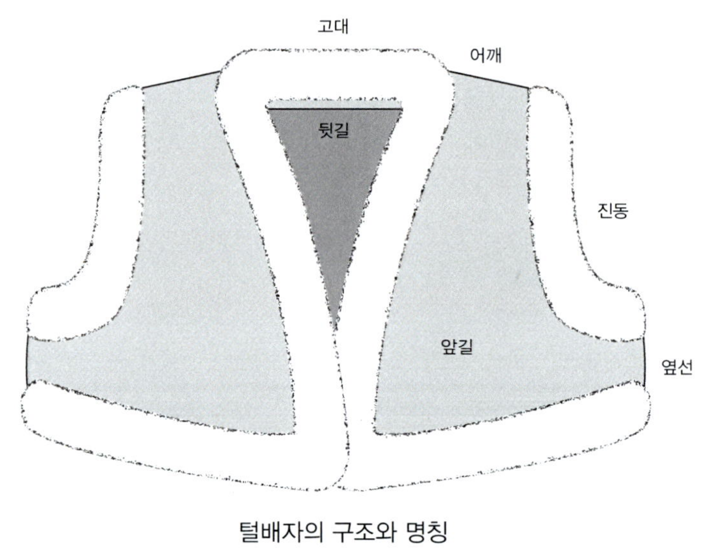

털배자의 구조와 명칭

-------- 본뜨기 --------

1) 여자 털배자 본뜨기

✂ 옷감 소요량
110cm 폭 세 폭: 배자 길이+시접
55cm 폭 여섯 폭: 배자 길이×2+시접

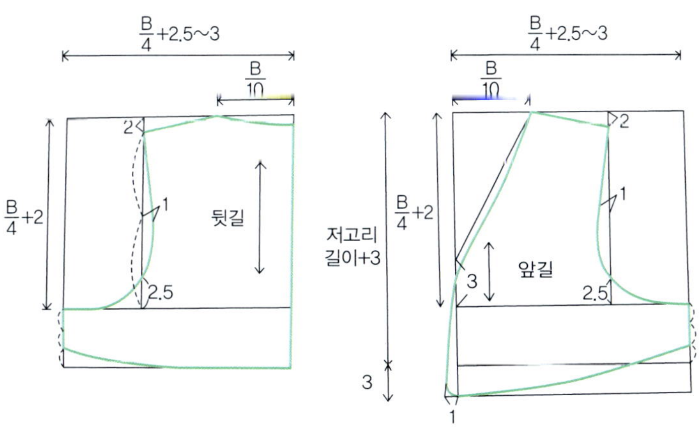

마름질

털배자는 겉감, 심감, 안감을 동일하게 마름질한다.

1) 겉감 마름질

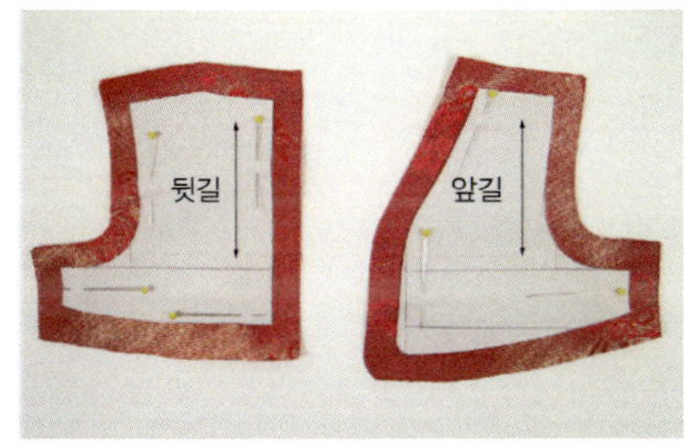

01 본을 대고 모든 시접을 2cm를 두고 뒷길 두 장, 앞길 두 장을 마름질한다.

2) 안감 마름질

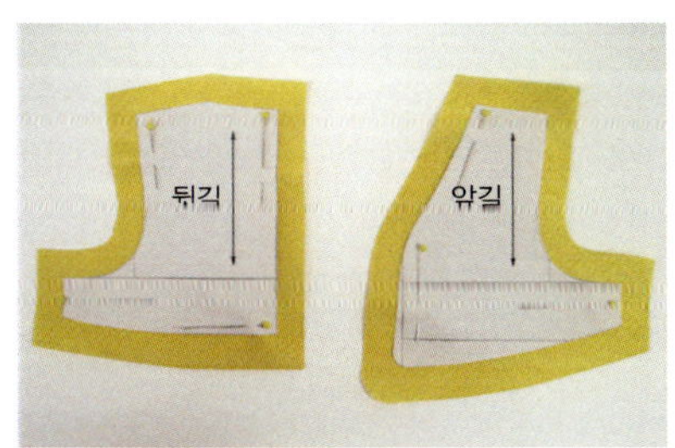

01 안감도 겉감과 동일하게 마름질한다.

-------- 박음질 --------

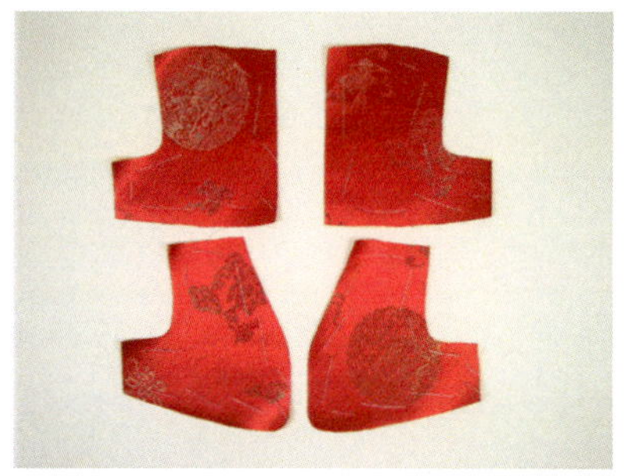

01 겉감의 안에 심을 대고 시침한다.

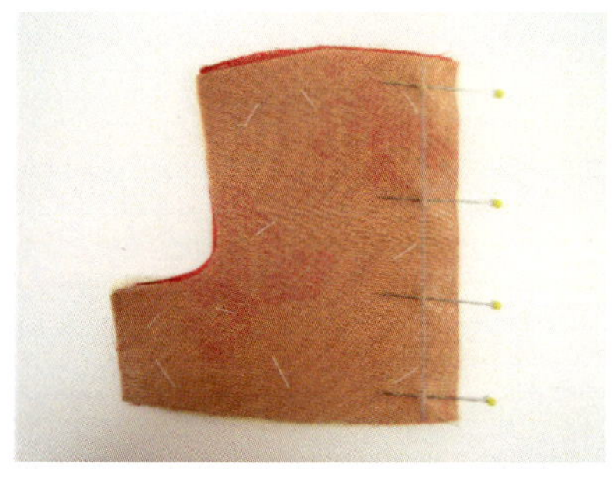

02 뒷길의 겉을 마주 대고 등솔을 박음질한다.

03 솔기를 가름솔로 다려준다.

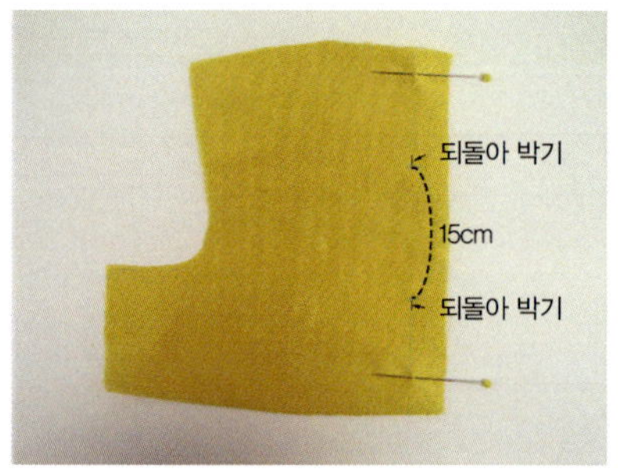

04 안감 등솔은 창구멍을 남기고 박음질한다.

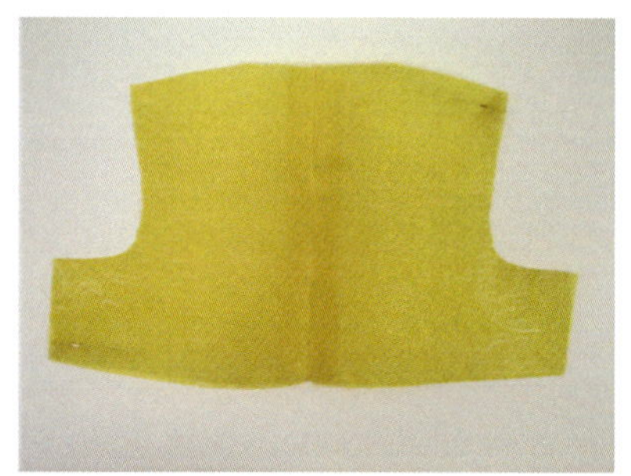

05 솔기를 가름솔로 다려준다.

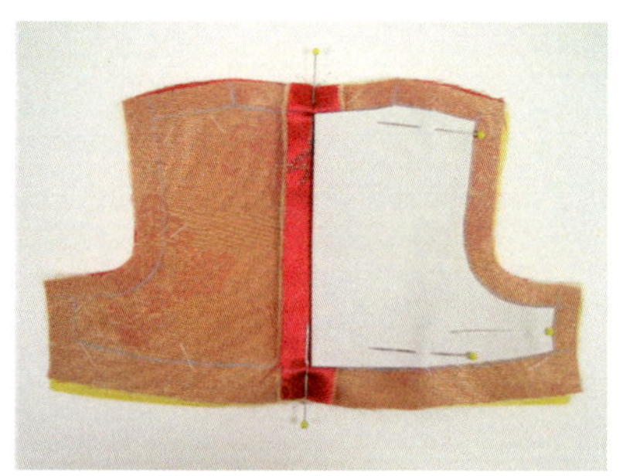

06 겉감과 안감 뒷길의 겉을 마주 대고 뒷길 완성선을 그린다.

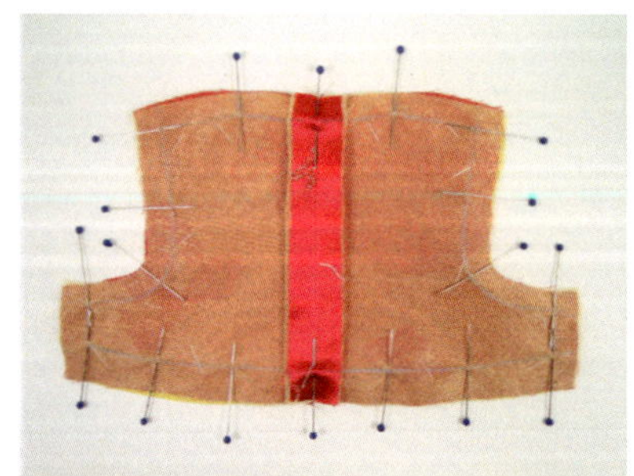

07 어깨와 옆선을 제외한 고대, 진동, 도련을 박음질한다.

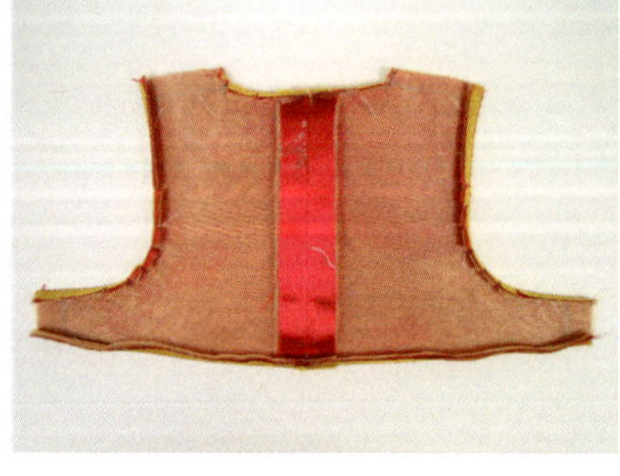

08 고대와 진동에 1cm 간격의 가위집을 주고 고대, 진동, 도련을 뉜솔로 다림질한다.

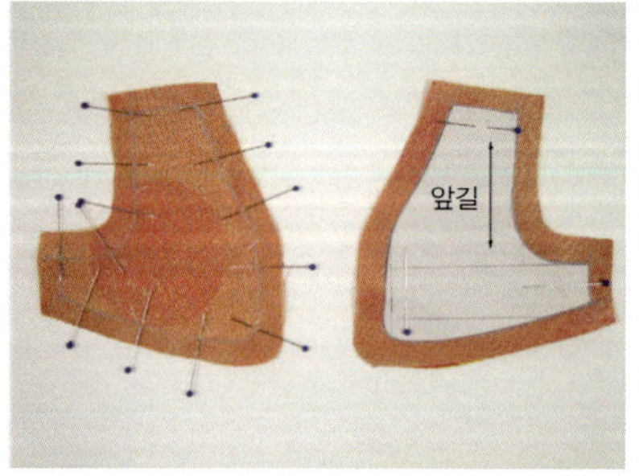

09 겉감과 안감 앞길의 겉을 마주 대고 앞길 완성선을 그리고 어깨와 옆선을 제외한 진동, 목선, 도련을 박음질한다.

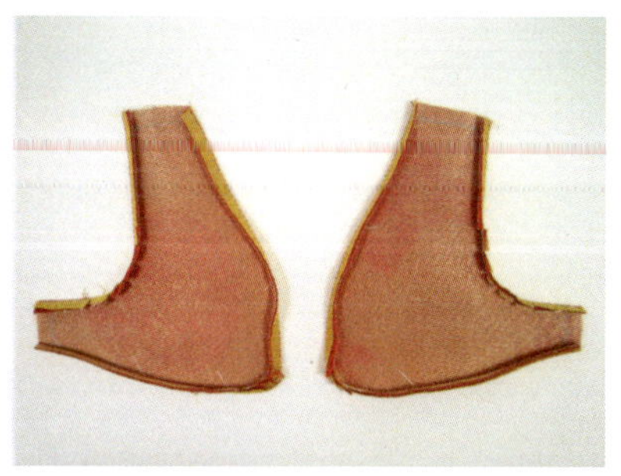

10 진동에 1cm 간격의 가위집을 주고 진동, 목선, 도련을 뒨솔로 다림질한다.

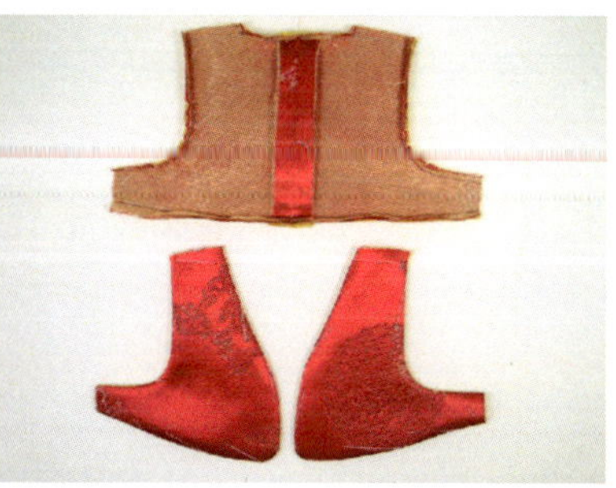

11 앞길은 뒤집어서 다려준다.

12 뒷길과 앞길의 겉감끼리 마주 보도록 뒷길 창구멍으로 앞길을 넣어준다.

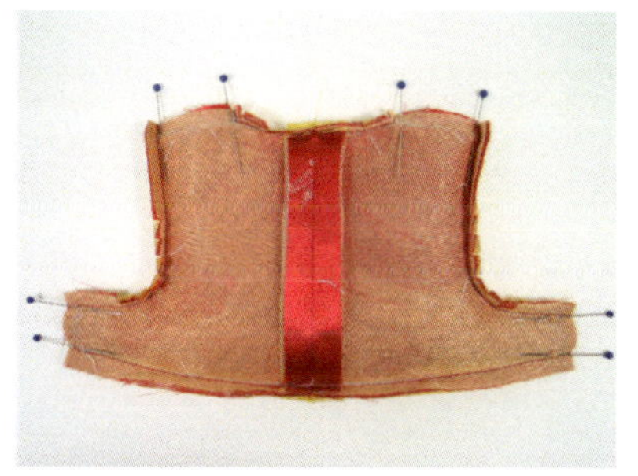

13 어깨와 옆선을 핀으로 시침하고 박음질한다.

14 안감 등솔로 뒤집고 공그르기로 바느질한다.

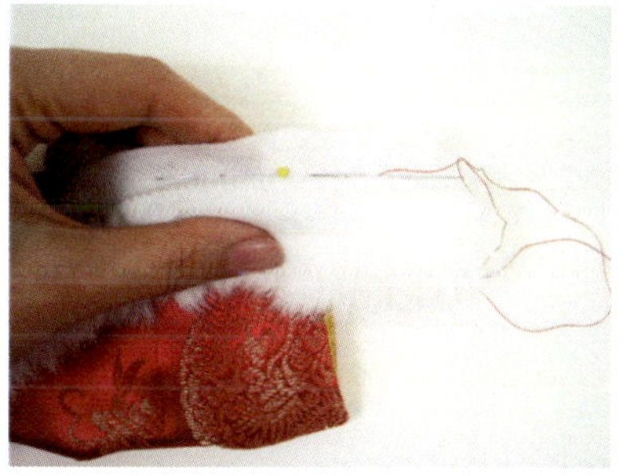

15 털은 가운데 붙어 있는 솔기의 박음선을 뜯어내고 왼쪽 뒷길 도련에서 시작하여 반박음질을 한다.

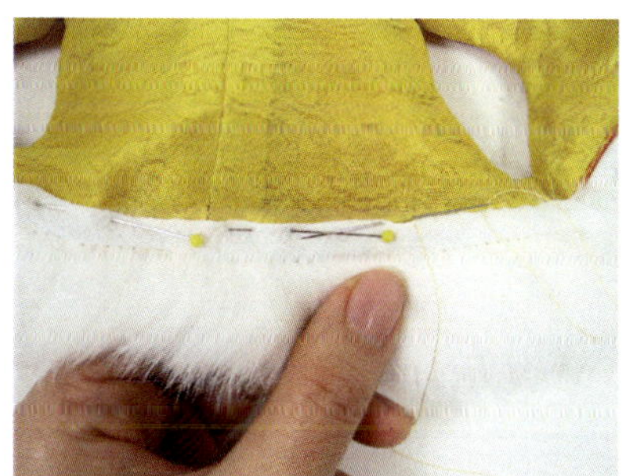

16 반대쪽 솔기를 접어 넣고 공그르기한다.

미니어처 한복 짓기

최근에는 한복을 소형화하여 아크릴 액자에 넣어 보관하거나 전시를 하기도 하며, 인형을 좋아하는 마니아층은 인형의 한복을 직접 만들기 위해 동호회 활동도 활발히 하는 것을 볼 수 있다.
구체관절인형은 인형의 관절 마디에 동그란 구(球)를 넣어 연결하여 사람처럼 여러 가지 다양한 포즈가 가능하도록 만든 인형을 말한다. 마니아들은 바로 이 인형을 보고 꾸미는 데 즐거움을 느끼고 동시에 만족감을 갖게 되는 것이다.
이 장에서는 구체관절인형을 대상으로 하는 미니어처 한복의 치수를 제시하고 제작 방법의 주의사항을 전달하고자 한다. 표지 모델의 키, 가슴둘레, 화장을 기준으로 치마와 저고리 치수를 산출하여 제시하였다. 제시한 치수는 완성 치수이므로 시접 분량을 포함하여 마름질하도록 한다.

키: 59cm	가슴둘레: 25cm	화장: 24cm

잠옷

사극 드라마를 보면 고운 아씨가 잠옷 차림의 한복을 입고 머리를 빗질하며 잠자리에 들 준비를 하는 장면을 볼 수 있다. 잠옷은 편안함과 위생적인 면이 가장 먼저 고려되어야 하는 의복이다. 전통적인 잠옷은 저고리와 치마로 구성되어 있으며 색은 순결과 청결을 상징하는 색인 흰색을 사용하였다. 저고리는 고름을 대신하여 연봉매듭을 달고 동정은 잠을 자는 동안 불편할 수 있기 때문에 달지 않았다. 치마는 속치마와 같이 겉치마보다 2~3cm 짧게 만들어 착용하였다.

흰 치마(단위: cm)

치마 길이: 38	치마폭: 92	겉주름 너비: 1.5	긴 끈: 21	짧은 끈: 17

흰 저고리(단위: cm)

1/4 품: 7.5	뒷길이: 8	앞길이: 9.5	화장: 22.5	진동: 6	1/2 고대: 2.5
겉섶 上: 1.8	겉섶 下: 2.3	안섶 下: 1	깃 너비(당코 깃): 2	겉깃 길이: 6.2	연봉매듭

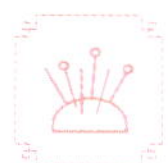

색동저고리

어릴 적 설날 아침에 떡국을 다 먹으면 한복을 입게 해주겠다는 어머니 말씀에, 먹기 싫은 떡국을 한 그릇 다 먹었던 일이 기억난다. 그때 입었던 한복이 분홍 치마에 노란 색동저고리였다. 고름을 맬 줄 몰라 풀어지면 할머니께 매어달라고 했고, 동정이 무척 따끔거렸지만 목이 빨개지면서까지 참으며 한복을 입고 있었던 그 시절을 추억하며 만들어보았다.

파란 치마(단위: cm)

치마 길이: 41	치마폭: 92	겉주름 너비: 1.5	긴 끈: 21	짧은 끈: 17

색동저고리(단위: cm)

1/4 품: 8	뒷길이: 8	앞길이: 9.5	화장: 24.5	진동: 6
1/2 고대: 2.5	겉섶 上: 2	겉섶 下: 2.5	안섶 下: 1.3	깃 너비(당코 깃): 2
겉깃 길이: 6.2	고름 너비: 1.5	긴 고름: 19	짧은 고름: 16	동정 너비: 1

당의

궁궐을 배경으로 하는 사극을 보면 나인이나 무수리를 제외한 상궁 이상의 내명부 여인들이 당의를 착용하는 것을 볼 수 있다. 일반인도 궁에 들어갈 때에는 반드시 당의를 입어야 했다. 그 당시에는 손을 보이는 것을 부끄러워하여 여자는 당의 앞길 뒤로 손을 숨겼고, 신하들은 손과 손을 수매 사이로 넣어 가렸다고 한다.

다홍치마(단위: cm)

치마 길이: 41	치마폭: 97	겉주름 너비: 1	긴 끈: 21	짧은 끈: 17

당의(단위: cm)

1/4 품: 8	뒷길이: 20	앞길이: 20	화장: 24.5	진동: 6.5	1/2 고대: 2.5
겉섶 上: 2.5	겉섶 下: 6	안섶 下: 6	깃 너비(당코 깃): 2	겉깃 길이: 6.8	고름 너비: 1.5
긴 고름: 21.5	짧은 고름: 18	동정 너비: 1	속고름 너비: 1	속고름 길이: 10	거들지 너비: 2

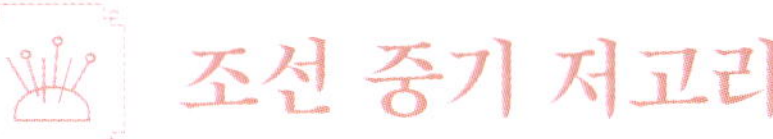

조선 중기 저고리

오늘날 우리가 입고 있는 저고리는 둔부를 가릴 정도로 길었던 상대(上代)에서부터 통일신라, 고려, 조선 초기, 중기, 후기를 거치며 점차 그 길이가 짧아지면서 변화되었다.
조선 중기의 저고리는 허리를 덮을 정도의 길이에 깃 너비가 넓고 소매의 아래에 곁마기가 달린 구성이며, 이 곁마기가 소매 위로 올라오면서 삼회장저고리로 변화되었다.

조선 중기 치마(단위: cm)

치마 길이: 45	치마폭: 110	겉주름 너비: 1.5	긴 끈: 28	짧은 끈: 23

조선 중기 저고리(단위: cm)

1/4 품: 8	뒷길이: 14	앞길이: 15	화장: 19.5	진동: 7.5
1/2 고대: 2.5	겉섶 上: 2.3	겉섶 下: 3.8	안섶 下: 2.5	깃 너비(목판 당코 깃): 2.7
겉깃 길이: 8	고름 너비: 1	긴 고름: 13.5	짧은 고름: 11	동정 너비: 1.3

털배자

배자는 구성에 따라 앞길 좌우가 대칭 혹은 비대칭인 경우, 깃의 유무, 옆선의 트임 등 다양한 디자인을 볼 수 있다. 겨울에는 방한을 위해 배자의 가장자리에 털을 달아 보온성과 미적 효과를 높였으며, 한복뿐만 아니라 양장에도 잘 어울려 활용도가 높다.

털배자(단위: cm)

1/4 품: 8	뒷길이: 9	앞길이: 10	진동: 6.5	1/2 고대: 2.5

참고문헌

구혜자(2001), 『한복만들기(구혜자의 침선노트 1)』, 한국문화재보호재단.

구혜자(2002), 『한복만들기(구혜자의 침선노트 2)』, 한국문화재보호재단.

담인복식미술관(1999), 담인복식미술관 개관기념 도록.

박영순(2003), 『전통한복구성』, 신양사.

백영자 · 최해율(2000), 『한국의 복식문화』, 경춘사.

손경자(1990), 『전통한복양식』, 교문사.

송명견(2012), 『옷, 벗기고 보니』, 이담북스.

이정수(2013), 『규방, 손끝의 아름다움』, 이담북스.

임영주(2004), 『한국의 전통 문양』, 대원사.

안명숙 외(2007), 『우리 옷 만들기』, 교문사.

홍나영 외(2004), 『한복만들기』, 교문사.

황의숙 외(2009), 『아름다운 한복 구성』, 수학사.